U0115983

中華文化思想叢書

儒家生態意識與中國古代環境保護研究

上冊

陳業新　著

目次

前言

一 本書寫作的緣起

自然環境與人類文明休戚相關。自然環境是人類生存、發展必要的空間、場所條件，離開具體的生態環境，人類就無法生存，遑論所謂的創造文明。而且，自然環境又直接制約著人類的發展。人類文明的每一個前進步伐，都留有濃鬱的環境烙印，自然環境某些要素的變化，甚者可直接導致人類文明的變遷（如河姆渡文化等）乃至毀滅（如兩河流域文明等）。同時，人類文明對自然環境具有一定的影響。在人類文明發展史上，隨著社會生產力水準的不斷提高，在人類日益增強的所謂「征服自然，改造自然」能力的作用下，伴隨著人類發展的自然環境，也在不斷地發生變化，並朝著人類期望的方向或目標發展[1]。但人類的某些不當舉措（如過度地拓荒和片面地發展工業等），在一定程度上可破壞自然環境或加劇其惡化程度。

人類社會與自然環境的關係，以文明的形態來劃分，大致經歷了以下幾個階段：（1）採集狩獵階段，人類順應自然。（2）農業文明階段，人類改變自然。人類為滿足自身物質需求的行為[2]，一定程度上

---

[1] 恩格斯曾以德國為例，對此進行了闡述：「日爾曼民族移入時期的德意志『自然界』，現在只剩下很少很少了。地球的表面、氣候、植物界、動物界以及人類本身都不斷地變化，而且這一切都是由於人的活動，可是德意志自然界在這個時期中沒有人的干預而發生的變化，實在是微乎其微的。」恩格斯：《自然辯證法》（北京市：人民出版社，1971年），頁209。

[2] 例如，人類有意選擇種植某些或某種作物，排除其它植被的生長（如墾闢農田時的

改變了所在地區的生態環境。（3）工業文明階段，人與自然矛盾突出[3]。然而，縱觀人類文明與自然環境關係發展史，不難發現：自然環境並非像人類想像或期盼的那樣，完全地按照人類的意願或朝著人類希望的方向發生變化；並且，人類往往還要為自己非理性的行為付出沉重的代價，自然常常以其特有的方式抵制人類的改造，甚至對欲壑難填的人類進行報復。對此，恩格斯指出：「如果說人靠科學和創造天才征服了自然力，那麼自然力也對人進行報復，按他利用自然力的程度使他服從一種真正的專制，而不管社會組織怎樣。」[4]因而，恩格斯反覆告誡「我們不要過分陶醉於我們對自然界的勝利」，因為「對於每一次這樣的勝利，自然界都報復了我們。每一次勝利，在第一步都確實取得了我們預期的結果，但是在第二步和第三步卻有了完全不同的、出乎預料的影響，常常把第一個結果又取消了。」[5]

恩格斯的論斷，既是對歷史經驗和教訓的總結，也是對近代以來西方社會工業生產迅猛發展的警示。但是，這一警告長期不被世人關注，人們片面地滿足並陶醉於高度發達的工業文明及其帶來的種種物質成果。於是，一方面，工業文明依舊突飛猛進，人們繼續享受因其發展而帶來的有限福祉；另一方面，工業文明難以挽回的環境後果也日益凸顯：森林資源匱乏、土地荒漠化與水土流失嚴重、淡水資源日漸枯竭、生物多樣性損失急劇、大氣污染與臭氧層破壞空前、酸雨普

毀林、田間管理時的除去與作物一起生長的雜草等），以及為滿足發展農業生產之需而廣泛興修水利工程等等。

3　李亦園：〈生態環境、文化理念與人類永續發展〉，《廣西民族學院學報（哲學社會科學版）》26卷4期（2004年7月）；孫振玉：《人類生存與生態環境》（哈爾濱市：黑龍江人民出版社，2005年）。

4　馬克思恩格斯撰：《馬克思恩格斯全集》（北京市：人民出版社，1964年），卷18，頁342。

5　恩格斯：《自然辯證法》（北京市：人民出版社，1971年），頁158。

降、廢物垃圾成災、溫室效應和城市噪音污染突出、人均資源佔有量銳減[6]。資源的過度消耗和環境的嚴重污染，不僅危及當下人類社會的生存，而且嚴重地掣肘著人類的可持續發展。那麼，人類如何才能解決和排紓這些嚴重的問題和困難呢？

工業文明背景下環境問題的產生，大都由以發達的生產技術為標誌的生產力的迅猛發展所致。「解鈴還需繫鈴人」。解決工業畸形發展引發的環境問題的關鍵，還是要用技術的手段來解決。同時，技術是人類的「產兒」。環境問題的出現，根本還是因為人類。人是社會性的動物，解決人類不當行為導致的環境問題，首先要從社會的層面來解決，技術的、政治的、經濟的、法律的手段固然必不可少，而環境意識的普及也是一個不可小覷的重要手段。另一方面，除生產外，人類個體的日常生活也是誘發環境問題不可忽略的一端。人類環境意識的強弱，直接決定了其生活、消費觀念和行為習性，從而直接或間接地影響著環境的狀況。因此，緩解或根治目前人類面臨的環境問題，思想層面的手段即普及環境意識不可或缺。事實上，西方社會在尋覓解決環境問題方案時，在採取其它諸多手段的同時，無不積極地從事於生態倫理學或環境倫理學的建設。在構建其生態倫理學體系的過程中，西方學者如美國的唐納德沃斯特、羅德里克納什、霍爾姆斯羅爾斯通和法國的阿爾貝特史懷澤（又譯施韋策）等，又常常不約而同地將目光轉向文明歷史悠久、文化典籍豐富的中國，認為中國傳統文化中蘊含著足資西方學者汲取的思想資源，對建構生態倫理學和生態環境的保護大有裨益。

在西方環境保護運動風起雲湧之時，歷史學一個新的研究領

6　王玉德：〈中國環境保護的歷史和現存的十大問題——兼論建立生態文化學〉，《華中師範大學學報》1996年第1期（1996年）；任秀芹：〈儒家文化中的生態觀對當代生態環境問題的啟示〉，《昆明大學學報》2002年第1期（2002年）。

域——環境史——遂應運而生。有學者因此認為，「從某種角度上說，環境史是時代的產兒。」[7]與以往歷史學研究人類社會自身情事相比，環境史重點研究「人與自然」的關係。由於研究的視角、側重點和具體內容的變化，學界因而把這一自一九六〇年代興起於美國的「人類回歸自然，自然進入歷史」的環境史[8]看作「新史學」。一九八〇年代之後，環境史研究在全球範圍內形成一個巨大的潮流，引起學界的高度關注，並已經成為歷史學研究的重要領域。如二〇〇五年在澳大利亞悉尼舉行的「第二十屆歷史科學國際大會」上，以「史學中的人類與自然：經濟史的新理論與新方法、自然災害及其後果、自然科學、歷史與人類」為主要內容的環境史，即為該次歷史學國際盛會的三大主題之一。

筆者把環境史作為自己的主要研習領域，絕非「趨潮」使然，而是興趣所致。早在一九九〇年代碩士研究生學習期間，在對史學研究趨勢尚不十分明悉的情況下，筆者就把歷史時期的環境變遷與災害等屬於後來知道的「環境史」問題，作為自己的研習方向或目標，並完成了題為《兩漢地震研究》的碩士學位論文。此後，筆者參加了華中師範大學歷史文化學院王玉德教授主持的國家「九五」重點圖書出版規劃項目《中華五千年生態文化》的研究工作，完成了其中二章約十五萬字的內容。項目結束時，筆者在中國環境史研究方面積纍了不少材料，也有較多的思考和想法，並試圖擇機再續「前緣」。二〇〇一年博士畢業論文答辯後，一個偶然的機會，在二〇〇一年五月二十四日的《光明日報》和《齊魯學刊》二〇〇一年第三期上，筆者看到了

7　侯文蕙：〈環境史和環境史研究的生態學意識〉，《世界歷史》2004年第3期（2004年）。

8　李根蟠：〈環境史視野與經濟史研究——以農史為中心的思考〉，《南開學報》2006年第2期（2006年）。

孔子文化大學面向全國發佈的「『深見東州儒學研究基金』專案申請指南」。該基金係由世界藝術文化振興協會獨立設立的非營利性學術研究專項基金，其目的在於資助、支持儒學研究。此次公開發佈的十餘個研究專案中，即有一項題為「儒學與生態環境保護」的課題。於是，抱著「試一試」的態度，筆者向專案發佈單位提交了申請書，並於當年的七月獲批立項。此後，筆者又以該專案申報了上海交通大學人文社會科學基金（2004年）、上海市哲學社會科學規劃基金（2005年），並先後得到資助。這樣，這一問題的探討就由「試一試」而變成「不得不」為之的事情了。

二 研究狀況的簡述

「環境史」興起於一九六〇年代的美國，但中國學界關於歷史時期環境的研究，僅從時間上而言，似乎並不比西方晚，但仍有不少缺憾，具體表現在：其一，中國最早一批研究環境史者，基本上來自歷史地理學界，其研究主體多限於歷史地理學者[9]，環境史的研究不具

9　重要者如譚其驤、史念海、侯仁之等所從事的研究，不少與環境史相關。雖然那時國內尚無現在所謂的「生態史」或「環境史」概念或明確的提法，但從其研究成果的內容、方法等要素來看，諸學者從事的研究顯然就是後來「環境史」研究所強調的內容。對此，學界也多予明確的承認。如景愛通過研究對象、內容、方法等比較，認為早期中國歷史地理學的研究與後來的環境史研究基本一致。指出：歷史地理學家是中國最早涉足環境史研究的人，他們為環境史研究作出了巨大的貢獻，「是當代著名的環境史研究開創者」（景愛：〈環境史續論〉，收入《中國歷史地理論叢》2005年第4輯（2005年））；王利華也著文強調，前輩學者如史念海、譚其驤、侯仁之、文煥然、何業恒等人的不少論著實堪稱生態史研究的經典。「如果說中國生態環境史研究主要是從歷史地理學中生長出來的，也不算言過其實」（王利華：〈中國生態史學的思想框架和研究理路〉，《南開學報》2006年第2期（2006年））；王玉德進一步指出：「環境史從某種意義上說，它是歷史地理學的延伸，或者說是從歷史地理學走出來的新興學科。在以往的歷史地理學研究中，學者們已經自覺或不自覺地研究環境

備普遍性，環境史還沒有得到歷史地理學界以外的其它學者的關注。
其二，環境史與歷史地理的研究內容雖有很多的重疊，但所異也十分
明顯。根據有關闡述，環境史是從環境的角度對人類歷史進行全景式
的綜合考察，主要探討人類及其創造的各種社會與之存在於其中的環
境、生態系統間的關係演變及其後果[10]。按照這一表述，愚以為今天
所講的環境史，主要可能是就環境史觀而言的，即把環境納入歷史考
察的視野；而歷史地理所講的環境史，重點是指環境變遷史，當然也
包括環境變化與人類社會間的關係[11]。所以，嚴格意義上的環境史研
究，在中國大陸大概始於一九八〇年代。近三十年來，在國際環境史
研究大潮[12]和國內歷史地理學界研究興勃之勢的雙重影響下，中國環

史，把環境史當作歷史地理學的一部分」（王玉德：〈試析環境史研究熱的緣由與走
向──兼論環境史研究的學科屬性〉，《江西社會科學》2007年第7期（2007年））。
此後乃至今天，中國大陸環境史的研究主體，其學科背景和專業訓練，也基本上以
歷史地理學界為主，不僅研究陣容龐大，而且研究範圍廣，內容豐富。從研究區域
而言，重要者如譚其驤、鄒逸麟關於黃河和黃淮地區生態的研究，史念海、朱士光
關於黃土高原環境的研究，侯仁之的沙漠考古和北京地區的環境研究，石泉關於荊
楚環境的研究，陳橋驛的浙江環境研究，韓茂莉的遼河流域環境變遷研究，以及諸
多學者江南地區環境的研究等等。

10 梅雪芹：〈環境史學的歷史批判思想〉，《鄭州大學學報》2005年第1期（2005年）。

11 另一方面，中西方環境史研究的重點，因歷史久遠程度不同，從時間段來看，各自
研究的側重也有所不同：西方環境史重點研究工業文明以來的環境及其與人類的關
係問題；而以歷史地理學研究為主的中國環境史，雖然也考察近現代以來的環境及
其與人類的關係問題，但更以此前的環境及其與人類的關係為主。並且，由於歷史
時間的長短和文化背景的差異，以及歷史文獻記載的連續性和詳略程度的不同，還
使得中外在環境史研究問題上採取了不同的路徑──中國學者主要借用豐富的文獻，
以實證研究為主要手段，進而探討中國歷史文化；西方學者除在近現代環境研究上
有所貢獻外，還在環境史研究的理論方面建樹頗多，但從相關的介紹和評述看，其
理論建設的歷史遠沒有中國實證性研究的歷史長遠。

12 在翻譯、評介海外環境史研究成果，以及環境史研究基本理論探討等方面，劉翠
溶、李根蟠、侯文蕙、梅雪芹、王利華、包茂宏、高國榮、曾華璧等功不可沒。其
重要成果分別如〈中國環境史研究芻議〉、〈環境史視野與經濟史研究──以農史為

境史研究發展迅猛，不僅發表或出版了不少高品質的研究論文和專門著作[13]，而且還先後多次召開了專題學術討論會，出版了一定數量的論文集[14]，呈現出一片欣欣向榮的景象，頗有成為「顯學」的態勢。

中心的思考〉（《南開學報》2006年第2期（2006年））、〈環境史和環境史研究的生態學意識〉（《世界歷史》2004年第3期（2004年））、〈環境史學與環境問題〉（北京市：人民出版社，2004年）、〈中國生態史學的思想框架和研究理路〉（《南開學報》2006年第2期（2006年））、〈環境史：歷史、理論與方法〉（《史學理論研究》2000年第4期（2000年））、〈環境史學與跨學科研究〉（《世界歷史》2005年第5期（2005年））、〈論環境史研究的起源、意義與迷思：以美國的論著為例之探討〉（《臺大歷史學報》23卷（1996年6月））等，對推動中國環境史的繁榮，貢獻不小。

13 史學界關於中國環境史的研究狀況，王子今等人的有關論著有具體的述評。具體參見王子今〈中國生態史學的進步及其意義──以秦漢生態史研究為中心的考察〉（《歷史研究》2003年第1期（2003年））、張國旺〈近年來中國環境史研究綜述〉（《中國史研究動態》2003年第3期（2003年））、鈔曉鴻〈世紀之交的中國生態環境史〉（《生態環境與明清社會經濟》（合肥市：黃山書社，2004年））、佳宏偉〈近十年來生態環境變遷史研究綜述〉（《史學月刊》2004年第6期（2004年））、陳建明〈探尋中國環境問題的歷史視野──「對大地的影響：中國近期環境史」國際研討會綜述〉（《思想戰線》2004年第6期（2004年））、汪志國〈20世紀80年代以來生態環境史研究綜述〉（《古今農業》2005年第3期（2005年））、王利華〈中國生態史學的思想框架和研究理路〉（《南開學報》2006年第2期（2006年））、高凱〈20世紀以來國內環境史研究的述評〉（《歷史教學》2006年第11期（2006年））、陳新立〈中國環境史研究的回顧與展望〉（《史學理論研究》2008年第2期（2008年））、梅雪芹〈中國環境史研究的過去、現在和未來〉（《史學月刊》2009年第6期（2009年））。另外，《歷史研究》二〇一〇年第一期特闢「中國環境史研究」專題筆談，發表了朱士光、王利華、鄒逸麟、藍勇、王先明、鈔曉鴻等撰寫的幾篇筆談（分別為〈遵循「人地關係」理念，深入開展生態環境史研究〉、〈淺議中國環境史學建構〉、〈有關環境史研究的幾個問題〉、〈對中國區域環境史研究的幾點認識〉、〈環境史研究的社會史取向──關於「社會環境史」的思考〉、〈文獻與環境史研究〉），其中也多少涉及一些環境史研究成果。儘管相關述評的列述各有側重，所列成果或僅為某一階段中國環境史研究既有論著的一部分，但將上述述評加以綜合，我們說，它們基本囊括了有關中國環境史研究的全部成果。

14 以下有關中國環境史的研討會值得關注：一九九三年十二月澳洲國立大學太平洋研究院、臺灣「中央」研究院經濟研究所主辦的「中國生態環境歷史學術討論會」（香港，會後出版有《積漸所致：中國環境史論文集》上、下冊。劉翠溶等主編：

　　環境史研究的內容，可分「內史」、「外史」兩大方面[15]。環境史「內史」的研究內容，主要為環境的「自然」史，即環境自身發展、演變的歷史，屬於由氣候、生物、水等自然資源或環境要素構成的環境基本狀況層面的分析、研究。「外史」則為研究環境與人類社會即「人與自然」關係的歷史。「外史」包括兩個不可或缺的基本內容，

　　《積漸所致：中國環境史論文集》（臺北市：臺灣中央研究院經濟研究所，1995年））；二○○二年十一月臺灣「中央」研究院臺灣史研究所主辦的「環境史研究第一次國際學術研討會」（臺北）；二○○四年一月日本國立民族學博物館地域研究企劃交流中心主辦的「對大地的影響：中國近期環境史」國際研討會（日本京都）；二○○四年八月陝西師範大學西北歷史環境與經濟社會發展研究中心等主辦的，呈現出一片欣欣向榮的景象，頗有成為「顯學」的態勢。「西部歷史環境與文明的演進——2004年歷史地理國際學術研討會」（烏魯木齊，會後出版了題為《歷史環境與文明演進》的論文集。陝西師範大學西北歷史環境與經濟社會發展研究中心編：《歷史環境與文明演進》（北京市，商務印書館，2005年）；二○○五年八月南開大學中國社會史研究中心主辦的「中國歷史上的環境與社會」國際學術討論會（天津，會後出版了名為《中國歷史上的環境與社會》的論文集。王利華主編：《中國歷史上的環境與社會》（北京市：三聯書店，2007年））；二○○五年十一月武漢大學主辦的「14世紀以來長江中游地區環境、經濟與社會」國際學術論會（武漢）；二○○六年八月陝西師範大學西北歷史環境與經濟社會發展研究中心等主辦的「清代生態環境特徵及其區域表現」國際學術研討會（西寧）；二○○六年十一月臺灣「中央」研究院臺灣史研究所主辦的「環境史研究第二次國際學術研討會」（臺北，會後出版了題為《自然與人為互動：環境史研究的視角》的論文集。劉翠溶主編：《自然與人為互動：環境史研究的視角》（臺北市：中央研究院、聯經出版公司，2008年））。

15 這裏的「內史」、「外史」概念，主要借之於科學史界。科學史研究在研究對象和內容方面有「內史」、「外史」之分。按照江曉原的界定，「內史主要研究某一學科本身發展的過程，包括重要的事件、成就、儀器、方法、著作、人物等等，以及與此相關的年代問題」，如席澤宗等《中國天文學史》和陳遵媯的《中國天文學史》等即為此類著作；而「外史則側重於研究該學科發展過程中與外部環境之間的相互影響和作用，以及該學科在歷史上的社會功能和文化性質」，外部環境包括政治、經濟、軍事、風俗、地理、文化等許多方面。江曉原的《天學真原》就是一部從外史的角度研究中國天文學史的著作。具體參見江曉原：《天學外史》（上海市：上海人民出版社，1999年），頁2。

一為技術、制度層面的分析研究，具體為人類活動對自然的影響和自然對人類的「報復」，以環境變遷原因、環境保護舉措和災害為研究主要內容；二是理念層面的探討，主要為人對自然的認識，即環境意識或生態意識方面的研究。自從有了人類干預，尤其是工業文明以來，人類的印記遍及環境的各個角落。因此，從環境史研究的角度來說，純而又純的環境「內史」似乎不再存在；如果有的話，也是相對而言的。所以，環境史的研究，基本上是從外史的角度而論的。綜觀學界關於中國環境史的研究，截至目前，從研究對象來看，主要集中於環境要素變遷及其原因探討等方面[16]，而在生態意識、環境保護等內容方面，尚著力不夠。

目前，學界有關生態意識的研究成果，著作方面涉獵的，主要有羅桂環等《中國環境保護史稿》、王玉德等《中華五千年生態文化》（上、下冊）等等[17]。論文方面，專論者主要有鄒逸麟的〈我國古代的環境意識和環境行為——以先秦兩漢時期為例〉、胡同慶的〈初探敦煌壁畫中的環境保護意識〉、趙珍的〈清代陝甘地區的森林保護意識和措施〉、王社教的〈清代西北地方地方官員的環境意識——對清

---

16 如張國旺〈近年來中國環境史研究綜述〉一文所列的中國環境史研究成果，包括諸環境要素的歷史變遷、環境史的綜合研究，以及理論、方法和今後研究的方向等三個方面，其中關於氣候、海陸、植被、野生動物、水文，以及災害、沙漠與沙漠化等環境要素的歷史變遷研究成果的列述，占全文篇幅的三分之二以上。又如鈔曉鴻文〈世紀之交的中國生態環境史〉一文對中國環境史研究的概述，共分全球視野下的生態環境研究進程，生態環境史的概念、理論及方法，歷史氣候變化及相關問題，動植物變遷與區域沙漠化，自然災害及疾病史，生態環境與中國歷史文化，中國歷史上的環境保護，以及主要存在問題與應加強的方面等八個部分，其中關於氣候、動植物與沙漠化、災害和疾病史等環境要素變遷成果的述評內容，亦超過全文篇幅之半。表明國內環境史研究以環境要素變遷的考察為多。

17 羅桂環等：《中國環境保護史稿》（北京市：中國環境科學出版社，1995年）。王玉德等：《中華五千年生態文化》（武漢市：華中師範大學出版社，1999年）。

代陝甘兩省地方志的考察〉、鄺龑子的〈從《詩經》及唐前歌謠看民間的自然意識〉[18]等等。少見的研究成果與中國傳統文化中蘊含的豐富的生態意識內容極不對等。

環境保護研究的成果，著作方面，除上列羅桂環、王玉德等著述外，主要還有羅桂環等《中國歷史時期的人口變遷與環境保護研究》、李丙寅《中國古代環境保護》、王子今《秦漢時期生態環境研究》[19]等著對歷史時期的環保也多有論及。論文數量則相對較多，涉及先秦以降各個歷史時期的生態保護[20]。但總的說來，環境保護的研究，並非學界環境史研究的主要內容，這從該類成果在上列張國旺、鈔曉鴻等綜述文章中所佔篇幅比例大小即可知其一二，尤其是從制度、法律層面研究歷史環境保護的成果，目前更是不多見。

---

18 林甘泉：《慶祝楊向奎先生教研六十年論文集》，（石家莊市：河北教育出版社，1998年）。（另見鄒逸麟：《椿廬史地論稿》（天津市：天津古籍出版社，2005年））；《敦煌研究》2001年第2期（2001年）；朱誠如等：《明清論叢》第4輯（北京市：紫禁城出版社，2003年）；《中國歷史地理論叢》2004年第1輯（2004年）；劉翠溶：《自然與人為互動：環境史研究的視角》（臺北市：中央研究院、聯經出版公司，2008年）。

19 羅桂環等《中國歷史時期的人口變遷與環境保護研究》（北京市：冶金工業出版社，1995年）。李丙寅：《中國古代環境保護》（鄭州市：河南大學出版社，2001年）。王子今：《秦漢時期生態環境研究》（北京市：北京大學出版社，2007年）。

20 主要者如郭仁成的〈先秦時期的生態環境保護〉（《求索》1990年第5期（1990年）），倪根金的〈秦漢環境保護初探〉（《中國史研究》1996年第2期（19906）），李丙寅的〈略論秦代的環境保護〉（《黃淮學刊》1990年第1期（1990年））、〈略論漢代的環境保護〉（《河南大學學報》1991年第1期（1991年））、〈略論魏晉南北朝時代的環境保護〉（《史學月刊》1992年第1期（1992年）），劉華的〈我國唐代環境保護情況述論〉（《河北師範大學學報》1993年第1期（1993年）），張全明的〈論宋代的生物資源保護〉（《史學月刊》2000年第6期（2000年））、〈論宋代的生物資源保護及其特點〉（《求索》1999年第1期（1999年））、〈簡論宋人的生態意識與生物資源保護〉（《華中師範大學學報》1999年第5期（1999年）），楊昶的〈明朝政令對生態環境的負面效應〉（《華中師範大學學報》1998年第1期（1998年））、〈明朝有利於生態環境改善的政治舉措考述〉（《華中師範大學學報》1999年第5期（1999年））等等。

　　總之，就目前而論，史學界關於環境史的研究喜憂參半，一方面，新人新作迭出，研究陣容龐大，成果豐富，發展勢頭可喜；另一方面，問題也較明顯，目前的環境史研究，就像一輛時髦的公車，任何人都可隨時涉足，不論是否具有相應研究能力和研究條件。因此，表面熱鬧的環境史研究，不可避免地存在些許問題。典型者，愚以為有三：一是研究成果重複現象嚴重；二是研究成果品質不高者頗多，具有創見性的論著更是少見；三是一些研究領域無人涉足，尤其是傳統生態意識和保護舉措方面，更是罕人問津。

　　不過，與史學界對歷史時期的環境意識研究不夠相比，國內哲學界從環境倫理、生態哲學的角度，對傳統社會諸如「天人合一」論等思想有較多的探討[21]。研究論文主要散見於諸如《哲學研究》、《中國哲學史》等學術期刊上和相關論文集中[22]。此外，還出版了不少的論著[23]。二〇〇二，《中國哲學史》雜誌第二期刊發了杜維明的《新儒家人文主義的生態轉向：對中國和世界的啟發》、蒙培元的《孔子天人

---

21 本書第一章第一部分內容，對此有專門的述評。

22 論文集主要者如徐嵩齡：《環境倫理學進展：評論與闡釋》（上海市：社會科學文獻出版社，1999年）、何光滬等：《對話二：儒釋道與基督教》（上海市：社會科學文獻出版社，2001年）、國際儒學聯合會：《儒學現代性探討》（北京市：北京圖書館出版社，2002年）等等。

23 主要者有張雲飛：《天人合一 —— 儒學與生態環境》（成都市：四川人民出版社，1995年）、馮滬祥：《人、自然與文化 —— 中西環保哲學比較研究》（北京市：人民文學出版社，1996年）、余謀昌：《生態倫理學 —— 從理論走向實踐》（北京市：首都師範大學出版社，1999年）、何懷宏：《生態倫理：精神資源與哲學基礎》（保定市：河北大學出版社，2002年）、余正榮：《中國生態倫理傳統的詮釋與重建》（北京市：人民出版社，2002年）、楊文衡：《易學與生態環境》（北京市：中國書店，2003年版）、蒙培元：《人與自然 —— 中國哲學生態觀》（北京市：人民出版社，2004年版）、王正平：《環境哲學 —— 環境倫理的跨學科研究》（上海市：上海人民出版社，2004年）、蔣朝君：《道教生態倫理思想研究》（北京市：東方出版社，2006年）等等。

之學的生態意義》等文，在哲學界引起了強烈的反響。以此為契機，《中國哲學史》編輯部組織的主題為「儒學與生態」學術討論會於二〇〇二年夏在京舉行。任繼愈、湯一介、杜維明、蒙培元、張立文、余謀昌等一批學者出席了此次討論會，對儒家生態思想進行了熱烈的討論，「中國儒學網」[24]和《中國哲學史》二〇〇三年第一期刊佈了討論會的部分內容，對加強和深化儒家生態意識的研究起到了極大的推動作用。

　　海外學界對東方生態智慧也高度關注。叔本華、史懷澤、赫胥黎、湯因比、池田大作、卡普拉、羅爾斯頓等許多思想家和生態哲學家都強調了古代東方生態智慧的重要意義，認為建構當代生態倫理學和解決當代環境危機必須從中國傳統智慧中汲取營養。如美國環境學家羅爾斯頓認為，吸取東方尤其是中國的傳統文化，可以部分地提高西方人的倫理水準，改變直到現在西方還存在的那種僅僅把動植物（「地球上的那些非人的鄰居」）當作「擰在太空飛船地球上」的鉚釘，而不是當作「地球生命共同體中的一個成員」的錯誤觀點[25]；德國漢學家卜松山對中國哲學界關於儒家「天人合一」的普遍觀點持贊同的態度，認為儒家「天人合一」論既是具有中國傳統文化特點的「人與自然統一」的思想，也是一個「在今日具有不可忽視的世界性意義」的思想。指出：「在環境危機和生態平衡受到嚴重破壞的情況下，強調儒家的『天人合一』，或許可以避免人類在危險的道路上越走越遠。事實表明，儒家傳統中的積極因素乃是包括西方在內的全人類的寶貴財富。如今由於西方模式的錯誤蔓延，人類有必要從現代向

---

24 http：//www.confuchina.com/zhuanti/index.shengtai.htm.

25 〔美〕霍爾姆斯・羅爾斯頓撰，徐蘭譯：〈科學倫理學與傳統倫理學〉，收入中國社會科學院哲學研究所科學技術哲學室：《國外自然科學哲學問題》（北京市：中國社會科學出版社，1994年）。

後現代思想轉變。科技的進步威脅到人類和全球的生存。西方的現代化和短視的增長欲，隱藏著自我毀滅的危險。就像電腦病毒那樣，也許正在遊戲快要結束時才會出現，結果將毀掉全部的記憶體。中國傳統的儒家思想強調『天人合一』，強調人際關係的和諧，似乎可以彌補西方思想的局限，對於人類應付後現代社會的挑戰，也許具有超越民族界限的價值和現實意義」[26]；現代日本的環境哲學、環境思想大多以西方哲學或思想為基礎而展開討論的。近些年來，「非西方的思想在這裏就沒有意義嗎」的呼聲日高，一些日本學者紛紛把目光轉向東方智慧，嘗試性地從東亞自身傳統思想中挖掘對於現代環境思想的意義，誕生了諸如梅原猛等之《東方思想的智慧》等著作。這些著述對儒家的「天人合一」與「普遍和諧」的生態智慧予以了相當的重視，認為儒教雖是自孔孟以來到朱子學、陽明學的各種流派間多方面發展起來的思想體系，但「天人合一」與「普遍和諧」則是各流派中「大致共通的基本思想」[27]。另外，為深入探討東方生態思想對當今生態文化思潮的巨大價值，哈佛大學宗教研究中心先後組織了多次大型學術研討會，杜維明、成中英等出席了這些討論會，組織者各以《佛教思想與生態學》（1997年）、《儒學與生態》（1998年）、《道家思想與生態學》（2001年）為題，將討論文稿交由哈佛大學出版社付梓面世，影響頗大。

上述從哲學或生態倫理學的視角對中國傳統生態思想所作的研究，與本書所要探討的內容，具有一定的差異。上述研究，多就包括儒學在內的傳統思想而展開的，特別是對「出世」之道家情有獨鍾，

---

26 〔德〕卜松山撰，張國剛譯：〈儒家傳統的歷史命運和後現代意義〉，《傳統文化與現代化》1994年第5期（1994年）。另見季羨林等：《東西文化議論集》（臺北市：經濟日報出版社，1997年），下冊。

27 〔日〕龜山純生，龔穎選譯：〈東方思想在現代環境思想中的意義—以佛教思想為中心〉，《哲學動態》2002年第4期（2002年）。

而對積極「入世」之儒家的生態意識關注得不夠，而且對儒家的認識還存在嚴重的偏頗，在有些西方學者看來，儒家甚至是典型的西方所謂的「人類中心主義者」，由此使得專以儒家環境意識為研究對象者甚寥[28]。另外，在有關儒家生態意識的具體研究中，則對儒家生態意識產生的原因、基礎和前提等缺乏深入的探索，對儒家生態意識的論述也不夠系統和全面；並且大多研究還存在著「兩張皮」的現象：思想與實踐相脫離，沒有把系統揭櫫儒家生態意識的發展與中國古代環境保護實踐這一主線和脈絡串聯起來。因此，忽視了儒家生態意識在中國古代生態環境保護實踐中的作用和深遠意義，進而不能對儒學在中國古代生態保護中的地位進行實事求是的評價。儒學內容的全面性、豐繁性，決定了對儒學的研究也必須是立體的。就「儒學與生態環境保護」這一問題而言，其發展趨勢必然是既注重儒家生態學說的考察，又要把儒家生態學說與中國歷史時期的環境保護實踐有機地結合起來探索，從而真切地反映儒家生態學說及其在中國環境保護史上的地位。

三 本書的基本內容

儘管現代意義上的「環境意識」概念濫觴於一九六〇年代，距今已有半個世紀，但時至今日仍無一個統一的界定。根據辯證唯物主義

---

28 杜維明又指出：在過去，由於時局動盪和政治運動不斷，加之以迫於經濟現代化等主、客觀因素的作用，儒學命運多舛，其中蘊含的豐富的對生態關懷的思想很難想像會引起人們的關注。認為現代化進程已經把儒家的世界觀降低為一種有限的世俗人文主義，而這種作繭自縛的世俗人文主義是極不關心自然生態問題的。因此，從生態關注的角度來說，必須對現代化進程加以「必要」的「校正」。參見〔美〕杜維明：〈新儒家人文主義的生態轉向：對中國和世界的啟發〉，《中國哲學史》2002年第2期（2002年）。

原理，所謂的意識，是人的大腦對於客觀物質世界的反映，是感覺、思維等各種心理過程的總和。那麼，環境意識應該就是人類賴以生存的客觀環境在其大腦中的反映，並隨著實踐水準的提高，人類的環境意識也在不斷地豐富與發展。環境意識雖然源於自然，但作為一種意識，一旦形成後，又反過來指導人類的實踐，使人們在生產和生活實踐中自覺地保護環境。一般意義上的環境意識，通常包括環境認識觀、環境價值觀、環境倫理觀、環境法制觀、環境保護行為觀和環境憂患意識等多個層面[29]。

中國傳統文化中蘊含著豐富的生態意識，並在社會生產和生活實踐中發揮著積極的作用。那麼，傳統社會的生態意識究竟包括哪些內容？中國歷史時期的環境狀況具體怎樣？為什麼在古代中國環境問題不甚突出的情況下能夠產生這一意識？生態意識在實踐中對中國環境產生了怎樣的影響？這種影響又具體表現在哪些方面？其影響又是通過什麼或哪些方面反映出來的？要回答這些問題，不僅要弄清環境意識的具體內容，同時也要理清中國歷史時期生態環境的具體變化，並把思想史（環境意識）研究和實踐（環境保護）研究結合起來。然而，中國歷史悠久，地域廣大，思想流派眾多且博大精深，憑筆者有限的精力和淺薄的學識，顯然很難全面回答上面的問題。有鑑於此，本書選擇中國傳統社會主流意識形態——儒學——之生態意識作為研究對象，對其生態意識與歷史時期的環境保護實踐進行考察。

本書主要以儒家生態意識及其在中國古代環境保護實踐中的作用

---

29 王民：〈環境意識概念的產生與定義〉，《自然辯證法通訊》2000年第4期（2000年）；楊莉等：〈論環境意識的組成、結構與發展〉，《中國環境科學》2001年第6期（2001年）；王社教：〈清代西北地方地方官員的環境意識——對清代陝甘兩省地方志的考察〉，《中國歷史地理論叢》2004年第1輯（2004年）；周志家：〈環境意識研究：現狀、困境與出路〉，《廈門大學學報》2008年第4期（2008年）。

為基本研究內容。需要說明的是：其一，本書無意於專從哲學方面，也無力專門於生態學方面，而是從哲學、生態學和歷史學的視角，對儒家思想及其主要哲學範疇的生態學意義進行歷史式的闡述，並將之與中國歷史時期的環境保護實踐聯繫起來。其二，本書中的儒家，並非僅限於儒者，同時也指儒家典籍；而儒者既包括如孟子、程朱等對儒學發展作出重大貢獻的儒學大家，同時也包括一小部分通過科舉考試走向仕途的儒吏及其主要言論。其三，儒家生態意識對環境保護實踐的影響，主要是從職官制度和法律層面而言的，且僅限於先秦、秦漢時期的案例。

除前言、餘論、附錄外，全書共八章：

第一章為儒家「天人合一」論研究。儒家「天人合一」論的內涵極其豐富，本書具體研究的內容是儒家的生態意識，所要解決的問題是儒家生態意識發生的哲學基礎是什麼。因此，本章選取「人與自然」作為研究儒家「天人合一」論的切入點。其內容分兩大部分：第一部分是以「人與自然」關係的認識為對象，對近些年來學界關於儒家「天人合一」思想研究的述評；第二部分為儒家生態意識發生的哲學基礎——「天人合一」論的具體研究，包括「天」論、「人」論和天人「合一」論，系統梳理了儒家「天人合一」論中「天」與「人」的屬性、地位和職責，並從「萬物一體」、「天人相參」和人的能動性等方面，對儒家天人「合一」說進行了具體的闡述。

第二章為儒家生態意識發生的生態學基礎的探討。儘管傳統文化中沒有作為今天科學意義上的生態學，但在包括儒學在內的傳統思想中，常常具有詞源學意義的生態學——棲息地的邏輯[30]。本章探討的

---

30 〔美〕霍爾姆斯・羅爾斯頓撰，徐蘭譯：〈科學倫理學與傳統倫理學〉，收入中國社會科學院哲學研究所科學技術哲學室：《國外自然科學哲學問題》（北京市：中國社會科學出版社，1994年）。

內容包括：儒家關於生物「類」的認識、生物「類」的劃分及其生態保護意義；儒家關於生態系統內部生物生存環境——生境的認識，以及保護生境的主張；儒家關於生態系統內生物間關係的認識及其意義等等。

第三章為儒家合理利用、保護生態資源的主張，即規定人們對自然界除人以外的其它事物（包括有生命的和無生命的）可以做什麼、不可以做什麼，如儒家動植物資源保護主張中的「時禁」等。儒家此方面的主張十分豐富和具體，如從對象上分，即包括水資源、土地資源、植物資源、動物資源等等；在具體主張內容方面，既包括禁之以「時」，又包括用之以「時」等等。限於篇幅，本部分主要以山林資源、動物資源為對象，對儒家合理利用和保護自然資源的主張加以詳盡的剖析。

第四章為《周易》「三驅」的考釋。儒家思想、主張的基本概念或道德範疇（如「仁」等等）不僅具有社會倫理意義，而且還具有生態學的價值。這些概念或範疇在思想或觀念上加強了人們的生態資源保護意識，在精神或信仰上對人的社會行為起著一定的約束或限製作用，其積極意義不容低估。鑒於學界對儒家如「仁」、「孝」等道德範疇的生態保護價值已有一定的考察，為避免重複研究，本書選取《周易比》「王用三驅，失前禽」的記載及其歷史變化為對象，對中國古代的「三驅」禮儀進行了系統、深入的探討，並對其中蘊含的生態保護價值予以了闡釋。

第五章為戰國秦漢時期的氣候研究。以生態要素為對象，考察歷史時期的環境變遷，是環境史研究常用的方法或手段，歷史氣候即為其不容迴避的重點內容之一。限於篇幅，本書不可能對整個中國歷史時期的氣候情狀加以全面、系統的探討，而是採取截面的方式，重點探討戰國秦漢時期黃河流域、長江中游地區的氣候狀況，試圖藉此達到折射其間生態狀況之一般的目的。

　　第六章是以秦漢時期為對象的政府行為與生態的考察，主要包括政區劃分與生態，人口政策與生態，移民、屯墾政策與生態等內容。具體研究中，又著重以河套地區為例，分別以兩漢河套地區行政區劃與環境變遷、西漢屯墾與烏蘭布和沙漠北部地方的區域環境變遷為個案研究對象，以揭示自然環境對人類行為的制約和人類社會經濟行為對區域環境變化的負面影響之實。

　　第七、八章為先秦秦漢時期生態保護實踐的個案研究。環境保護研究以制度層面為主，具體包括設置生態職官、制定生態法律、頒佈生態保護詔令等等。其中第七章是以先秦、秦漢時期為對象的生態職官考述，共由兩部分構成，第一部分是以《周禮》為對象的先秦生態職官考述，第二部分為秦漢生態職官考述；第八章為秦漢時期生態法律的研究。秦漢生態法律頒佈和付諸實施的原因是多重的，除儒家思想的影響等動因外，還與時人的呼籲等密不可分。因此，在具體探討秦漢生態法律之前，第八章還對秦漢時期的生態思想進行了耙梳。

第一章
「天人合一」論：儒家生態意識的哲學基礎

一　近些年來關於儒家「天人合一」思想研究述評——以「人與自然」關係的認識為對象

　　天人關係是中國傳統文化的母題，傳統哲學的一系列觀念、思想都是從此演繹而生的。二十世紀八九十年代，伴隨著一股強勁的傳統「文化熱」旋風，天人關係中的重要哲學範疇——「天人合一」論——遂成為學界探討的焦點之一，包括如錢穆、張岱年、季羨林[1]等名流在內的諸多專家、學者，圍繞「天人合一」的具體內涵，在中國傳統文化中的地位、作用及其對人類未來發展的意義等相關問題，展開了如火如荼的探討。經過討論，學界就一些基本議題已初步達成共識，多數學者認為，「天人合一」思想是中國文化的根本觀念，堪謂中國文化的主流或主線；它既是一種世界觀和宇宙觀，同時也是一種普遍的思維方式，而且代表一種值得追求的人生境界，因此被視為中國思想的特性和中國文化的精神；並對錢穆晚年所言的以「天人合一」觀為特質的中國傳統文化將對人類未來的生存作出重大貢獻的觀點[2]，予以了充分的肯定。

1　本書提及的學者，一般省去其「先生」等稱謂和「教授」等職稱、職務，引文原有者除外。
2　錢穆：〈中國文化對人類未來可有的貢獻〉，《中國文化》1991年第4期（1991年）。

　　然而，儘管就某些基本問題已取得了共識，但這場關於「天人合一」的討論至今尚未結束，且有方興未艾之勢。因為：其一，有異於上述共識的聲音仍不時出現，如臺灣林俊義就認為，「天人合一」論只是中國哲學史上天人關係思想的一個側面，絕非主流，我們不可以用「天人合一」來概括整個中國哲學史上的天人關係論，更不好把「天人合一」論說成是中國哲學的根本特徵[3]。其二，隨著全球環境危機的愈益加深與嚴重，學界又將「天人合一」論和現當代所言的「人與自然和諧」聯繫起來，討論的主題雖仍舊，而其重心發生了轉移，重點集中於「天人合一」論是否就是我們今天所講的「人與自然和諧」，以及它可否在挽救當今環境危機的過程中有所貢獻和如何作為等主要方面。本書所做的關於「天人合一」論研究的評述，也僅限於對「人與自然」關係認識的層面。

　　就近些年來的研究成果看，學術界關於「人與自然」關係話語上的儒家「天人合一」思想的研究結論之分歧，主要集中在兩大方面：一是儒學「天人合一」論是否等同於今人所主張的「人與自然和諧」；二是儒家的「天人合一」思想對當今的現實意義，它是否有助於推動目前的環境保護或促進現代環境倫理學的建立，以及如何為現實服務等等。本書擬就此兩方面的相關研究稍作回顧，並就有關討論而略表拙見，以期對當前的儒家環境思想或環境倫理學的研究有所促推。

（一）儒家「天人合一」論就是「人與自然和諧」嗎

　　從「人與自然」的角度來看，目前學界對儒家「天人合一」命題的理解，存在兩種截然不同的觀點。一種觀點認為二者不僅是一致

3　林俊義：〈從中國傳統哲學中的「天人合一論」，尋覓「自然與人的和諧」〉，《自然辯證法研究》2000年第9期（2000年）。

的，而且儒家提出「天人合一」主張的目的，就是為了實現人與自然的和諧；另一種觀點則相反，論者以為「天人合一」和「人與自然」並不是一回事，更不可簡單地把它等同於「人與自然和諧」。出現兩種相左的認識並非偶然，與各自對「天人合一」命題中「天」的概念和「天人合一」內涵的不同理解有關。

1 「天」的含義的不同詮釋

其一，多義說。關於儒家「天人合一」命題中「天」的討論，其來有之，其中以有多重含義的說法為較早。如南宋時的朱熹就曾指出：「經傳中『天』字」，「要人自看得分曉，也有說蒼蒼者也，也有說主宰者也，有單訓理時。」（《朱子語類太極天地上》）可知宋時之「天」，即有自然之「天」、神性之「天」與義理之「天」三種不同的說法。現代學者馮友蘭則認為，儒家之「天」「有五義：曰物質之天，即與地相對之天。曰主宰之天，即所謂皇天上帝，有人格的天，帝。曰運命之天，乃指人生中吾人所無奈何者，如孟子所謂『若夫成功則天也』之天是也。曰自然之天，乃指自然之運行，如《荀子天論篇》所說之天是也。曰義理之天，乃謂宇宙之最高原理，如《中庸》所說『天命之為性』之天是也。《詩》《書》《左傳》《國語》中所謂之天，除指物質之天外，似皆指主宰之天。《論語》中孔子所說之天，亦皆主宰之天也」[4]。對於馮說五種之「天」，有學者認為它「是一個包含諸多差異甚至對立、矛盾的概念的集合」[5]。

其後，持此說者不乏其人。如張岱年就認為中國哲學上的「天」有「最高主宰」、「廣大自然」和「最高原理」等三種基本含義[6]。具

---

4 馮友蘭：《中國哲學史》（北京市：中華書局，1961年），上冊，頁55。
5 王生平：〈「天人合一」的主體實踐規定性〉，《哲學動態》1995年第6期。
6 張岱年：〈中國哲學中「天人合一」思想的剖析〉，《北京大學學報》1985年第1期（1985年）。另見《張岱年文集》（北京市：清華大學出版社，1995年），卷6。

體到不同時期和各個思想家，其「天」的含義也大為不同。如春秋時孔子講「天命」之「天」乃世界的最高主宰，戰國中期以後多數思想家所說的「天」主要是指廣大的自然界，被董仲舒稱為「萬神之大君」的「天」係有意志的上帝，王充的「天」為包括日月星辰在內的天體，張載的「天」則是自然的總體，二程的「天」即宇宙的最高實體等等[7]。縱是同一人，其「天」的內涵也因時間和場合的不同而有異，如劉鄂培等就認為，孔子「天何言哉」和「唯天為大，唯堯則之」之「天」為自然之「天」，而其「天之未喪斯文也，匡人其如予何」、「天生德於予」（《論語》之《陽貨》、《泰伯》、《子罕》、《述而》）之「天」，則是有目的的上帝之「天」[8]等。

後世諸多學者不僅堅持「天」有多義之說，而且還在前人條縷的基礎上，把「天」之多義進一步細化。如魏義霞就稱傳統哲學中的「天」有六種，其中涉及儒家「天人合一」觀的有冥冥之天（命運的神秘主宰，孔子、孟子）、意志之天（人格神和意志本體，董仲舒）、自然之天（整個自然界，荀子、王充）、道德之天（天即天理、天道，二程、朱熹等）等四類[9]。田廣清亦云儒家「天人合一」論中的「天」，分別表示「天命之天」、「主宰之天」、「自然之天」、（自然）「規律之天」、「義理之天」、「形而上之天」、「形而下之天」等[10]。而林俊義則根據歷史順序，綜合地抽離出「天」有人格神，天象或氣

7　張岱年：〈中國哲學中關於「人」與「自然」的學說〉，收入北京大學哲學系：《人與自然》（北京市：北京大學出版社，1989年）。

8　劉鄂培等：〈「無以人滅天！」──論中國古代哲學「天人觀」及其對當代環境保護的啟示〉，《船山學刊》1994年第1期（1994年）。

9　魏義霞：〈天人合一：中國傳統哲學的文化底蘊和價值旨趣──對「天人合一」的哲學詮釋和深層思考〉，《學術交流》1996年第5期（1996年）。

10　田廣清：《和諧論──儒家文明與當代社會》（北京市：中國華僑出版社，1998年），頁97—134。

象，天象或氣象的規律（天道），天命，自然、天然、天真，天志，群物之祖，理（天理），性（天性），心（天心），氣（天氣）和宇宙空間等十二種主要涵義[11]。

其二，自然之「天」或自然界。劉大椿等認為，在儒家與道家的傳統中，並沒有形成一個我們今天所講的、統一完整的自然概念，天和地、天地和萬物、天地人等都不單獨具備這樣的自然含義，但是，它們的總和確實接近今天的自然概念[12]。而毛鋒等則明確地表示，儒家「『天人合一』中的『天』是指包含天地、日月、四時、風火、雷電、山水的自然界」[13]。許啟賢也認為儒家「天人合一」之「天」不是中國哲學史上所謂的「上帝主宰之天」，也不是「神秘莫測之天」，而是自然之「天」，與自然的「人」同屬自然，二者因此具有相通相合之處[14]。秉此論者不乏其人，如方立天、吳寧、胡偉希等[15]。方克立曾明確指出，中國傳統哲學中所講的「天」，有意志之「天」、命運之「天」、義理之「天」等涵義，但不能否認，其最基本的涵義乃自然界，即天地之「天」、自然之「天」、物質之「天」[16]。

---

11 林俊義：〈從中國傳統哲學中的「天人合一論」，尋覓「自然與人的和諧」〉，《自然辯證法研究》2000年第9期（2000年）。

12 劉大椿等：《環境思想研究：基於中日傳統與現實的回應》（北京市：中國人民大學出版社，1998年），頁27。

13 毛鋒等：〈論「天人合一」與可持續發展〉，《人口與經濟》1998年第5期（1998年）。

14 許啟賢：〈中國古人的生態環境倫理意識〉，《中國人民大學學報》1999年第4期（1999年）。

15 方立天：〈論中國傳統文化的人生價值〉，《光明日報》1999年10月22日；吳寧：〈論「天人合一」的生態倫理意蘊及其得失〉，《自然辯證法研究》1999年第12期（1999年）；胡偉希：〈儒家生態學基本觀念的現代闡釋：從「人與自然」的關係看〉，《孔子研究》2000年第1期（2000年）。

16 方克立：〈「天人合一」與中國古代的生態智慧〉，《社會科學戰線》2003年第4期（2003年）。

其三，「天道」、「天德」，或道德之天。蒙培元認為，儒家「天人合一」之「天」，主要指的是世界本體，具有「形而上」的意義，這就是所謂「天道」、「天德」，它內在於人而存在，是由人來體現或實現的，離開了人，所謂「天」便毫無意義[17]。高晨陽也認為，「天」並不是一個與主體自我相對立的客觀存在，而是一個內在於主體自我的價值性範疇，是人的道德性的提升與折射，從而亦有道德性的意義[18]。詹宇國亦云儒家之「天」一般指天道，主要是指人類社會倫理規範的來源[19]。

其四，義理之天。臺灣馮滬祥認為，「中國哲學所謂『天』，並不是指物質性的天，而是指義理性的天，或象徵性的天」[20]。汪樹敏等對毛鋒之「天乃自然界」的觀點提出了不同看法，他們在對歷史時期諸儒家天人思想耙梳的基礎上，認為將「天」看作自然界的說法較為「武斷」，「因為中國傳統文化所謂『天人合一』之天其實並非自然之天而是義理之天」[21]。

同時，還有一些學者認為，「天」具有自然的和道德的雙重含義。如夏甄陶指出，中國傳統哲學中的「天」，除了自然之「天」的含義外，還有作為有意志的最高權威的主宰之「天」和作為倫理道德本原的義理之「天」等含義。但所謂的主宰之「天」、義理之「天」

---

17 蒙培元：〈從心靈問題看中西哲學的區別〉，《學術月刊》1994年第10期（1994年）；蒙培元：〈心靈與境界〉，《哲學動態》1995年第3期（1995年）。

18 高晨陽：〈論「天人合一」觀的基本意蘊與價值──兼評兩種對立的學術觀點〉，《哲學研究》1995年第6期（1995年）。

19 詹宇國：〈人類中心主義與天人合一〉，《中國社會科學院研究生院學報》1997年第6期（1997年）。

20 馮滬祥：《人、自然與文化──中西環保哲學比較研究》（北京市：人民文學出版社，1996年）頁12。

21 汪樹敏等：〈關於「天人合一」之「天」──兼與毛鋒、葉文虎商榷〉，《人口與經濟》1999年第2期（1999年）。

等，實際上乃人們把自己在社會文化的積澱中產生和具有的社會功能特徵與社會精神屬性，經過思維「蒸餾」以後升騰融入自然之「天」，使自然之「天」神化、義理化而形成的觀念[22]。以這一認識為基礎，王雨辰認為，儒家哲學「天人合一」理念的「天」，既包括「自然之天」的含義，但更深刻的含義則是指一種「天道」、「天德」[23]。另外，張雲飛把「天人合一」作為儒家哲學的自然觀特徵，認為其「天」有廣、狹義之分：狹義而言，「天」指的是非人的自然界，儒家在很大程度上將「天」看作是自然界的同義語；廣義而言，「天」還包括尚未認識與把握的人際關係和精神現象甚至是超驗的客體[24]。

2 「天人合一」的內涵

所謂的「內涵」，也就是「天人合一」這一概念具體包括哪些方面的內容。學者們對儒家「天人合一」的整體理解，歸納起來有以下幾個方面：

張岱年等認為，「天人合一」有五個主要方面的內容，其中與儒家相關的有四個，它們是：（1）性天同一論，指孟子的「盡心」、「知性」、「知天」說與《中庸》的「盡性參天」說等；（2）以《易傳》思想為典型的「天人合德」論；（3）董仲舒的「天人相類」論；（4）宋明道學的「性與天道合一」論等[25]。

---

22 夏甄陶：〈天人之分與天人合一〉，《哲學研究》2002年第6期（2002年）。

23 王雨辰：〈略論儒家生態倫理的基本精神與價值取向〉，《中南財經政法大學學報》2003年第5期（2003年）。

24 張雲飛：〈中國儒、道哲學的生態倫理學闡述〉，收入徐嵩齡：《環境倫理學進展：評論與闡釋》（上海市：社會科學文獻出版社，1999年）。

25 張岱年等：〈中國古代倫理思想家關於天人問題之探討〉，《貴州大學學報》1994年第2期（1994年）。

　　沈銘賢認為，中國傳統的「天人合一」思想有六類，其中涉及儒家者有以孟子、二程、朱熹、張載等思想為代表的「天人相通」說，荀子的「天人相分」說，以及董仲舒的「天人相類」論等；稱歷史上的「天人合一」的積極影響是毋庸置疑的，它追求的是人與自然的和諧，突出倫理觀念，把個人與自然、社會統一了起來。但其消極的影響也是不容低估的[26]。

　　宋志明在前人研究的基礎上，對各種類型的「天人合一」觀進行了頗為詳盡的歸納，認為中國歷史上存在著九種「天人合一」的觀點，其中的七種屬於儒家的思想，它們是：孟子和《易傳》作者的「天人相通」說，荀子、柳宗元、劉禹錫的「天人相交」說，董仲舒的「天人相與」說，程顥的「天人同體」說，張載、王夫之的「天人一氣」說，朱熹的「天人一理」說，以及陸九淵、王陽明的「天人一心」說。指出：雖然「天人合一」是中國哲學家們的共識，但各家對這一命題內涵的理解是不同的，或以抽象、形而上的思想方法，或以辯證的思想方法看待「天人合一」；有的表現出唯物主義思想傾向，有的表現出唯心主義思想趨勢。強調「只把天人合一歸結於儒家的一家之言，並不符合中國傳統哲學的實際」[27]。

　　劉學智在對學術界「天人合一」就是「天人和諧」這一認識的誤區加以分析時指出，中國傳統的「天人合一」具有多重的含義，既有形而下的宇宙論意義上的「天人同構」、「天人同類」、「天人和諧」觀念，也有形而上的本體論意義上的「天人一體」、「天人合德」等觀念。認為儒家「天人合一」思想的主流精神是建立在道德心性論基礎

---

26 沈銘賢：〈從「天人感應」到「人天感應」——「天人合一」的古今命運管窺〉，《哲學研究》1997年第10期（1997年）。

27 宋志明：〈天人合一簡論〉，方立天：《儒學與中國文化現代化》（北京市：中國人民大學出版社，1998年）。

之上的「天人一體」，其旨趣是為人的生命存在確立一個形而上的根據[28]。

　　熊志輝在探討「天人合一」思想的基本內涵時認為，中國古代的自然觀是由眾多哲學家共同建立和發展的，其立論經歷了不斷揚棄、修正和完善的過程，具有多重復合性和系統性。具體地說，「天人合一」具有九大方面的內涵：第一，人與自然是統一體，人是自然的一部分，中國古人很早就反對將「人類和自然」對立起來，這是對世界自然哲學的卓越貢獻；第二，自然是沒有意識的，既不與人為敵，也不與人為友；第三，自然是一種客觀存在，有「性命之理」，存在就是價值；第四，自然是有機體；第五，自然與人各有特長，交相勝；第六，人應當師法自然，向自然學習；第七，人應與自然和諧相處，以「天人調諧」為最高理想，不應與自然為敵；第八，天地之間以人為貴，自然條件應為人類服務；第九，人應發揮能動性，「用天之利」，完善自然。以為「這種認識，已經達到了生態的高度，具備了可持續發展的思想意識，與當代生態倫理學的觀點一致」[29]。

3 「天人合一」和「人與自然」

　　對這一問題的認識存在兩種不同的觀點，一種觀點認為「天人合一」指的就是「人與自然」的關係，而且強調的乃人與自然的和諧，這是對該問題認識的主流；與之相反的觀點則認為，「天人合一」並不等同於「人與自然」，更不能將之與現代人所云的「人與自然和諧」相提並論。兩種情況十分複雜，具體分述如下：

---

28 劉學智：〈「天人合一」即「天人和諧」？——解讀儒家「天人合一」觀念的一個誤區〉，《陝西師範大學學報》2000年第2期（2000年）。

29 熊志輝：〈中國古代「天人合一」思想對當代人的啟示〉，《城市規劃彙刊》2002年第5期（2002年）。

　　首先，認為「天人合一」和「人與自然」基本一致。很多年前，牟鍾鑒就著文認為，儒家天人之學的特徵是強調天人一體，其中關於人在宇宙中的地位和人對自然的態度與生態哲學的關係最為密切，儒家的「天人關係基本上同於人與自然的關係」。指出，儒家的天人之學在方向上很自然地與現代生態學相吻合，若能很好地加以發掘與闡揚，對於推動我國生態與環境的教育普及工作是十分有利的[30]。

　　此後，持此論者屢見。如張岱年認為，「天人合一」學說雖然淵源於先秦時期，而正式成為一種理論觀點則是在漢代哲學與宋代哲學中。漢、宋哲學中的「天人合一」說主要有董仲舒、張載和二程等三種「天人合一」觀。董仲舒講「天人相類」、「人副天數」，云「以類合之，天人一也」；張載講「天人合一」、「民胞物與」等；二程也講天人合一，但以強調「天人本一」、「萬物一體」為主。三者用語不同，其學說內容也不同。但他們的觀點則是一致的，即肯定「天」與人有統一的關係。「天」是廣大的自然，人是人類。人是「天」所生成的，是「天」的一部分。人與「天」不是敵對的關係，而是共存的關係[31]。錢世明也以為，儒家的「天人合一」講的就是人與自然的關係，從孔、孟及其它純正的儒家著述來看，儒家的「天人合一」觀點是對人與天地關係的概括，這是無可非議的[32]。胡偉希認為，儒家的「天人合一」這一古語，翻譯成現代漢語，就是「自然與人類合一」的意思。就人與自然關係的層次來說，它承認人類與自然合為一體，從現代系統論的觀點來看，也就是承認人類社會是自然這個大的生態系統中的一個子系統，與西方將人與自然相互對立的「二分法」思維

---

30 牟鍾鑒：〈生態哲學與儒家的天人之學〉，《甘肅社會科學》1993年第3期（1993年）。

31 張岱年：〈天人合一評議〉，《社會科學戰線》1998年第3期（1998年）。

32 錢世明：《說天人合一》（北京市：京華出版社，1999年），頁84。

方式有所不同[33]。而馬振鐸等則說，雖然儒家的天人之學不等於人與自然之間關係的學說，但其中包含著一些非常重要的關於人與自然關係的思想：第一，人是自然的產物，是自然的一部分，與自然處於「一體」即不可分割的聯繫之中。第二，人身上保持著種種自然屬性，因此，人也受自然規律的支配。第三，自然界是人賴以生存的條件，人只能從自然界取得維持其生存的物質資料，因此人必須利用和改造自然。第四，出於維護自身生存和道義原則的需要，人肩負著保護自然界的責任[34]。

其次，認為儒家的「天人合一」就是「人與自然和諧」。姜祥林指出，儘管人們對「天人合一」的內涵有不同的理解，但儒家古老的「天人合一」思想與現代的「可持續發展戰略」間，確實有相通之處和內在契合點，「含有人與宇宙或自然應和諧一體的層面，則是確定無疑的」[35]。沈銘賢也認為，人與自然和諧統一是儒家「天人合一」毫無疑問的重要內容，「天人合一」追求的是人與自然的和諧，突出倫理觀念，把個人與自然社會統一起來，其積極影響是毋庸懷疑的[36]。「和諧」是田廣清所著《和諧論——儒家文明與當代社會》一書的基調，他在該著第三章「人與自然和諧——儒家的天人觀」中，對儒家的「天人合一」思想進行了較為全面、深入的探討。通過研究，作者認為，儒家「天人合一」思想是人類最早的生態倫理，它不僅肯定人是天地自然的產物，而且更強調「以天地萬物為一體」，把整個

---

33 胡偉希：〈儒家生態學基本觀念的現代闡釋：從「人與自然」的關係看〉，《孔子研究》2000年第1期（2000年）。

34 馬振鐸等：《儒家文明》（北京市：中國社會科學出版社，1999年），頁113。

35 姜祥林：〈儒家「天人合一」思想與可持續發展戰略〉，《齊魯學刊》1997年第2期（1997年）。

36 沈銘賢：〈從「天人感應」到「人天感應」——「天人合一」的古今命運管窺〉，《哲學研究》1997年第10期（1997年）。

自然界看作是一個統一的生命系統，主張尊重自然界的一切生命的價值，愛惜一切動物、植物和自然產物[37]。方立天在研究先秦時期的哲學時，將該期的「天人關係」論分為「天人合一」、「天人之分」、「與天地參」三個部分，而在具體論述「天人合一」思想的過程中，他把人與自然的和諧作為其一項重要內容，可見方立天亦將人與自然的和諧統一作為「天人合一」論的本質內容之一[38]。

視儒家「天人合一」論為「人與自然和諧」的學者頗多。如吳寧即直言「天人合一」乃人與自然的和諧統一，稱它是在肯定天人區別的基礎上肯定天人的統一，是一種辯證思維。儒家「天人合一」思想把人與自然的關係看作相輔相成的關係，以天人的和諧為最高理想[39]。黃明同稱「天人合一」論把人和自然看成一個整體，重視自然的和諧、人與自然的和諧、人與人的和諧，其中以人與自然的和諧最為突出。它體現了人與自然、人與人之間的辯證關係，其可貴之處在於它揭示人與自然的關係時，既肯定了人的主體精神，又強調了人必須順應自然[40]。熊志輝在論及儒家「天人合一」思想的先進性特徵之一的「先驅性」時，也說「天人合一」蘊含著人與自然和諧相處的思想，認為這一思想對當今世界乃至人類的未來無不具有積極的借鑒作用和啟發意義[41]。

---

37 田廣清：《和諧論——儒家文明與當代社會》（北京市：中國華僑出版社，1998年），頁104。

38 方立天：〈先秦哲學與人類生存智慧〉，《光明日報》1999年3月19日。

39 吳寧：〈論「天人合一」的生態倫理意蘊及其得失〉，《自然辯證法研究》1999年第12期（1999年）。

40 黃明同：〈華夏文化與人類未來的生態倫理〉，收入祝瑞開：《儒學與21世紀中國：構建、發展「當代新儒學」》（上海市：學林出版社，2000年）。

41 熊志輝：〈中國古代「天人合一」思想對當代人的啟示〉，《城市規劃彙刊》2002年第5期（2002年）。

　　即使是那些主張「天人合一」中的「天」為道德性「天」的學者，也多承認儒家「天人合一」中蘊涵著人與自然和諧的因素。如李萃就認為，如果把天作為一種道德律令來理解，儒家的「天人合一」就是把人與標誌道德律令的「天」合一。儒家的道德之「天」，其根本目的是利用「天」的威懾力來維持人際和諧，但又不局限於此，人與人的社會和諧常常被昇華到人與自然的和諧。所謂的「仁民愛物」就含有此意[42]。蒙培元則一再強調其對中國哲學的一個基本看法：「中國哲學的基本出發點是生命論或生存論的，不是本體論（即實體論）和認識論的；是人與自然的有機統一，而不是人與自然的二元對立」。認為「天人合一」，即人與自然有機統一關係的認識是中國哲學的主流。中國哲學既重視人的問題，也很關注自然界的問題，在人與自然的內在統一中解決人的問題，同時「反觀」自然界的問題，認為自然界是生命整體或有機整體，自然界是一切生命的根源，具有內在的價值，人只是其中的一個部分[43]。

　　還有一些學者認為，儒家所講的天人和諧主要是在理想層面上而言的。趙峰通過對中國思想史上天人關係的考察，指出「天人合一」是中國傳統文化的最高理想，也是傳統文化的基本思維方式，它構成了傳統文化的核心精神。他認為「天人合一」不是人與宇宙的簡單比附，不是主客體的某種神秘契合，也不是人與自然關係的直線式理解，而是一種追求，一種信仰。這種追求的目標就是實現現實與理想、事實與價值、自然與人文、必然與應然的完美統一[44]。胡偉希認

42 李萃：〈中國古代的天人合一觀念與現代環境保護〉，《東南學術》1999年第6期（1999年）。

43 蒙培元：〈關於中國哲學生態觀的幾個問題〉，《中國哲學史》2003年第4期（2003年）。

44 趙峰：〈天不變道亦不變──傳統文化核心精神的一種現代注釋〉，《原道》（北京市：團結出版社1996年），第2輯。

為,「天人合一」與其說是對現存世界中人與自然關係的一種描述,不如說是對人與自然關係的一種理想和夢想,是人與自然關係的「應然」,而非「實然」。稱儒家「天人合一」的原初意思同時包括「天人關係」和「人際關係」兩個方面,其目的,一方面是為建立理想的人際關係做論證,確立一種普遍性的人間倫理;另一方面也是為了確立一種人與自然友好的倫理,即我們今天所講的環境倫理或生態倫理。因此,儒家「天人合一」觀的自然引申和合乎邏輯的結果就是環境倫理[45]。李培超認為,建立在經驗直覺基礎之上的「天人合一」思想,確實表達了一種思維的系統性、整體性的特點,但它往往將人與自然的和諧看成是先驗或者訴諸內向性的心理、情感體驗,而不是靠人的實踐活動來完成,這使得「天人合一」所追求的人與自然的和諧之境對人來說只具有「心嚮往之」卻「不能至」的純粹理想性描繪的意義[46]。

也有不少學者認為,「和諧」是從精神道德意義上來說的。蒙培元指出,「天人合一」是講心靈境界的,根本意義在於解決人的心靈問題。中國哲學由於重情性或情理,把人與自然的關係看作是統一和諧的關係;而人的心靈從根本上來說是完美的,它不僅能下通人事,而且能「上達天德」。因而,「天人合一」所講的和諧是一種極高的精神境[47]。王雨辰則從「天人合一」對人的道德要求方面,肯定了「天人合一」中蘊涵的人與自然和諧的思想。他認為,儒家哲學的「天人合一」命題實際上是一種價值預設,它既是儒學德性論的深層

---

45 胡偉希:〈儒家生態學基本觀念的現代闡釋:從「人與自然」的關係看〉,《孔子研究》2000年第1期(2000年)。

46 李培超:《自然的倫理尊嚴》(南昌市:江西人民出版社,2001年),頁223、258。

47 蒙培元:〈從心靈問題看中西哲學的區別〉,《學術月刊》1994年第10期(1994年);蒙培元:〈心靈與境界〉,《哲學動態》1995年第3期(1995年)。

根據，又表達了一種人文精神——道德終極關懷與對理想道德境界的追求。在這個意義上說，天、人是相通的，人與自然不是外在對立的關係，而是內在地、有機地聯結著。「天人合一」的哲學理念因此構成了儒家生態倫理的哲學根據和基本精神，並奠定了一種「自然的道德體系」的本源性基礎。「天人合一」的哲學理念要求人類應該以一種內在的態度，而不應僅出於人類生存的工具理性來對待自然，應該把保護自然理解為人類應有的價值理性和道德責任[48]。吳寧也認為，儒家的「天人合一」既是宇宙觀又是道德觀，「合一」的基礎在於人發揮主觀能動性，積極進取，在生生不息的生命洪流中實現人與天地萬物的和諧共處。因此，儒家的「天人合一」思想是一種人生哲學，追求的是一種通過道德的內在超越來實現人與自然的和諧統一。儒家這種重人倫、偏向從人的角度來認識自然，要人主動追求人與自然的和諧，並以人與自然的和諧作為施教、感化的倫理靈魂宇宙、道德觀，在保障中華民族數千年持續統一中起到了積極的作用[49]。

有些學者雖承認儒家的「天人合一」所講就是人與自然的和諧，但同時又指出其間存有一定的局限性和不足，因此不可盲目地推崇。李莘認為，「天人合一」思想的局限性主要表現為具體內容的模糊性、天與人之界定的多重性和模糊性，以及由此決定的「天人合一」的多重含義等。作者指出，這是中國古代思維的整體性和模糊性的具體反映[50]。李培超則以為，「天人合一」思想並不是建立在對自然規律

---

48 王雨辰：〈略論儒家生態倫理的基本精神與價值取向〉，《中南財經政法大學學報》2003年第5期（2003年）。

49 吳寧：〈論「天人合一」的生態倫理意蘊及其得失〉，《自然辯證法研究》1999年第12期（1999年）。

50 李莘：〈中國古代的天人合一觀念與現代環境保護〉，《東南學術》1999年第6期（1999年）。

深刻認識的基礎上，而是建立在經驗直覺的基礎上，而沒有分析的直
覺不可避免地帶有混沌性和內在性的特徵，這使得中國傳統文化的
「天人合一」思維方式並沒有上陞到科學認識的高度，所表現的是人
與自然之間還沒有充分分化的歷史圖景。所以，盲目推崇中國古代的
「天人合一」思想是過於草率的[51]。有些人甚至認為「天人合一」觀
還有相當的負面影響。如吳寧就說儒家的「天人合一」思想忽視人們
對自然奧秘的探索，這對古代自然科學的發展是極為不利的[52]。而林
偉以為，傳統中國在處理人與自然的關係上始終是以「天人合一」的
理想為前提的，因此中國的自然觀一直貫穿著「天人合一」的東方文
化前提，這種倫理意義上的自然觀念在一定程度上束縛了中國社會的
發展進程[53]。

　　最後，認為儒家的「天人合一」論無法和現代意義上的「人與自
然和諧」相提並論，將「天人合一」解釋為人與自然的和諧與統一有
悖於事實。儒家學說係「入世」之學，其政治烙印較為顯著，有學者
由此認為儒家的「天人合一」也具有濃鬱的政治色彩。如羅卜就認
為，中國哲學之「天」往往被神秘化和倫理化，而「人」則常常被剝
奪了主體性或被唯心地注解。因此，儒家「天人合一」思想的直接目
的，就是維護封建綱常的神聖性，是要以「順乎天而應乎人」作為經
世的標準，而與現代文明所需要的「人與自然和諧」完全無涉[54]。王
生平也認為，「天人合一」論在古代主要是服務於政教倫常、協調人

---

51 李培超：《自然的倫理尊嚴》（南昌市：江西人民出版社，2001年），頁258。

52 吳寧：〈論「天人合一」的生態倫理意蘊及其得失〉，《自然辯證法研究》1999年第
　　12期（1999年）。

53 林偉：〈中西哲學自然觀的一個比較思考〉，《南京社會科學》1999年第12期（1999
　　年）。

54 羅卜：〈國粹‧復古‧文化——評一種值得注意的思想傾向〉，《哲學研究》1994年
　　第6期（1994年）。

際關係的，所謂的「生態平衡」只能是「天人合一」的現代詮釋[55]。
而夏甄陶則認為，如孟子、董仲舒、韓愈及某些理學家等主要儒家的
「天人合一」思想，是以主宰之「天」和義理之「天」的觀念為基礎
的「天人合一」觀。他們首先用自己的社會政治倫理思想來塑造
「天」，把自己的思想變成「天」意、「天」理，然後又反過來用經過
他們塑造的「天」來規定和解釋人間事務與人本身，並論證當時現實
的社會政治制度、倫常秩序和道德規範是順乎天意、合乎天理的。因
此，其「天人合一」就是這些「聖賢們從自己的頭腦中虛構出來
的」。這種「天人合一」觀顯然和「人與自然」無絲毫關係[56]。汪樹敏
等在對歷史時期儒家諸學者天人思想略加耙梳的基礎上，針對毛鋒等
觀點而強調指出，就「天人合一」命題本身而論，從周公旦到孔夫
子，從思孟學派到宋明理學，「天人合一」這個命題在儒學傳統中並
非意味著人與大自然的合一，「這似乎是確定不移的結論了」。「天人
合一」只具有古老的倫理學意義，追求的是天與人「在倫理道德意義
上合二為一」，而非人與自然的和諧[57]。

　　一部分學者則認為「人與自然和諧」的思想與儒家「天人合一」
論根本無涉。如王生平著文指出，雖然「天人合一」在古代有「人與
自然和諧」的含義，但主要保留在非主流文化的老莊道學和農學而不
是儒家著作中；並且「天人合一」亦並非一個凝固不變的概念，而是
隨著實踐主體的生成漸次而有不同的含義。認為把東方文化的「天人
合一」思想當作解決當今環境問題的出路「是一種極大的誤解」[58]。

55 王生平：〈跳出「國學」，研究國學——兼評〈論天和人的關係〉〉，《哲學研究》
　　1994年第8期（1994年）。
56 夏甄陶：〈天人之分與天人合一〉，《哲學研究》2002年第6期（2002年）。
57 汪樹敏等：〈關於「天人合一」之「天」——兼與毛鋒、葉文虎商榷〉，《人口與經
　　濟》1999年第2期（1999年）。
58 王生平：〈「天人合一」的主體實踐規定性〉，《哲學動態》1995年第6期（1995年）。

喬清舉也把「人與自然的和諧」的含義排斥在「天人合一」思想之外，他認為中國古代論述的天人關係共有三個層次，「天人合一」乃其一，但其「天」是有價值意義的，講的是「人與自身」的本性的關係，和「人與自然」並無干係，遑論所謂的「人與自然和諧」了；只有荀子等「天人相分」之說講的才是人與自然和諧的關係[59]。

　　從總體上看，對儒家「天人合一」即「人與自然和諧」主張持異議的學者，大多數是從時代背景、「天人合一」的多重內涵等方面來提出自己見解的。如李根蟠承認「天人合一」是儒家「天人關係」論的主流，但有不同的表現形態，或表現為「天人相通」（孟子、宋代的理學），或表現為「天人相類」（董仲舒）。以前者為主的「天人合一」論基本上不包含人與自然關係的意義在內，而後者講的倒大體是人與自然關係，但卻是一種被扭曲了的人與自然關係。荀子等「天人關係」論雖總的相當於人與自然的關係，然而它屬於「天人相分」論而不是「天人合一」論。認為實際上接近我們現在所說的人與自然關係的學說乃天、地、人之「三才」理論[60]。林俊義指出，中國古代思想家所講的「天人合一」的內容，是因時代、學派而異的，不同時期、不同學派之間對「天人合一」的理解也大不相同，簡單地用「天人合一」來概括不同內容的思想，無助於說明歷史的真相。中國歷代思想家講天人「合一」、「統一」、「一致」時多是從天與人同心「感應」、人性與「天」相通、人以「天人合一」作為理想、「天」的規律與人的規律一致等幾個角度來看的。儒家的「天人合一」是把人類的道德原則擴展到自然現象中去，絕不是自然界與人類的簡單關係可以

59　喬清舉：〈天人關係：中國古代人學的本體基礎〉，《文史哲》1999年第4期（1999年）。

60　李根蟠：〈「天人合一」與「三才」理論——為什麼要討論中國經濟史上的「天人關係」〉，《中國經濟史研究》2000年第3期（2000年）。

概括的；把「天人合一」解釋為自然與人的和諧與統一，是不符合事實的[61]。劉學智也認為中國傳統「天人合一」觀的含義是多重的，儒家「天人合一」的主流精神是建立在道德心性論基礎之上的「天人一體」，其旨趣是為人的生命存在確立一個形而上的根據。「一體」與「和諧」具有本質的不同，二者在前提、目的等諸方面都有顯著的區別和差異。「一體」論的前提是主客未分、二元同一，它以自然為本，立足點和歸宿是道德本原論和人生價值論；而「和諧」論則蘊涵著主客二分或分立的邏輯前提，它以自然為本，力求建立的是一種人與自然對立統一關係模式。而以往研究把「天人合一」詮釋為「天人和諧」或將二者相等同，是對中國古代特別是儒家「天人合一」觀念的一種誤讀。指出，「天人和諧」的觀念非但不是儒家「天人合一」的基本含義，並且在中國哲學史上也不占主導地位，占主導地位的是以主客未分、二元同一為基礎的「天人一體」觀念[62]。

對於學界關於儒家之「天人合一」論和現代之「人與自然和諧」思想間「是」、「非」關係的討論，任繼愈頗不以為然，他主張對於「天人合一」，我們不要糾纏於歷史之中，而是要使「天人合一」問題具有當代內容，以解決現實問題[63]。

（二）「天人合一」論的現實意義

「天人合一」論之所以能成為目前學術界討論的一個熱點問題，與時下人類遇到的環境問題、生態問題和可持續發展問題密不可分。

---

61 林俊義：〈從中國傳統哲學中的「天人合一論」，尋覓「自然與人的和諧」〉，《自然辯證法研究》2000年第9期（2000年）。

62 劉學智：〈「天人合一」即「天人和諧」？──解讀儒家「天人合一」觀念的一個誤區〉，《陝西師範大學學報》2000年第2期（2000年）。

63 任繼愈：〈試論天人合一〉，《傳統文化與現代化》1996年第1期（1996年）。

近代工業文明以來，迅猛發展的生產力為人類帶來了空前的物質利益，人們在盡享其「恩澤」的同時，也屢屢承受了由於生態環境的破壞而引發的諸如酸雨、風暴、污染、洪澇旱災、土地沙化及沙塵暴等苦楚。就其實質而言，這些問題終究還是人和自然的關係問題，要解決這些問題，就不可能逾越「人與自然」的話題。學者們在尋覓問題的癥結和解決的途徑時，不約而同地將目光聚焦在東方傳統文化上。作為傳統文化主流的「天人合一」論的現實意義，因而成為討論不可迴避的焦點。儒家「天人合一」思想的現實意義，主要是指它在當前的環境保護和現代環境倫理學建設中的作用，以及如何為現實服務或發揮其應有的作用等等。

1 認為對擺脫現代生態危機的困境具有積極的意義或作用

首先是從宏觀方面，對儒家「天人合一」思想在目前環境危機背景下的現實意義進行了肯定。早在一九八〇年代末，張岱年就對「天人合一」說中蘊涵的人與自然的辯證統一關係予以了積極的肯定，並以《周易泰》提出「財（裁）成天地之道，輔相天地之宜」的原則為例，說「這一原則的實際意義是保持生態平衡」[64]。此後，張岱年又稱：在當今環境惡化的形勢下，回顧中國哲學的「天人合一」學說，確實可以發人深省[65]。季羨林在肯定「天人合一」觀念的中國哲學核心地位和「天人合一」就是「人與大自然的合一」的基礎上[66]，重申了錢穆的「天人合一」論將對人類作出重大貢獻的觀點，並把現存的

---

64 張岱年：〈中國哲學中關於「人」與「自然」的學說〉，收入北京大學哲學系：《人與自然》（北京市：北京大學出版社，1989年）。

65 張岱年：〈天人合一評議〉，《社會科學戰線》1998年第3期（1998年）。

66 季羨林：〈「天人合一」新解〉，《傳統文化與現代化》1993年第1期（1993年）；〈「天人合一」方能拯救人類〉，《東方》1993年創刊號（1993年）。

環境危機歸咎於西方征服自然的方針，認為中國的「天人合一」思想將在解決生態危機方面大有作為[67]。在馮滬祥看來，包括儒學在內的中國哲學，普遍對人與自然應和諧相處持肯定態度，人不但要尊重自然、愛護動物，而且人與天地萬物應為「一體」，其中蘊涵著豐富的生態保護思想。「天人合一」「代表人要效法天的創造精神，一方面可以開物成務，理性地發展科學與經濟，另一方面又可以天人合德，和諧並進」，「因而，在這最新的趨勢下（指環境危機——引者注），中國哲學『天人合一』的環境觀，便深具重要的現代意義與貢獻」。馮氏指出，我們應該從古代「人與自然」和諧相處的思想中擷取深厚智慧[68]。商聚德則認為，「天人合一」思想比較複雜，正誤精粗並存，但從基本傾向上說，都強調人和自然、人事與天道的統一和協調，表現了人對現實主觀與客觀、人道與天道、人與環境之間的平衡與和諧的追求。這一思想對於解決當今世界日漸嚴重的環境污染、生態失衡等問題，當具有重要的啟迪意義[69]。

其次，認為在認識觀念諸方面具有積極的意義。如宋志明認為，「天人合一」觀強調人與自然的和諧一致，對於糾正那種把人與自然截然對立起來的形而上學的錯誤觀點具有指導意義[70]。海外新儒家杜維明則明確指出，儒家天人和諧的世界觀具有不言而喻的生態學意義：一方面，儒家「天人合一」思想具有豐富的哲學資源；另一方

67 李羨林：〈關於「天人合一」思想的再思考〉，《中國文化》1994年第9期（1994年）。

68 馮滬祥：《人、自然與文化——中西環保哲學比較研究》（北京市：人民文學出版社，1996年）頁12、17。

69 商聚德：〈儒學在21世紀的地位〉，收入中國孔子基金會：《儒學與廿一世紀——紀念孔子誕辰2545週年暨國際儒學討論會會議文集》（北京市：華夏出版社，1995年），上冊。

70 宋志明：〈天人合一簡論〉，收入方立天：《儒學與中國文化現代化》（北京市：中國人民大學出版社，1998年）。

面，它還有無盡的倫理資源，可供發展更全面的環境倫理學。認為儒家一個主要的目標就是在人與宇宙之間實現深層多樣的對應，因此從古代開始，儒家就關注與自然保持和諧，接受自然的適當限度和範圍。這種關注，一方面表現為他們用大量的方式培養自己既是個人的、也是宇宙的美德，另一方面又表現為用生物的形象來描繪修身的過程。並強調這一具有重要精神意義的觀念，對救治當前的生態危機也有實際價值[71]。而張雲飛則指出，與現代西方工業化生產條件下的「主客二分」思維方式和價值觀念及其後果相比，「天人合一」不僅是克服「人類中心」論頑症的一劑「猛藥」，而且也是催生從「生態中心」論過渡到「生態協調」論的一副良性「催生劑」[72]。

復次，認為在倫理道德等基本價值取向方面具有價值。如高晨陽認為，儒家主張「天人合一」，其目的在於從形而上的高度確證人的道德原則或道德生活的當然與必然，旨在為人的生命存在方式確立一個形而上的價值依據，因而它是一個價值性命題，「顯然與今人所說的『人與自然的和諧觀念無關』」。但他同時又指出：說中國文化的「天人合一」論不能成為解決環境危機的「直接性的文化依據」，「只是針對時賢之論而言」的。「事實上，『天人合一』說與環境危機之間還存在著另外一種肯定性的關係。這種肯定關係表現為，『天人合一』觀作為實踐理性精神的體現，它對人的行為方式起著制控作用，從而對於如何解決人與自然的關係具有導向的功能」。這種導向的功

---

71 〔美〕杜維明，雷洪德等譯：〈超越啟蒙心態〉，《哲學動態》2001年第2期（2001年）。Tu Weiming, Beyond the Enlightenment Mentality, Edited by Mary Evelyn Tucker and John Berthrong, Confucianism and Ecology: The Interrelation of Heaven, Earth, and Humans, Harvard University Press, 1998.

72 張雲飛：〈中國儒、道哲學的生態倫理學闡述〉，收入徐嵩齡：《環境倫理學進展：評論與闡釋》，（上海市：社會科學文獻出版社，1999年）。

能主要是通過仁義等道德規範對人的行為約束來實現的[73]。許啟賢認為，「天人合一」的宇宙觀、倫理觀是中國古代哲學思想和倫理思想的精華之一，是處理人與自然關係最寶貴、最重要的道德原則。當今，在人類文明與自然環境之間的矛盾空前尖銳的時候，「天人合一」的思想對維護自然界的生態平衡、拯救人類更有十分重要的現實意義[74]。佘正榮以為，儒家「天人合一」思想把人看作自然界的一個特殊組成部分，具有發揮其崇高的道德本性和智慧的能力，贊天地之化育，促進自然萬物的繁榮，實現人與自然的和諧相處。指出：儒家這種對待自然界的基本態度完全符合人類在飽嘗了近代以來征服自然的嚴重後果之後，要求重新恢復人與自然和睦關係的覺醒意識，與現代生態倫理學主張的把道德範圍從人類社會擴展到自然界的觀點是非常一致的。因此，其基本價值和道德取向對於我們今天實現人與自然的重歸和諧具有重要的啟迪價值[75]。

再次，認為在理性精神方面有一定的價值。如何懷宏認為，「天人合一」、人與自然和諧的精神是古代儒家生態倫理思想的支持精神，它和儒家所主張的「時禁」等「行為規範」一起，構成了對環境保護起著重要積極作用的思想。指出：雖然古代社會的生態問題並不構成嚴重而緊迫的危機，生態倫理在儒家思想中並不是一個中心問題，而且其行為規範的要求也非強制，但是在儒家的宇宙哲學中，卻蘊含著一種人與天地的關係應是融洽無間的，人並不能把自己看作世界上萬事萬物的主宰，不能以自然為僕人，相反，他應視天地為父

---

73 高晨陽：〈論「天人合一」觀的基本意蘊與價值──兼評兩種對立的學術觀點〉，《哲學研究》1995年第6期（1995年）。

74 許啟賢：〈中國古人的生態環境倫理意識〉，《中國人民大學學報》1999年第4期（1999年）。

75 佘正榮：〈儒家生態倫理觀及其現代出路〉，《中州學刊》2001年第6期（2001年）。

母，視所有生命都與自己相通的精神。因此，儒家這種從整個生態的
角度來看問題的精神，可以為現代處在生態危機嚴重困擾中的人們提
供深厚的價值支持資源[76]。馮天瑜亦稱：傳統「天人合一」的觀念，
表現在處理人類與自然的關係問題時所強調的「君子以厚德載物」、
「萬物各得其和以生，各得其養以成」、「民吾同胞，物吾與也」的智
慧，正蘊藏著我們在經歷了環境污染慘痛教訓後的今天所要挖掘、高
揚的理性精神[77]。而毛鋒等則認為，中國傳統文化所謂「天人合一」
的經典命題，能夠為當代可持續發展提供學理資源[78]。

最後，對當今世界的可持續發展具有啟發或啟示意義。如方克立
認為，「天人合一」說是一種樸素辯證的天人統一觀，它把人與天地
萬物都看作生命的存在物，是一個相互聯繫的有機生態整體。為了自
己的生存、發展和實現自己的生命價值，人類必須保護自然生態環
境，善待宇宙萬物。因此，「天人合一」不僅是中國古代解決人與自
然關係問題的基本思路，而且作為正確的思想原則，對人類文明也是
一大貢獻。至於究竟應該怎樣來認識中國古代「天人合一」思想對人
類的貢獻，作者「覺得還是一個值得進一步思考和全面研究的課
題」。但他認為有一點是可以肯定的，那就是它對反思工業文明和科
技文明所產生的負面效應——人與自然的疏離，人對自然的征服、統
治，世界性的生態環境破壞和惡化，重新建立人與大自然之間的和諧

---

76 何懷宏：〈儒家生態倫理思想述略〉，《中國人民大學學報》2000年第2期（2000
年）。另見何懷宏〈儒家論經濟與環保〉，收入何光滬等：《對話二：儒道釋與基督
教》（上海市：社會科學文獻出版　社，2001年）。

77 馮天瑜等：《文明的可持續發展之道——東方智慧的歷史啟示》（北京市：人民出版
社，1999年），第120-121頁。

78 毛鋒等：〈論「天人合一」與可持續發展〉，《人口與經濟》1998年第5期（1998
年）。

共生關係——有著不同程度或不同方面的啟發意義[79]。熊志輝認為，「天人合一」思想對當今世界的啟示具體反映在以下幾個方面：第一，要糾正「征服自然」觀，確立「適應自然」觀；第二，要克服「人類中心主義」，承認其它生物的存在價值。因為世界不是為人類而存在的，自然是有價值的，人依靠自然環境才能生存；第三，要糾正「放任自然」觀，確立「完善自然」觀[80]。

　　另外，姜祥林指出，儒家「天人合一」思想與我們今天所講的環境保護和生態理論還不能同日而語。但人類為實現可持續發展而在「人與自然和諧基礎上重新確立的一種價值取向，在精神方向上，它和儒家追求的人與自然相和諧的目標是一致的」，所以，在當前可持續發展戰略理論形成和正確實施的過程中，我們可在理論思維、思想資料、政府如何發揮主導作用等諸多方面從儒家「天人合一」思想裏汲取許多的思想營養[81]。佘正榮亦認為，作為東方農業文明的實踐經驗和生存方式的總結，「天人合一」說對待人與自然關係的基本態度是正確的和可取的：它的人文主義精神與後現代生態思想中的科學精神的互補，有可能形成人類戰勝生態危機、開創未來生態文明的主導價值取向[82]。

79　方克立：〈「天人合一」與中國古代的生態智慧〉，《社會科學戰線》2003年第4期（2003年）。

80　熊志輝：〈中國古代「天人合一」思想對當代人的啟示〉，《城市規劃彙刊》2002年第5期（2002年）。

81　姜祥林：〈儒家「天人合一」思想與可持續發展戰略〉，《齊魯學刊》1997年第2期（1997年）。

82　佘正榮：《中國生態倫理傳統的詮釋與重建》（北京市：人民出版社，2002年），頁6、223。

2 認為「天人合一」論既是儒家生態倫理學的哲學基礎，同時對建立現代生態倫理學也有不可否認的積極意義

首先，認為「天人合一」論是儒家建立其生態倫理或生態思想的哲學基礎。如何懷宏在其文中，就把「天人合一」、與自然和諧的精神視為儒家生態倫理的支持精神[83]。方克立也指出，中國古代從先秦時期起，就已經形成了一套相對系統的自然資源和生態環境保護思想，而「其哲學基礎就是把人與自然界看作一個有機統一整體的『天人合一』觀」[84]。

其次，「天人合一」可以作為現代生態倫理學或可持續發展的哲學基礎。如余謀昌認為，儒家對「天人合一」哲學作出了最重要的貢獻。雖然古代哲學家對「天人合一」有不同的解說，如「天人相通」、「天人相類」、「天人相調」等，形成不同的學派，至今有激烈的爭論，但人與自然的和諧是其中的一方面則是肯定的。他根據張岱年對儒家「天人合一」含義的理解，云「天人合一」思想與現代生態哲學思想或維護生態平衡的思想是一致的，對環境道德建設有重大的積極推動作用，可以作為現代環境倫理學或可持續發展的哲學基礎[85]。張雲飛則指出，「天人合一」能否成為現代生態倫理學的哲學基礎，這是一個見仁見智的問題。但國際環境倫理學界，尤其是發達國家的環境倫理學研究已經表明，「天人合一」所包含的生態倫理，在相當

---

83 何懷宏：〈儒家論經濟與環保〉，收入何光滬等：《對話二：儒釋道與基督教》（上海市：社會科學文獻出版社，2001年）。

84 方克立：〈「天人合一」與中國古代的生態智慧〉，《社會科學戰線》2003年第4期（2003年）。

85 余謀昌：〈中國古代哲學的生態倫理價值〉，《中國哲學史》1996年第1-2期（1996年）；余謀昌：《生態哲學》（西安市：陝西人民教育出版社，2000年），頁214；余謀昌：〈儒學與環境保護及可持續發展〉，收入國際儒學聯合會：《儒學現代性探討》（北京市，北京圖書館出版社，2002年）。

多的基本原則上，都能從現代倫理學的各個流派中找到同道和知音。「天人合一」對於生態倫理學的價值不僅在於它為儒、道兩家的生態倫理學提供了哲學基礎，從而啟動了生態倫理學的源遠流長的發生學的歷史進程；而且還在於它為現代生態倫理學提供了一種哲學構架——人和自然的和諧、協調與一致——的思維模式和價值取向[86]。方克立也說，儒家從孟子到宋儒的「天人合一」說，以其「仁者與天地萬物為一體」、「民胞物與」、「仁民愛物」的強烈倫理關懷，對於保護自然生態環境和建立時下大家都很關注的生態倫理學均有不可否認的積極意義；認為如果將儒家的「仁學」貫徹到底，就必然要走向「仁民愛物」、尊重和關心所有生命的生態倫理學[87]。

3 認為儒家「天人合一」觀的現實作用或意義是有限的

在承認儒家「天人合一」論的積極作用或意義的基礎上，一些學者則認為由於時代等客觀條件的限制，「天人合一」的現實意義是極其有限的。佘正榮認為，儒家「天人合一」思想產生的歷史條件已經成為過去，它只適合於人類被血緣關係束縛和對土地直接依賴的農業文明時代，只適合於自然經濟條件下人類必須順應自然生態環境變化的歷史狀況。它所關切的環境問題，基本上是濫伐森林、過度捕殺動物、水土流失、土地肥力退化等傳統形式的、局部的、淺層性的生態破壞問題，而沒有經歷近代以來在市場經濟條件下工業文明對自然界的全面開發和破壞產生的各種嚴重的環境污染問題，以及生態系統的不可逆衰退、甚至面臨瓦解等複雜的全球性難題。由於時代等客觀條

---

86 張雲飛：〈中國儒、道哲學的生態倫理學闡述〉，收入徐嵩齡：《環境倫理學進展：評論與闡釋》，（上海市：社會科學文獻出版社，1999年）。

87 方克立：〈「天人合一」與中國古代的生態智慧〉，《社會科學戰線》2003年第4期（2003年）。

件的限制，儒家傳統的生態倫理觀在理論上必然存在著各種局限，使它不可能直接拿來作為當代人類解決生態問題的現成藥方[88]。在他看來，儒家「天人合一」思想的局限性或缺陷、不足主要有：過分強調人與自然的和諧而忽視人與自然的衝突、過分強調價值理性而忽視工具理性、過分強調人的內修內證的精神體驗而忽視人在物質實踐中對生態環境的現實關切和具體保護；尤其是在缺乏科學的生態知識情況下，一方面把人與自然的相互作用擬人化，導致「天人感應」等迷信學說和民間迷信活動的大肆氾濫，另一方面又過分地因任自然，被動、消極地順應自然變化等等[89]。方克立也認為「天人合一」雖然是處理人與自然關係的正確思想原則，但產生於農業文明時代的中國傳統「天人合一」觀不可避免地存在著嚴重的歷史局限性[90]。

4 對「天人合一」觀的現實環保意義的否定

　　一般而言，對「天人合一」論的現實環保意義持否定態度者，大多是認為「天人合一」論和「人與自然」或「人與自然和諧」無涉或干係不大的學者。如李莘認為，完全地否定「天人合一」思想中所包含的環保觀念，是片面的做法，但又必須清醒地看到，「天人合一」思想的重點不是在環境保護上，而是維護社會秩序等，因而不能單純把它理解為生態智慧，古代的「天人合一」觀念對於現代人處理好人與自然的關係只具有某種文化價值的意義，它不能夠真正地給人提供生產和生活的具體指導；同時，「天人合一」思想也具有很大的模糊

---

88 余正榮：〈儒家生態倫理觀及其現代出路〉，《中州學刊》2001年第6期（2001年）。
89 余正榮：《中國生態倫理傳統的詮釋與重建》（北京市：人民出版社，2001年），頁6、223。
90 方克立：〈「天人合一」與中國古代的生態智慧〉，《社會科學戰線》2003年第4期（2003年）。

性，我們不可以用古代模糊的觀念來認識人與自然，更不能用模糊的理論來指導環境保護的具體實踐。如硬要從中尋找解決現代社會人與自然的矛盾，「則可謂亂投醫」；要解決好人與自然的關係和現代生態危機，還要靠科學的理論[91]。蔡仲德則以中國古代環境品質總的下降趨勢為依據，向肯定儒家「天人合一」論的現實環保意義者提出質疑。他認為，中國傳統的「天人合一」觀雖有天人和諧的一面，但其實質是借天道來維護君道，中國現有的糟糕的環境狀況並不能說明「天人合一」觀的實踐優勢[92]。無獨有偶，肖巍也在對中國古代環境變遷軌跡粗略考察的基礎上認為，事實上，支持中國傳統農業經濟發展的最重要因素是人口、耕地和農耕技術的大致平衡；「天人合一」在形式上或可作保護環境來理解，但實質上（或實踐上）它並未能阻止中國古代環境品質惡化的趨勢，在實質上無補於環境狀況，因而指望這樣一種觀念來拯救工業化造成的環境危機，是不可靠的[93]。

5 「天人合一」論的未來出路

學界幾乎一致認為，儒家「天人合一」思想是農業文明時代的產物，無論是對之加以積極肯定者，還是對之予以否定者，大家都有一個共識：面對新的形勢，必須發展「天人合一」的思想，賦予其時代的內容，以適應社會的發展變化，更好地為人類服務。為此，學界紛紛為「天人合一」論尋求未來之路。就目前而言，大家基本取得相同或相近的看法，即按照馬克思主義對待文化遺產的「揚棄」理論和方

---

91 李苹：〈中國古代的天人合一觀念與現代環境保護〉，《東南學術》1999年第6期（1999年）。

92 蔡仲德：〈也談「天人合一」：與季羨林商榷〉，《中國文化與現代化》1994年第5期（1994年）。

93 蕭巍：〈「天人合一」並沒有改善中國古代環境狀況〉，《哲學研究》2004年第4期（2004年）。

法，對「天人合一」論進行創新性地繼承與發展。具體而言，主要有
以下幾個方面：

首先，對「天人合一」進行重新的解讀與詮釋。學界普遍的認識
是：對儒家「天人合一」論中的「天」加以改造，去其糟粕，將之還
原為自然界或自然之天，並以馬克思主義為指導，將之與現代科學技
術或文明相結合，使之成為現代版的「天人合一」，在當今或未來的
社會發展中大有作為。如李澤厚認為，對於今天保存的「天人合一」
這個概念，應該以馬克思講的「自然的人化」為根本基礎，徹底去掉
「天」的雙重性中的主宰、命定的內容和含義，對之予以「西體中
用」的改造和闡釋[94]。許啟賢認為，從人和自然的關係上來說，「天人
合一」思想中的精華需要我們繼承發揚，而其中所包含的某些神秘主
義和宗教迷信的思想則必須剔除，從而把「天」還原為真正的自然，
並結合現代科學文明，對之加以重新的詮釋。那麼，「天人合一」將
會對維護生態平衡、迎接二十一世紀人類美好的生活產生極為深遠的
積極影響[95]。而張雲飛則說，「天人合一」概念中的「某種不確定的模
糊性質」，並不影響這一概念的世界觀和方法論的意義，不應影響現
代人對這個古老哲學智慧的「揚棄」。這種「揚棄」應建立在根據現
代知識對這一概念的重新解讀和闡釋的基礎上[96]。

劉學智則進一步指出，要使古代的「天人合一」與今天的「和
諧」觀念相接軌，必須做好以下三點工作：一是理性地批判、反思、
分解「天人合一」的主流即「天人一體」，將之還原為人與自然的關

---

94 李澤厚：《中國古代思想史論》（合肥市：安徽文藝出版社，1994年），頁317。

95 許啟賢：〈中國古人的生態環境倫理意識〉，《中國人民大學學報》1999年第4期
（1999年）。

96 張雲飛：〈中國儒、道哲學的生態倫理學闡述〉，收入徐嵩齡：《環境倫理學進展：
評論與闡釋》（上海市：社會科學文獻出版社，1999年）。

係，並在實踐中建立新的主客體關係，確立人在自然界中的主導地位，進而建立新的「天人統一」的模式；二是把道德化因素從「天」的含義中剔除，端正把人視為倫理主體的傾向，使天人關係成為建立在主客關係基礎上的知識論、真理論；三是充分關注當代命運和未來的發展[97]。佘正榮稱儒家「天人合一」最薄弱之處就是過多地關注人際領域的倫理秩序，而忽視了自然領域中天地萬物的性質和規律，缺乏對天地之道和自然生態規律的深刻認識。因此，必須有針對性地以現代生態科學和新自然觀的理論，對儒家的天人觀加以改造，克服其人道知識偏勝、天道知識薄弱的片面性，以加強其「天人合一」觀的科學基礎和哲學基礎，使之發展為與時代進步相適應的現代形式[98]。

其次，認為儒家「天人合一」論的現代轉化必須補上「主客二分」這一課。張世英認為，人類思想的發展是從原始的「天人合一」即前主體性的主客不分，進到「主客二分」思想和主體性原則，然後再超越「主客二分」，最後達到後主體性的「天人合一」即高一級的主客不分、物我交融的過程。他指出：中國傳統哲學還基本上處在未經「主客二分」思想洗禮的原始的「天人合一」階段，它給中國人帶來了人與物、人與自然交融和諧的高遠境界，但同時也由於缺乏「主客二分」思想和主體性原則，而產生了科學和物質文明不發達之弊，尤其是儒家傳統把封建「天理」的整體性和不變性同「天人合一」說結合在一起，壓制了人欲和個性。因此，他認為一味地讚揚中國的「天人合一」說，是不符合人類思想發展之大勢的，要發展中國哲學，有三件事值得考慮，其中之一者就是「要發展『主客二分』的思

---

97 劉學智：〈「天人合一」即「天人和諧」？——解讀儒家「天人合一」觀念的一個誤區〉，《陝西師範大學學報》2000年第2期（2000年）。

98 佘正榮：〈儒家生態倫理觀及其現代出路〉，《中州學刊》2001年第6期（2001年）。

想和科學精神」[99]。此論得到了一些學者的回應、贊同與支持。如張雲飛認為，在對「天人合一」這一概念進行去粗取精、使之為現代環境倫理學體系服務的工作時，必須將「天人合一」和「主客二分」互補起來，惟有如斯，才能使古老的「天人合一」論為現代生態倫理學提供科學的基礎[100]。雖然方克立不同意關於中國傳統「天人合一」觀完全沒有受到過「主客二分」與主體性思想洗禮的「絕對」說法，但他對張世英的觀點頗為贊同。指出：把「天人合一」論現成地拿到今天來運用，指望它能解救人類面臨的生態危機的想法或做法是不現實的。「天人合一」論要對人類未來有所貢獻，還必須有一個現代轉化的問題，這就是張世英所說的把它從前主體性的「天人合一」轉化為後主體性的「天人合一」，而且這是「必須補上」的一課。認為只有把經過「現代轉化」的「天人合一」的正確思想原則與發展現代科技結合起來，才能為解決生態危機、改善人類的生存環境作出切實的貢獻。如果只是陶醉於古代「天人合一」思想的高遠境界，而不做長期艱苦的現代轉化工作，那是根本談不上什麼「拯救人類」的[101]。

（三）簡短評議

以上所述，乃近些年來學界從「人與自然」的層面上，對儒家「天人合一」思想所作研究的主要成果和基本觀點，由於討論議題的關係，所列成果在時間上有所不一，但筆者以為這些基本反映了該主題近年來的大致研究狀況。雖然此前筆者未曾參與這一主題的學術討

---

99 張世英：《天人之際：中西哲學的困惑與選擇》（北京市：人民出版社，1995年），〈序〉，頁13。

100 張雲飛：〈中國儒、道哲學的生態倫理學闡述〉，收入徐嵩齡：《環境倫理學進展：評論與闡釋》（上海市：社會科學文獻出版社，1999年）。

101 方克立：〈「天人合一」與中國古代的生態智慧〉，《社會科學戰線》2003年第4期（2003年）。

論，但在本部分行將結束之際，筆者願就相關問題談點個人粗淺的看法，以求教於方家。

第一，就「天人合一」論的整體理解來看，學界的分歧還是比較明顯的。一種觀點對之加以肯定，認為它基本上就是我們現在所言的「人與自然」關係，甚至將之直接等同於「人與自然和諧」；另一種觀點則相反，認為它既不是現代理念上的「人與自然」關係，更非所謂的「人與自然和諧」。之所以會出現這兩種大相徑庭的認識，筆者以為，主要緣於對「天」的性質的不同理解。

如前所述，儒家之「天」的含義、性質是多重的，朱熹、錢穆等對之都有所歸納，諸學者的研究對之也有具體的、不同的理解，或以某一含義、性質為宗，或從總體層面上來把握其內涵或屬性。但問題是，有些理解存在著將問題絕對化的傾向，而排斥「天」的其它含義或性質。事實上，不同時期、不同人物之「天」及其「天人合一」論的具體內涵，具有一定的差異性，縱然是某一位儒傢具體人物，其「天」的內涵和性質在不同場合和不同語境下也是不一的。我們既可從中發現其「天」的「自然之天」的含義或屬性，同時也能從其思想主流來把握其「天」的內涵而對之進行否定，把「天」的自然屬性排斥在其「天」的認識之外。

「天」的內涵和屬性與對「天人合一」論的理解和評價息息相關，不同性質的「天」都有相應類型的「天人合一」。如田廣清就曾根據「天」的不同含義，將「天人合一」分為神學與政治學、生態學、經濟學、倫理學、美學、哲學等多重類型的「天人合一」[102]。就既有的材料和研究成果來看，我們可以肯定地說：生態學意義上的

---

102 田廣清：《和諧論——儒家文明與當代社會》（北京市：中國華僑出版社，1998年），
    頁97-134。

「人與自然和諧」是儒家「天人合一」論不可忽視的主要內容之一。以往有些研究無視這一事實，或限於研究篇幅，對問題沒有作細緻的分析、研究，以偏概全，妄下結論，這是對儒家「天人合一」思想理解歧義紛呈的根本原因。由此筆者認為，在具體認識和評價儒家「天人合一」論時，必須堅持辯證唯物主義的辯證、統一方法，既要從宏觀方面在整體上準確地把握「天人合一」之豐富的內涵，又要從微觀方面對其複雜的內容加以具體的深入分析，以把握其精義；既要看到其中蘊涵的人與自然的和諧關係，又要承認它只是其中一個方面的內容。

第二，從表面上看，對儒家「天人合一」論持贊同和反對的意見是對立的，實際上並非完全如是。筆者以為，肯定者所說的，是「天人合一」思想的現實價值和意義，視野是向前投射的；而反對者則講的是「天人合一」論的歷史原貌，視野是向後反觀的。從馮友蘭所言的研究中國古代哲學的兩種途徑——「接著」講和「照著」講[103]——來看，前者屬於「接著」講的範疇，其目的是根據現實的需要，希冀從傳統的「天人合一」論中挖掘出有益於解決當前面臨問題的價值；而後者則為「照著」講，強調的是要尊重事實，因為他們認為儒家「天人合一」觀是以倫理價值為本位的，是一個道德倫理的命題，而不是對所謂的「人與自然和諧」與否的關懷。因此，從分歧產生的根源來說，主要是由研究途徑的不同所致。

第三，「天人合一」論是一有機整體的思維方式，但不少學者認為它沒有經過「主體─客體」關係的洗禮，如果要在現實或未來社會中有所作為，必須補上所謂的「主客二分」這一課。

那麼，儒家「天人合一」論是否如言而是「主客不分」呢？有關

---

103 馮友蘭：《新理學》（北京市：商務印書館，1939年），頁1。

研究結論表明，事實並非完全如此。如馬振鐸等認為，在儒家那裏，天人之間的分界是非常清楚的。人類由於具有道德和智慧，因而能夠為自己營造一個與自然領域有著明顯分界的人文領域。在自然領域中，萬物按天道運行；在人文世界，人則可以充分發揮主觀能動性。這是儒家天人之學的重要內容[104]。胡偉希則明確地指出，「天人合一」是以「相分」為前提和條件的，用現代話來說，就是指人類與自然是一種既對立又統一的關係——在終極和最高的存在意義上說，人與自然是統一體；而從人類的生存處境考慮，人類又不得不與自然處於對立的狀態。他由此得出結論說：「天人合一」並非如過去所理解的那樣，是主客觀不分的混沌世界，而是代表人類在主、客觀分離的現存世界中對克服主、客觀對立的嚮往，以及人向自然回歸的企望[105]。夏甄陶則認為，從邏輯的、發生學的角度來說，「天人合一」的前提就是最初的天人之分；如果沒有最初的天人之分，就不會引發所謂「天人合一」的問題。因此，無論是從歷史的或發生學的角度說，還是從邏輯的角度看，最初的發生學意義上的天人之分及其不間斷的延續，都是自覺地「究天人之際」、論「天人合一」的起點和前提。而歷史的辯證法和邏輯則表明：最初的發生學意義上的天人之分就已經蘊含著「天人合一」；天人之分之始，就是「天人合一」之始，「天人合一」是伴隨著最初的天人之分的發生及延續而發生和延續的，天人之分與「天人合一」須臾不離[106]。可見，「天人合一」論未曾經歷「主客二分」關係洗禮的觀點頗值商榷。試想：如果天、人不分彼此而「混一」，「合一」又從何談起？這是一個簡單的邏輯問題。

---

104 馬振鐸等：《儒家文明》（北京市：中國社會科學出版社，1999年），頁111-112。

105 胡偉希：〈儒家生態學基本觀念的現代闡釋：從「人與自然」的關係看〉，《孔子研究》2000年第1期（2000年）。

106 夏甄陶：〈天人之分與天人合一〉，《哲學研究》2002年第6期（2002年）。

　　第四，關於「天人合一」論在歷史時期的作用問題。筆者注意到，有些學者用中國歷史時期環境惡化的總趨勢作為論據，對「天人合一」論的歷史意義或作用加以斷然的否定。筆者認為這種做法的本身就是欠妥的，因為它忽略了環境保護的根本問題即主體問題，把儒家既視為主張的提出者，同時又當作環境保護的執行主體。從實踐的主體作用而言，儒家對環境的保護確實沒有起到很大的作用，但問題是，環境保護實踐的主體不應該是儒家，真正肩負著保護環境任務的當為社會其它成員，尤其是制定政策的統治者和社會廣大民眾；再則，不管怎麼說，「天人合一」論只是一種主張、學說，屬於意識形態的範疇，而非制度，更不是實踐行動或行為，它不可能在實際生活中直接發揮著制度、實踐行為所起的作用。即使是制度性的東西，如果要變成民眾的實踐行為或行動，仍需做大量的動員、組織和實施工作，有很長的路要走。更何況「天人合一」學說不是制度，而是意識、理論層面的存在物。又有誰見過一種學說、理論在現實生活中不需要任何的人為操作而直接地發揮作用？無論哪種理論、主張，它最終變為現實，靠的還是人，制度是人制定和實踐的，理論變為現實實踐，同樣也離不開人。作為一種學說、理論，「天人合一」論自不例外。考察「天人合一」論的具體作用，必須和考察中國古代的社會及其政治制度等相結合。因此，無視其對象和實際，一味地以其在實踐中所起作用大小或有無作用來評價儒家「天人合一」論，是否過於苛刻，或超越了其本身的職能或能力的範疇呢？此其一。

　　其二，總的說來，中國歷史時期的環境品質是呈下降之勢的，但其下降的原因是什麼呢？它又是何時開始惡化的呢？從中國經濟史、人口史發展的軌跡來看，以明清以降較為突出。究其因，筆者以為，與人口增長壓力下的大規模經濟開發密切相關。

　　其三，儒家思想或儒家以「天人合一」論為主的生態主張在歷史

時期的作用，是不是像有關研究者所說的那樣，僅僅地停留在如《荀子》、《禮記》等文獻的記載而表面上「似乎落到了實處」呢？筆者以為持此論者只注意到了上述儒家典籍關於生態保護行為規範的記載，而沒有關注如「二十四史」等史籍中關於生態保護制度、法律等大量的文獻記錄。事實上，中國歷朝歷代都十分重視生態資源的保護，各王朝諸君主為此屢降聖旨[107]，且頻頻援用儒家之語。如果承認這些關於生態資源的利用、保護的詔書在生態資源的保護方面確實起到了一定的作用，那麼，就不應該否定儒家「天人合一」論等生態主張在實際環境保護中的作用。如此，又怎能妄言「『天人合一』在實質上無補於環境狀況」呢？另外，方克立的研究也足以清楚地表明「天人合一」論在中國古代並非只是一個抽象的思想原則，而是已在一定程度上轉化為人們保護生態環境的意識和行動[108]。這是問題的一方面。另一方面，葛兆光在談及「思想常常是社會的藥方」時指出：思想「未必真的可以成為醫治社會的藥方，……不過，一種有活力的思想，又必須能夠對各種社會問題給予深刻的診斷，雖然它不能真的成為手術刀解剖社會肌體，挖掉社會的病灶，但可以提出可供選擇的、有針對性的批評，通過尖銳的批評使人們思考。」[109]同樣，從思想理論形態而言，「人與自然」層面的儒家「天人合一」論「未必真的可以成為醫治社會的藥方」，更不能「真的成為手術刀解剖社會肌體，挖掉社會的病灶」，然而，作為「有活力的思想」之一種，它在一定程度上又能夠對傳統社會存在的違背自然規律、巧取豪奪式地利用自然資源等問題予以了「可供選擇的、有針對性的批評」。相關的認識與批

---

107 秦漢時期的例子，具體可參見本書第八章相關內容。

108 方克立：〈「天人合一」與中國古代的生態智慧〉，《社會科學戰線》2003年第4期（2003年）。

109 葛兆光：《中國思想史》（上海市：復旦大學出版社，2000年），卷2，〈七世紀至十九世紀中國的知識、思想與信仰〉，頁101-102。

評，在促使人們對有關問題進行思考和探索方面，無疑具有積極的推動作用。僅此而論，我們認為，儒家「天人合一」論的意義和價值都是不能低估或被抹煞的。

第五，以往研究在討論「天人合一」論的現代價值時，大多忽略了「人」這一被馬克思稱為「最革命、最積極」的要素，似乎只有蒙培元注意到此一方面。他認為，可持續發展的問題歸根到底是人的問題。根據儒家「天人合一」理論，要真正地解決可持續發展的問題，就應當從人自身做起，從如何實現人性、完成人的天職做起[110]。筆者以為此語洵為的論，而且蒙培元的認識還為我們把儒家「天人合一」論轉化為現代生態保護和建立生態倫理學提供了一個較好的思路。從人與自然兩要素來說，自然是客觀的，是不能輕易隨意改變的，而最具有變化性的則是我們人類自身，這種變化可具體從以下幾個方面來理解：一是人口規模的大幅增減，二是人的行為及其行為方式的改變，三是人的道德水準的陟降等等；而且環境變遷的原因是多方位的，若無人為的作用，其自身變遷的周期是漫長的。環境變遷史表明，其變化的幅度或規模與人的活動休戚相關。因此，將儒家「天人合一」論轉化為現代資源，需要做的最大一項工作就是「人」的工作，抓住了「人」就等於抓住了問題的關鍵。為此，我們一要控制人口的規模，保持適度的人口增長率；二要轉變觀念，提高人的環境道德或環境倫理水準，尊重自然；三是要改變人的生產、生活等行為方式，善待自然。只有把「人」的工作做好了，我們才可指望目前緊張的人與自然關係得到些許緩解，否則，僅為奢望而已。

總之，對於儒家「天人合一」論乃至中國傳統文化的研究，我們首先要認真解讀文獻，詮釋要尊重典籍，準確地把握先人的思想精

---

110 蒙培元：〈中國的天人合一哲學與可持續發展〉，《中國哲學史》1998年第3期（1998年）。

髓；同時又不能拘泥、固守於墳典，而是根據具體時代條件和形勢的需要，在具體實踐中完善和發展「天人合一」論，使其中一些積極的、優秀的部分得以弘揚；最後，評價「天人合一」論的歷史地位和作用時，務必實事求是，歷史地、辯證地分析問題，一分為二，既不能脫離其發生的原因和時代背景，把先人的認識說得過於完滿，又不能無視其具體內容和在實踐中的作用，對之予以一概地否定。

二 儒家「天人合一」思想論略——以「人與自然」關係的認識為對象

在中國傳統文化的母題——天人關係——的認識中，強調「天人合一」是儒家的一貫主張。如西漢碩儒董仲舒就認為「天人之際」是「合而為一」的關係，稱「以類合之，天人一也」（《春秋繁露陰陽義》）。東漢荀悅云：「天人之應，所由來漸矣，故履霜堅冰，非一時也」（《申鑒時事》）。宋儒陸九淵指出，在人與自然和諧方面，大自然即宇宙是開放性的，與人類不曾有所界限、隔閡；如果說有隔閡的話，那也是人類把自己與自然割裂開來，而非「天」所為：「宇宙不曾限隔人，人自限隔宇宙」（《陸九淵集語錄上》）；二程則宣稱「天人合一」是其固有的：「天人本無二，不必言合」（《二程遺書二先生語六》），說「天人合一」是那些不知「天人無間」關係的「不知者引而致之」的產物：「合天人，已是為不知者引而致之。天人無間。夫不充塞則不能化育，言贊化育，已是離人而言之」（《二程遺書二先生語二上》）。對於儒家「天人合一」思想，學界有諸多探討，眾說紛紜，分歧迭見。這裏，筆者無意於訟爭，僅從「人與自然」的角度，在學界既有研究的基礎上，對儒家「天人合一」論再作一番探討。儒家「天人合一」論包括「天」論、「人」論和天人「合一」論三個方面

內容，所以這裏關於儒家「天人合一」論的探討，主要圍繞以上三個方面展開。

（一）「天」論

1 儒家「天人合一」論中之「天」是自然的天或自然界

「天」的本義為人的頭頂。《廣雅釋言》：「天，顛也」；《說文頁部》：「顛，頂也」；《爾雅釋言》：「顛，頂也」。晉郭璞注：「頭上」；宋邢昺疏：「謂頭上也。《詩》曰『有馬白顛。』」近人章炳麟《小學答問》及王國維《觀堂集林》等，無不稱「天」為「人顛頂」即人的頭頂。由於頭頂是人身的最高部分，所以「天」後來引申為「蒼天」即天空。《爾雅釋天》：「穹蒼，蒼天也」。郭璞注：「天形穹隆，其色蒼蒼，因名雲」；《論衡談天》：「察當今天去地甚高，古天與今天異」。但無論是人之顛頂，還是蒼天，早期「天」的物質屬性是顯而易見的，而非有些學者所說的那樣，「天」只是在西周末伯陽父用陰陽二氣的失序來解釋地震的產生時才被「物質化了」的[111]。降訖春秋戰國時期，隨著諸子學說的蜂起，儒家「天人合一」論中「天」的含義日多，但物質之「天」始終是其諸多含義中一個重要的內容。

朱熹在論述儒家之「天」時，也曾將「蒼蒼者」即自然之「天」作為其中一義。該類自然屬性的「天」，在儒家典籍中在在可見，有些學者因此斷稱它大體上相當於現代的「自然界」概念[112]。

---

111 李根蟠：〈「天人合一」與「三才」理論——為什麼要討論中國經濟史上的「天人關係」〉，《中國經濟史研究》2000年第3期（2000年）。

112 許啟賢：〈中國古人的生態環境倫理意識〉，《中國人民大學學報》1999年第4期（1999年）；方立天：〈論中國傳統文化的人生價值〉，《光明日報》1999年10月22日；胡偉希：〈儒家生態學基本觀念的現代闡釋：從「人與自然」的關係看〉，《孔子研究》2000年第1期（2000年）；方克立：〈「天人合一」與中國古代的生態智慧〉，《社會科學戰線》2003年第4期（2003年）。

對於《論語陽貨》「天何言哉？四時行焉，百物生焉」之「天」，學界已基本認同它具有生命意義和倫理價值的自然界性質，肯定它為包括四時運行、萬物生長在內的自然界[113]。另外，孔子又曾說：「天有四時，……天降時雨，山川出雲」（《禮記孔子閒居》）。其中之「天」，無疑也是自然意義上的。乃後，無論是「亞聖」孟子，還是被諸多學者劃為儒家另類的荀子、「天人感應」學說的創始人董仲舒，以及宋儒如邵雍、張載、二程等所論之「天」，也大多是從「天」的自然屬性而言的。而清儒陳確之「天無私覆，故雨露之施不擇物。物之材不材，自為枯榮焉，非天有意枯榮之也」（《葬書葬論》）、王宣的「天有日月歲時，地有山川草木，……天地一物也」（方以智：《物理小識總論》）等「天」，無不為自然實體之「天」。

另外，儒家談「天」，多非單獨而論，有時將之與「地」相對應，或二者相連，作為「自然界」的代名詞。如柳宗元之「天地之無倪，陰陽之無窮」（《柳河東集非國語》）、邵雍之「以道生天地，則天地亦萬物也」（《皇極經世書觀物外篇上》）、二程之「天地本一物，地亦天」（《二程遺書二先生語二下》）等即是。

2 「天」是有規律的

在儒家文獻中，「天」的規律有「則」、「常」、「性」和「理」等不同之謂。《詩經烝民》：「天生烝民，有物有則；民之秉彝，好是懿德」。毛傳：「則，法；彝，常」；《爾雅釋詁》：「則，常也」；《廣韻德韻》：「則，法則」。因此，《烝民》之「則」為法則、規律等義。所謂物「則」，乃天及萬物之自然規律。孔子、孟子對《烝民》「天生烝

---

113 蒙培元：〈中國的天人合一哲學與可持續發展〉，《中國哲學史》1998年第3期（1998年）；蒙培元：〈孔子天人之學的生態意義〉，《人文雜誌》2002年第5期（2002年）。

民，有物有則」句極為讚賞，稱頌「為此詩者」「知道」（《孟子告子上》及趙岐注）。所謂的「道」，就是自然之「道」。

《荀子》把物之規律稱為「常」，自然規律即為「天常」。其《天論》云：「天行有常，不為堯存，不為桀亡。」據《爾雅釋詁》「則，常也」和《管子形勢》「天不變其常，地不易其則」等可知，荀子認為世人之好惡，絲毫不能改變自然界固有的規律，這就是他後來闡述的「列星隨旋，日月遞炤，四時代御，陰陽大化，風雨博施，萬物各得其和以生，各得其養以成，……天之不為人之惡寒也而輟冬，地不為人之惡遠也而輟廣」的思想。他又說：「天不言而人推高焉，地不言而人推厚焉，四時不言而百姓期焉，夫此有常」（《荀子》之《天論》、《不苟》）。這裏，荀子列舉了一些天行「有常」之象，認為這些「不言」現象中，都蘊涵著百姓能夠感知之「常」，即規律。

在宋儒那裏，天地萬物的規律被界定為「理」。「理」之本義為事物生長或存在狀態的自然紋理，《廣韻止韻》：「理，文也」；唐代楊倞注《荀子正名》之「形體色理以目異」說「理，文理也」。將之引申，則為事物的顯著特徵或規律。張載曾說「萬物皆有理」，「天地之氣，雖聚散、攻取百塗，然其為理也順不妄」（《張子語錄中》、《正蒙太和》）。認為充盈天地的物質運動雖有聚散等多種具體形式，但它們都是按其「理」即規律有序進行的。程頤云：「天下物皆可以照理，有物必有則，一物須有一理」、「物我一理，……一草一木皆有理」（《二程遺書伊川先生語四》）。對於其「一物須有一理」，侯外廬、任繼愈等認為「並不等於說不同的物有不同的規律」[114]。筆者以為斯語未必中的，因為「理」有條理或規律之義；同時從語境上看，此處

---

114 侯外廬：《中國思想通史》（北京市：人民出版社，1959年），上冊，第4卷，頁573；任繼愈：《中國哲學史》（北京市：人民出版社，1964年），第3冊，頁228。

「則」、「理」相對，一物一「理」，且「須是察」方可認知。所以，筆者認為程頤所云之「理」，當為事物規律。正因為程朱理學把「理」當作事物的規律，二程才說萬物「皆有此理」，並主張對萬物「順理而養」（《二程遺書》之《二先生語二上》、《二先生語一》）。另外，王夫之注張載《正蒙至當》之「循天下之理之謂道，得天下之理之謂德」曰：「理者，物之固然，事之所以然也，顯著於天下，循而得之」。任繼愈則認為，此處之「理」，即為客觀事物所固有的、且必須通過事物反覆迴圈的現象才能「得之」的規律[115]。清人戴震也將「理」作「規律」理解。他在《孟子字義疏證》卷上云：

> 理者，察之而幾微必區以別之名也，是故謂之分理；在物之質，曰肌理，曰腠理，曰文理；得其分則有條而不紊，謂之條理。……許叔重《說文解字序》曰：「知分理之可相別異也。」……分之，各有其不易之則，名曰理；……是故明理者，明其區分也。
>
> 天地、人物、事為，不聞無可言之理者也，《詩》曰「有物有則」是也。物者，指其實體實事之名；則者，稱其純粹中正之名。實體實事，罔非自然，而歸於必然，天地、人物事為之理得矣。……舉凡天地人物事為，求其必然不可易，理至明顯也。從而尊大之，不徒曰天地、人物、事為之理，而轉其語曰「理無不在」，視之「如有物焉」。

戴震認識到萬物都有其內在的或自然、必然之「理」，其「理」和《韓非子解老》之「理」基本相似，講的就是存在於一切事物中的客

---

115 任繼愈：《中國哲學史》（北京市：人民出版社，1964年），第4冊，頁59。

觀法則[116]，即規律。而且，戴震還認為，人們可以通過自己的「心之能」來認識、掌握事物之「理」：「是思者，心之能也」。「心之能」可認識事物之「則」、掌握事物之「理」的功能，也就是「心之神明」；「心之神明，於事物咸足以知其不易之則」，「其於事靡不得理」（《孟子字義疏證》卷上）。因「理」就是規律，所以王夫之對之極為重視，強調人們務要「知天之理」（《讀通鑑論文帝二三》）。

宋儒有時又把規律稱作「性」。「天下之物，莫不有理焉，莫不有性焉，莫不有命焉」，需要人類盡心觀察，「窮」而「盡」之以「知之」。故邵雍曰：「所以謂之理者，窮之而後可知也。所以謂之性者，盡之而後可知也。所以謂之命者，至之而後可知也。」如果能知事物「理」、「性」即規律，就能真正地認識萬物，了解世界，即「此三知者，天下之真知也」。「命」即「天命」，指的是事物自然存在的狀態，邵雍以為若盡知事物之「理」、「性」，就「可知」其「命」，即「至之而後可知」（《皇極經世書觀物內篇十二》）。朱子亦云：「天下無無性之物。蓋有此物，則有此性；無此物，則無此性。」（《朱子語類人物之性氣質之性》）戴震《孟子字義疏證》卷下：「性，其自然也」，也就是事物的自然屬性，引申之即為規律。

3 天的「生生」職責

儒家認為，「天」之職乃生育萬物，有學者把儒家學說稱為「生」的哲學，即是從「天」之「生」的「自然的目的」而言的[117]。

《周易》把「生」看作「天」之「大德」：「天地之大德曰生」，

---

116 中國科學院哲學研究所中國哲學史組：《中國哲學史資料選輯（清代之部）》（北京市：中華書局，1962年），頁345注。

117 具體參見蒙培元：《人與自然——中國哲學生態觀》（北京市：人民出版社，2004年），頁4-8。

「有天地，然後萬物生焉。……有天地，然後有萬物」（《周易》之〈繫辭下〉、〈序卦〉），認為天的職分就是「生」萬物。孔子對天的「生生」之職頗為讚賞：「天何言哉，……百物生焉」、「天道敏生，地道敏樹」（《論語陽貨》、《孔子家語哀公問政》），對「天」之大德及其賦予自然界以生命的意義，進行了充分的肯定。《中庸》作者認為，自然界是以其「生生」即創造生命的功能而存在的：「天地之道，可一言而盡也：其為物不貳，則其生物不測。」強調「天」「不貳」之道乃「生」，其根本功能就是無私（「不貳」）、不息（「不測」）地為物和生物，從「生」的方面對「天」職的價值予以了積極的評價。

　　孟子對儒家「天」之「生」職作了進一步的明確闡述，將「生」界定為「天」之性：「生之謂性」（《孟子告子上》）。荀子說：「天地者，生之始」、「天地者，生之本」、「夫天地之生萬物」，稱「生之所以然者謂之性」，認為天之生物是無意識的作為，一切都是自然發生的，「不為而成，不求而得，夫是之謂天職」（《荀子》之〈王制〉、〈禮論〉、〈富國〉、〈正名〉、〈天論〉）。董仲舒的「天」為「萬物之祖」論，也是從「天」的「生」意而言的。「天覆無外，地載兼愛」；「天」是萬物之本，「天地者，萬物之本，先祖之所出也」，稱「如其生之自然之資謂之性」（《春秋繁露》之〈順命〉、〈深察名號〉、〈觀德〉）。

　　其後，各時期的儒家無不認為萬物為「天」所生。如劉禹錫云：「天之所能者，生萬物也」（《劉禹錫集天論上》）。儒家「天人合一」命題提出者張載說：「大抵言『天地之心』者，天地之大德曰生，則以生物為本者，乃天地之心也。……天地之心惟是生物，天地之大德曰生也」（《橫渠易說復》），稱「生物」為天地之德。二程在闡釋《周易繫辭上》「生生之謂易」和告子「生之謂性」時說：「『生生之謂易』，是天之所以為道也。天只是以生為道，繼此生理者，即是善

也。……萬物皆有春意，便是『繼之者善也』」；「告子云『生之謂性』則可，凡天地所生之物，須是謂之性。……萬物各有……生生不已之意。天只是以生為道」（《二程遺書二先生語二上》），承認並堅持了前人關於「天」的「生生之道」的說法。明代薛瑄則說，「天」從未停止執行過其「生」職，「天不以隆冬大寒而息其生物之機緘」（薛瑄：《薛子道論》中）。由於天之一心一意地為物、生物，世界因此而充滿生機，「盈天地之間者唯萬物」（《周易序卦》），「天地裕於萬物，萬物裕於天地」（《法言孝至》）。若「天地無有」，則「萬物無有」（王夫之：《周易外傳說卦》）。

而且，理學家們還將天生萬物與「仁」聯繫起來，賦天生萬物以新意。周敦頤說：「天以春生萬物，止之以秋。物之生也，即成矣，不止則過焉，故得秋以成」；他同時又以「仁」釋「生」，曰：「天以陽生萬物，以陰成萬物。生，仁也；成，義也。故……天道行而萬物順」（《通書》之《刑第》、《順化》）。程顥則認為天生萬物是其「仁」的具體反映：「『天地之大德曰生』，……『生之謂性』，萬物之生意最可觀，此元者善之長也，斯所謂仁也」（《二程遺書明道先生語一》）。朱熹自稱其「仁」「只是從生意上」說的。在他看來，「天地以生物為心，天包著地，別無所作為，只是生物而已，亙古亙今，生生不窮」；「仁」就是「生生」，「仁是天地之生氣」，「仁是個生底意思，如四時之有春。彼其長於夏，遂於秋，成於冬，雖各具氣候，然春生之氣皆通貫於其中」（《朱子語類》之《孟子三》、《性理三》、《論語二》）。清代李塨承繼了宋代理學家援「仁」入「天」職的做法和觀點，云「《易》曰：『天地之大德曰生』。生生即仁也，即愛也，即不忍也，即性即情也」（《論語傳注問學而》）。

那麼，「天」是如何「生」萬物的呢？儒家認為，萬物之生乃天、地相互交感的結果。因此，儒家的「天人合一」論並不只限於

天、人關係，其中也包括地。在儒家那裏，天、地具有須臾不可分的聯繫，在此意義上說，儒家「天人合一」論講的，就是一些學者所言的天、地、人「三才」說[118]。

《周易》之《坤》、《咸》云：「天地變化，草木蕃」、「天地感而萬物化生，……觀其所感，而天地萬物之情可見矣」。孔疏曰：「天地變化，謂二氣交通生養萬物，故草木蕃滋」；「天地萬物皆以氣類共相感應，故觀其所感而天地萬物之情可見矣」。在《周易》作者和孔穎達看來，萬物之生是天地通過「二氣」的「交通」和相「感」來實現的。據孔疏《周易歸妹》「天地不交而萬物不興」曰「此舉天地交合，然後萬物蕃興，……天地以少陰少陽、長陰長陽之氣共相交接，所以蕃興萬物也」可知，所謂「二氣」乃陰、陽之氣。在陰陽學說那裏，天陽、地陰，天地相交感亦即陰、陽二氣的交合。可見，天生萬物乃通過天、地之陰、陽二氣的交合與互感來實現的。所以，《周易繫辭下》和孔氏各云：「天地絪縕，萬物化醇，男女構精，萬物化生」、「二氣絪縕，共相和會，萬物感之變化而精醇也」。

荀子也認為，「天地以合」是「萬物以昌」之關鍵。他又說：「陰陽大化，風雨博施，萬物各得其和以生，各得其養以成，不見其事而見其功，夫是之謂神。」（《荀子》之〈禮論〉、〈天論〉）「神」即奇妙的自然變化，荀子認為生機勃勃的自然生於天地內在的「和合」之功[119]。《禮記樂記》：「地氣上齊，天氣下降，陰陽相摩，天地相蕩，……而百化興焉」。萬物之生，就是下降的天之「陽氣」與上陞的地之「陰氣」相互「合配」的結果。董仲舒強調說：「和者，天地

118 李根蟠：〈「天人合一」與「三才」理論——為什麼要討論中國經濟史上的「天人關係」〉，《中國經濟史研究》2000年第3期（2000年）。

119 王雨辰：〈略論儒家生態倫理的基本精神與價值取向〉，《中南財經政法大學學報》2003年第5期（2003年）。

之所生成也」、「和者，天地之正也，……物之所生也。……天地之
道，而美於和，是故物生」。稱天地生萬物主要是通過其感應、和合
的方式來達到的，並說這是一個普遍的規律，「凡物必有合」、「物莫
無合」（《春秋繁露》之〈循天之道〉、〈基義〉）。漢儒持此論者相當普
遍：「天者，何也？天之為言鎮也。居高理下，為人鎮也。地者，元
氣之所生，萬物之祖也。地者，易也。萬物懷任，交易變化。」（《白
虎通天地》）把「萬物懷任」的原因解釋為天地的「交易變化」，即天
地的交合。劉禹錫指出，天「生」萬物並永無窮盡，是由於充盈於天
地間的物質縱橫交錯、彌漫、聚合離散、吸引排斥等彼此反覆「相
勝」、「相用」運動的結果：「萬物之所以為無窮者，交相勝而已矣」
（《劉禹錫集天論中》）。張載亦云萬物之「生」是天地「無須臾之不
感」的結晶（《正蒙乾稱下》）。二程則乾脆從萬物產生動力的角度，
將物之「生」或「性」說為「氣」：「『生之謂性』，性即氣，氣即性，
生之謂也」（《二程遺書二先生語一》）。

　　總之，儒家認為，天、地交合是萬物之源，如無陰、陽二氣交
感，萬物則無所生，「天地不交而萬物不通」（《周易否》）、「獨陰不生，
獨陽不生，獨天不生。三合然後生」（《穀梁傳》莊公三年）。所以，孔
疏《周易坤》之「天地變化，草木蕃」和〈咸〉之「天地感而萬物化
生」時一再指出，若天地陰陽「二氣不相交通，……天地否閉」，則
「草木不蕃」；「天地二氣若不感應相與，則萬物無由得應化而生」。

（二）「人」論

　　杜維明說，「何為人」，是中國傳統文化中的一個「大問題」[120]。

120　「『儒家與生態』討論會現場錄音實錄」（四），http://www.confuchina.com/08%20
　　xiandaihua/rujia%20shengtai%204.htm。

在儒家「天人合一」論中，「人」是其中重要一環。然在既有的研究中，對之加以專門探討的不多，表明學界對這個「大問題」沒有予以相當的重視。鑒於此，這裏將「人」從儒家「天人合一」論中拈出，並予以初步條縷。

與「天」的豐富內涵相對應，「天人合一」之一端的「人」也有多重含義，但泛指「人類」當是其一重要方面，這是本書探討「人」的前提。另外，根據筆者理解，儒家「天人合一」中的「人」的思想，可從三方面加以概括，即何為人、為何人、何以為人，分別講的是什麼是人或人是什麼東西、人在天人關係中扮演什麼角色，以及人在與天交往的過程中如何扮演好其角色等問題。鑒於後文將對第三個問題有關內容展開專門的探討，這裏關於「人」的討論，主要集中在人的自然屬性、人在天地萬物中的地位和人的「贊天地之化育」職責三方面。

1 「夫人，物也」：人的生物屬性

儒家認為，人同萬物都是天地交合的產物，人與其它生物沒有什麼大的差異，「人之所以異於禽獸者幾希」（《孟子離婁下》）。所以說，「人在天地之間，物也；物，亦物也」，人「與物無異也」，和其它生物別無二致，仍為萬物一分子，「夫人，物也」（《論衡》之〈雷虛〉、〈辨祟〉、〈道虛〉）。

宋明以降，儒家對於人的物性有了更進一步的認識和深入的論述。邵雍曾云「人亦物也」、「我與人皆物也」（《皇極經世書觀物內篇十二》）。程顥亦以為人與萬物同出天地一體，人只是自然萬「物」的一員，人、物無異，「人亦物也」（《二程遺書明道先生語一》）。清代方以智在解釋《左傳》成公十三年（前578年）「民受天地之中以生」時，對先儒「人」之物性的論述予以了充分的肯定，說充盈宇宙之間

者盡為物，人作為宇宙之一分子，毫無例外地也是一物（《物理小識自序》）。

　　儒家關於人之物性的認識，雖無今天之科學根據，但也並非空穴來風，它與儒家對「天」的職分認識緊密相關。儒家認為，「天」職乃「生生」，人是「天」生萬物之一。《周易序卦》：「有天地，然後有萬物；有萬物，然後有男女。」荀子也有「天之生民」和「天生烝民」（《荀子》之〈大略〉、〈榮辱〉）之說。秦漢以後，這一觀念更為普遍。董仲舒云：「天地者，萬物之本，先祖之所出」，把「天」視為人的祖先：「為生不能為人，為人者天也。人之為人本於天，天亦人之曾祖父也。」（《春秋繁露》之〈觀德〉、〈為人者天〉）朱熹曾說人是「天之生物」三大類中的一類，和其它萬物具有共性。「性者，人之所得於天之理也；生者，人之所得於天之氣也。……人物之生，莫不有是性，亦莫不有是氣。然以氣言之，知覺運動，人與物莫不異也。」（《孟子章句告子上》）戴震則從人體器官結構與機能等方面，對人為天地所「生」及其生物屬性加以申說：「人物受形於天地，故恆與之相通。盈天地之間，有聲也，有色也，有臭也，有味也；舉聲色臭味，則盈天地間者無或遺矣。外內相通，其開竅也，是為耳目鼻口。……而開竅於耳目鼻口以通之，既於是通，故各成其能而分職司之。」（《孟子字義疏證》卷上）

　　總之，人是「天」所生，以及由此決定了人「亦是一物」並具有萬物的自然屬性，是儒家一貫的、普遍的主張，與其它物相比較，因為同係「一氣」所為，且有「一氣流通」其間，所以，人作為自然萬物的一部分，並非超自然或獨立於自然之外存在的怪物，與其它萬物間是「並育而不相害」（《中庸》）的和諧關係。

2 「惟人萬物之靈」：人在萬物中的特殊地位

以人的生物屬性認識為基礎，儒家又認為，人在自然界中具有與萬物卓然不同的地位，是萬物之靈者，「惟天地萬物父母，惟人萬物之靈」；同時，人也是萬物中最尊貴者，「天地所生，惟人為貴」（《尚書泰誓上》及孔安國傳）。《孝經聖治章》：「天地之性，人為貴」。邢昺疏稱此「言天地之所生，惟人最貴也」。董仲舒則明言：「天地之精所以生物者，莫貴於人」（《春秋繁露人副天數》）；劉向也有「天之所生，地之所養，莫貴乎人」（《說苑建本》）之說。嗣後，諸儒對人為萬物之靈、之貴者多有論述，如劉禹錫、周敦頤、邵雍等就先後有「人，動物之尤者」、「惟人……最靈」、「以其至靈，故特謂之人」（《劉禹錫集天論上》、《太極圖說》、《皇極經世書觀物內篇九》）等語。程顥則指出，如果天地間沒有至靈之人，則天地僅此天地，地老天荒，塊然死物而已：

> 天位乎上，地位乎下，人位乎中。無人則無以見天地。《書》曰：「惟天地萬物父母，惟人萬物之靈。」（《二程遺書明道先生語一》）

另外，王陽明等在秉承先儒人為「萬物之靈」思想的同時，還將之與《禮記禮運》「人者，天地之心也，五行之端也，食味、別聲、被色而生者也」的主張相結合，稱人為天地萬物之心：「人者，天地萬物之心也；心者，天地萬物之主也。心即天，言心則天地萬物皆舉之矣」，「故曰：人者，天地之心，萬物之靈也」（《王陽明全集》之〈答季明德〉、〈年譜附錄一〉）。為儒家強調人在天地之間肩負的「贊天地之化育」職責的論述，奠定了基礎。

　　然而，人又緣何貴於萬物，或人何以擁有其在萬物中的特殊地位呢？

　　首先，儒家從人之「生」的角度，對之進行了闡釋。儒家認為，萬物皆為天地陰陽之氣耦合的結果，但「人及萬物鳥獸昆蟲，各有奇耦，氣分不同」（《孔子家語執轡》），使得人與萬物有一定的差異。「人者，其天地之德，陰陽之交，五行之秀氣也」（《禮記禮運》）。「天地之德」，即天地「生生」之德；「秀」，特異、優秀。「秀氣」，就是陰、陽二氣交感中的特異之氣。雖然萬物皆為陰、陽二氣交合而生，由於惟人得「五行之秀氣」，人因此具有異於他物的特質而成為「萬物之靈」，並居處「天地之心」的地位。如二程即認為，人、物生理同一，只是在感合而生之「氣」方面有所別：「人與物，但氣有偏正耳」、「人則能推，物則氣昏，推不得」（《二程遺書》之〈二先生語一〉、〈二先生語二〉）。後來的朱熹在解釋《孟子》「人之所以異於禽獸者幾希，庶民去之，君子存之」時說：「人物之生，同得天地之理以為性，同得天地之氣以為形；其不同者，獨人於其間得形氣之正，而能有以全其性。」（《孟子章句離婁下》）以為人、物「理」同而「氣」異，「氣」是粹駁不齊和偏全不同的，人獨得其粹其全，因而與其它自然萬物有所差別。

　　陰、陽之氣的不同，使得人的生理器官具有其它動物器官所不具備的突出功能。邵雍說：「人之所以靈於萬物者，謂目能收萬物之色，耳能收萬物之聲，鼻能收萬物之氣，口能收萬物之味。」（《皇極經世書觀物內篇二》）動物雖在聽、視諸方面與人有相同的功能，但人類耳、目等器官的功能遠比禽獸等器官的功能高級和複雜得多。「目之所睹者，禽獸皆能視也；耳之所可聞者，禽獸皆能聽也。視而知其形，聽而知其聲，各以其類者，亦禽獸之所能也。視萬形，聽萬聲，而兼辨之者，則人而已。睹形色而知其性，聞聲音而達其義」

（《鶡子知言往來》）。正是因為人擁有這些其它生物所不具備的辨識能力，人才成為萬物之靈者：「人之所以為人者，何已也？曰：以其有辨也。……以近知遠，以一知萬，以微知明，此之謂也」（《荀子非相》）。

其次，儒家認為，人在萬物中的至靈、至貴地位，還與人的社會屬性有關。第一，人有仁義道德意識。荀子認為，天「生」之物有四類：一是如水火等沒有生命的物質，二為如草木等有生命而無知覺的植物，三乃如禽獸等有知覺但無道德意識的動物，四是既有生命、知覺且有道德意識的人類。上述四類存在物中，「水火有氣而無生，草木有生而無知，禽獸有知而無義，人有氣、有生、有知，亦且有義」。有了仁義等道德意識，並將它用於自然界之群、分，「序四時，裁萬物，兼利天下」，令萬物能從中獲益，人類因此而「最為天下貴」（《荀子王制》），是天「生」萬物中最有價值者。董仲舒也說「天地之精所以生物者，莫貴於人」，究其因，乃在於「物疢疾莫能為仁義，唯人獨能為仁義」（《春秋繁露人副天數》）。《漢書董仲舒傳》載董仲舒又曰：

> 人受命於天，固超然異於群生，入有父子兄弟之親，出有君臣上下之誼，會聚相遇，則有耆老長幼之施；粲然有文以相接，歡然有恩以相愛，此人之所以貴也。

對人間父子兄弟長幼等倫理道德關係、道德意識作了較為詳盡的闡述，強調這些是人類「得天之靈」的一方面，人類緣於此而「貴於萬物」。朱熹《孟子章句告子上》也認為仁義禮智等道德倫理規範是人區別於其它萬物的關鍵：

> 以氣言之，則知覺運動，人與物若不異也；以理言之，則仁義
> 禮智之稟，豈物之所得而全哉？此人之性所以無不善，而為萬
> 物之靈也。

第二，人有知識、智慧。如荀子把有知有識作為人的重要屬性，稱「有血氣之屬莫知於人」（《荀子禮論》）。王充則說：「『天地之性人為貴』，貴其識知也」，「夫倮蟲三百六十，人為之長。人，物也，萬物之中有智慧者也」（《論衡》之〈別通〉、〈辨祟〉）。認為世間雖有萬物之多，人則以其「識知」和「智慧」而「為貴」。劉禹錫也說人是動物中最富有智慧者，為「萬物之尤者」，是動物中最優秀者（《劉禹錫集天論中》）。王夫之在分析「天地之生，人為貴」的原因時云：「夫人者，合知、能而載之一心也。故曰：『天人之合用』，人合天地之用也。」（《周易外傳繫辭上一》）認為人集天地之用於一體，是有意識、有目的的主體，能順應、變易自然，成為天生萬物之「貴」者。

第三，與人作為能動性的實踐主體所肩負的責任有關。董仲舒說：

> 天地之精所以生物者，莫貴於人。人受命乎天也，故超然有以
> 倚。……物疢疾莫能偶天地，唯人獨能偶天地。

「偶天地」即「類於天」，人不僅在肢節數上與天之「四時五行九解，三百六十日」數相偶似，而且在「道」上人、天「宜以類相應」（《春秋繁露人副天數》）。天之「道」乃生，人也因此對自然萬物負有不可推卸的責任。王夫之在解釋《周易復》「其見天地之心」曰：

> 天地之心，以人為始。故其弔靈而聚美，首物以克家，崇明睿
> 哲，流動以入物之藏，而顯天地之妙用，人實任之。人者，天

地之心也。……聖人者，亦人也；反本自立而體天地之生，則
全乎人矣。(《周易外傳復》)

《爾雅釋詁》：「弔，至也」。毛傳《詩經天保》「神之弔也」曰：
「弔，至」。因此，「弔靈」即「至靈」。王夫之認為人與萬物同生於
天地，然人因集眾美於一體和「崇明睿哲」乃「弔靈」。但人之「弔
靈」關鍵並非在於此，主要還緣於人有「顯天地之妙用」之「任」。
所以，王夫之最後說：「自然者天地，主持者人。人者天地之心」
(《周易外傳復》)。

　　儒家強調人在萬物中的至靈、至貴地位，其目的不是突出人類為
萬物的主宰，而是為了強化其「超物」的責任意識，意在賦予人類對
於自然界的責任感。所以，儒家反覆申述其人在萬物中「至靈」地位
思想的做法，並不是什麼「人類中心主義」[121]。以往論者據儒家關於
人在萬物中特殊地位的論述，並結合《論語鄉黨》載「廄焚」後孔子
歸來只問「傷人乎」而「不問馬」的事實，稱儒家不關心動物，是
「人類中心主義」者的說法，顯然是不能成立的。

3 「贊天地之化育」：人的職責

　　在儒家那裏，天、人職分有別。「天能謂性，人謀謂能。大人盡
性，不以天能為能而以人謀為能，故曰『天地設位，聖人成能』」
(《正蒙誠明》)。「天能謂性」即「天」的「生生」之能；「人謀謂
能」指人肩負著主動為盡「天」之「生生」之性而「謀」、幫助天地
實現其自身價值的責任，即《中庸》所載的「贊天地之化育」。具體
地說，主要有：

---

121 關於儒家並非所謂的「人類中心主義」，蒙培元於其著中有所闡述。具體參見蒙培
　　元：《人與自然——中國哲學生態觀》(北京市：人民出版社，2004年)，頁57-62。

　　（1）愛物。儒家認為，天職乃「生生」，但需要人罄力襄助。因為人是有道德理性的「萬物之靈」，並能把人間的仁義道德擴及萬物，以愛心善待萬物。如二程論述人在萬物中的「至靈」地位，即從人肩負的責任而言的，說人、物之異乃「氣有偏正」所致，人之氣正「能推」，而物之氣「昏推不得」。「推」即擴充，人之氣能「推」，就是把原來只在人間流行的道德關懷擴充、推廣到自然萬物的意識和責任之自覺[122]。可見，人類「贊天地之化育」的前提條件或責任之一便是「推」，就是把人類的仁義道德推及萬物而愛物。孔子十分熱愛自然，普觀山水、鳥獸萬物，主張「釣而不綱，弋不射宿」（《論語述而》）；孟子秉承並發揚之，提出「仁民而愛物」（《孟子盡心上》），主張把人類的關愛擴及萬物。嗣後，「愛物」的主張經由各期儒家的賡續、闡述和完善，最終成為儒家的一個重要傳統。如韓愈在《原道》中呼籲「博愛」萬物。張載提出了「民，吾同胞。物，吾與也」（《正蒙乾稱上》）的命題，將萬物當作人類的朋友和同伴，充分體現了儒家「愛物」的博大胸懷；二程將先秦儒家的「愛物」主張與「人者，天地之心」的傳統思想融會貫通，強調人與「天地萬物為一體，莫非己也」，人要像愛一己之「四肢百體」一樣去愛天地萬物（《二程遺書》之〈二先生語二上〉、〈二先生語四〉），把「愛物」落到實處，使之成為一件非如此不可的事情；王陽明則進一步闡發了這一思想：「夫人者，天地之心。天地萬物，本吾一體者也。」認為「天地之心」的人和萬物相感通而為一體，天地萬物之危難痛苦無不通達此「心」，此「心」則必然做出反應而憐恤愛護之，賦予了人對萬物的生養負有一種不可推卸的道德義務和責任，人類要用愛心行動使萬物各得其所，否則就沒有盡到責任：「仁者以天地萬物為一體，使有一

---

122 蒙培元：《心靈超越與境界》（北京市：人民出版社，1998年），頁284-285。

物失所，便是吾仁有未盡處。」(《王陽明全集》之〈傳習錄中〉、〈傳習錄上〉)

儒家這種把人類的道德情感和倫理意識擴充於自然領域、視萬物為人類的肢體和同伴並待之以「愛心」的「愛物」思想，乃《中庸》「體物」主張的具體體現。《中庸》「體物而不可遺」，強調人要從內心去感知、體會萬物，把人世間的道德關懷自然地擴及萬物，「成己」又「成物」，「非自成己而已也，所以成物也。成己，仁也；成物，知也」，人、物貫通，共體、共生，融而為一，「直與天地萬物上下同流，各得其所之妙」(《論語集注先進》)。人與天地自然的命運也因此而緊密相聯，「能盡人之性，則能盡物之性」(《中庸》)，「盡人之性」亦即「盡萬物之性，至於草木，至矣」(《王陽明全集澹然子序》)，人類為「盡人之性」，自然就要參與「盡萬物之性」，幫助天地完成其「化育」萬物之職能。

（2）「贊天地之化育」。《中庸》云：「唯天下至誠，為能盡其性；……能盡物之性，則可以贊天地之化育」。鄭玄注之曰：「盡性者，謂順理之使不失其所也。贊，助也。育，生也」；孔穎達亦疏「贊」為「讚助」；而程顥則說：「贊者，參贊之義，『先天而天弗違，後天而奉天時』之謂也，非謂讚助」(《二程遺書明道先生語一》)，釋「贊」為「參贊」。朱熹《中庸章句》謂「贊，猶助也」。有學者據此而稱「贊」為「佐助之義」，「參贊」即指人在天地自然中的參與和調節作用，「化育」則是自然萬物本身的變化和發育。「贊天地之化育」是一種不把人的意志強加於世界、以尊重天地自然本身的變化和飛潛動植的化育的有為活動，亦即按照天道、物性的要求去影響和推動「萬物的化育」，以便使「化育」的過程和結果避災免禍和為

人所宜[123]。可見，儒家把「贊天地之化育」作為人的一項職責，並不是要與天爭職，而是在「明於天人之分」的前提下，突出人在天地「化育」萬物中的作用，以及人類肩負的擬範周備天地之化育而不致偏、曲盡細密地輔助萬物生長發展而不使有所遺漏的責任，而且人類於其中的作用也僅僅是襄助，而非主宰。人類「贊天地之化育」的目的是「盡物之性」以「成物」（《鬍子知言天命》）、「利萬物」（《禮記經解》），也就是以人類特有的仁義之心，佐天地盡其生物之業，是乃王夫之所說的「天地之德，亦待聖人而終顯其功」（《周易外傳繫辭下一》）；其基本要求是「配天」，即與天地相「參」。因此，程頤說：「『贊天地之化育』，自人而言之，從盡其性至盡物之性，然後可以贊天地之化育，可以與天地參矣」（《二程遺書伊川先生語一》）。

（3）治、用萬物。《中庸》「贊天地之化育」，基本相當於邵雍所說的盡天地萬物之「道」，「天地萬物之道，盡之於人矣」（《皇極經世書觀物內篇三》）。「萬物之道」即萬物「生生」之道。但人的責任並非全在責無旁貸地幫助萬物盡其「生」之道，主動地實現「天德」，完成「天地之性」，更為重要的是人還具有治、用萬物之職：「人者天地之所以治萬物也」、「人者天地之所以用萬物也」（《周易外傳繫辭下一》）。天「生」萬物但不能「治」萬物，因此需要人來承擔這一任務，是乃儒家所云的「干父之蠱」、「干母之蠱」（《周易蠱》）。《周易序卦》：「蠱者，事也」；張子《正蒙乾稱上》：「乾稱父，坤稱母，予茲藐焉，乃混然而中處」。父母乃乾坤、天地，「干」父母之「蠱」，就是「干」天地之事。具體地說，便是繼承天地未竟之事——治萬物。故而荀子、劉禹錫等強調云：「天地生君子，君子理天地」（《荀子王制》），「人之所能者，治萬物」（《劉禹錫集天論上》）；「無君子，

---

123 劉文英：《儒家文明——傳統與傳統的超越》（天津市：南開大學出版社，1999年），頁107-108。

則天地不理」（《荀子王制》）。認為天地生養人，人的責任則是治理天地，總和萬物，使天地萬物和諧。張載、朱熹稱人治理萬物乃替天行「道」，「代天而理物」（《正蒙至當》）；「沒這人時，天地便沒人管」（《朱子語類論語二十七》）。「管」即「理」，為管理、照顧或照管之義。儒家十分重視人在管理天地萬物中的責任和意義，以為天地萬物都有待於人來治理或管理：「宇中萬物，生人之屬，待君子而後分也」（《荀子禮論》）；認為如果天地之間沒有人類，天地萬物可能因此而混亂不堪，甚至出現天下「至亂」的狀態。因此，到了後來，王夫之乾脆把人看作天地萬物的主持者，稱「自然者天地，主持者人。人者天地之心」（《周易外傳復》）。

「人者天地之所以用萬物也」（《周易外傳繫辭下一》）。「用萬物」就是《荀子天論》所講的「制天命而用之」[124]。儒家認為，「天下之物，無不可用」（《正蒙至當》王夫之注）。如何「用萬物」？荀子主張「制天命用之」。關於「制天命而用之」，目前學界的認識尚存分歧，究其由，主要在「制」的不同理解上。

「制」，《說文衣部》釋作「裁」，《集韻祭韻》解為「裁衣」，《康熙字典衣部》也把「裁」作為「制」的本義。將「制」之「裁」義與「制天命而用之」乃至《荀子天論》相聯繫，我們不難看出，「制天命」中的「制」乃「裁取」、「裁度」或「剪裁」的意思。「制天命而用之」就是在尊重和掌握自然規律的基礎上，有選擇地利用那些可以為人類所用的萬物為人類服務。至於怎樣才能「制天命而用之」，在荀子看來，就是「序四時，裁萬物，兼利天下」（《荀子王制》），亦即掌握自然規律，根據四季變化安排好諸如生產等社會活動，使天地萬

---

124 關於荀子天人關係論，具體參見陳業新〈是「天人相分」，還是「天人合一」——〈荀子〉天人關係論再考察〉，《上海交通大學學報》2006年第5期（2006年）。另見趙軼峰：《當代中國的「人—自然」觀》（長春市：東北師範大學出版社，2008年）。

物為人類發揮其應有的作用。關於人類如何根據自然的變化，安排人類的社會活動，《禮記月令》予以了典型的、系統的描繪。漢代大儒董仲舒也主張對自然萬物加以合理地利用，他說「天憼州華之間」黎元眾生而生萬物以育之，天生萬物中，有的是「天為之利人」的「可食者」，另有部分「不可食」。強調人類要發揚「最為天下貴」的精神，合理地利用天生「可食」資源，以確保「可食者」日日皆可食即「益食之」，不辜負「天為之利人」的目的；同時，人類應發揮其主觀能動性，「變天地之位，正陰陽之序，直行其道而不忘其難」，對那些「不可食」者「益畜之」，加以主動、積極、合理地保護，實現人類「下長萬物，上參天地」的責任（《春秋繁露》之〈循天之道〉、〈精華〉、〈天地陰陽〉），使人與天地自然萬物和諧相處。

（三）天人「合一」論

從人與自然統一的角度看，儒家天人「合一」論包括「萬物一體」、「天人相參」和發揮人的主觀能動性以實現天人「合一」等三個方面的內容。

1 「萬物一體」

這裏的「一體」，主要是指人與自然全面、整體的相互依靠、和諧關係，是自然的外在尺度和人的內在尺度構成觀念上的融合[125]。儒家認為，人與萬物是一互相聯繫、休戚與共的整體，亦即「萬物一體」。較早地見諸《周易乾》之「夫大人者，與天地合其德，與日月合其明，與四時合其序，與鬼神合其吉凶。先天而天弗違，後天而奉天時」的記載，以及後來孟子的「萬物皆備於我」、二程之「天地萬

---

125 張立文：《中國和合文化導論》（北京市：中共中央黨校出版社，2001年），頁257。

物為一體」(《孟子盡心上》、《二程遺書二先生語二上》) 等主張，都
是儒家「萬物一體」思想的具體反映。有學者因此而把「萬物一體」
稱作儒家典型的「天人合一」思想[126]。「萬物一體」又包括萬物同出
於一體和萬物同處於一體兩部分內容。

　　(1) 萬物同出於一體。儒家認為，人、物俱為天地和合而生，
從其源而言，人與萬物是一體的。孟子曰：「生之謂性」；荀子云：
「生之所以然者謂之性」；張載說：「性者，萬物之一源」(《孟子告子
上》、《荀子正名》、《正蒙誠明》)。即言萬物從來源上看，彼此是同一
的。故而張載接著說：「以萬物本一，故一能合異」，「萬物雖多，其
實一物」(《正蒙》之〈乾稱下〉、〈太和〉)。程頤云：「道一也，豈人
道自是人道，天道自是天道？」(《二程遺書伊川先生語四》) 王夫之
《尚書引義皋陶謨》亦言：「天與人離形異質，而所繼者惟道也。」
「道」即「生生之道」，「天道敏生」(《孔子家語哀公問政》)。天、人
在形與質上雖有差異性，由於同出一體，於「道」而言是同一的。

　　王陽明力主心本體論，但對儒家「萬物一體」說理解頗深。王氏
之學「一宗程氏『仁者渾然與天地萬物同體』之指」(《王陽明全集陽
明先生墓誌銘》)，認為「大人者，以天地萬物一體者也，其視天下猶
一家，中國猶一人焉」，明確地肯定了儒家「天地萬物一體」論，說
風雨露雷、日月星辰、禽獸草木、山川土石與人「原只一體」，並用
「氣」對儒家「萬物一體」的一貫主張予以了具體的闡釋，指出人與
禽獸、草木、山川、土石之「同體」的關鍵，在於「一氣流通」(《王
陽明全集大學問》)。

　　(2) 萬物同處於一體。儒家認為，萬物既同出於天地一體，又
共處於天地一體內，是一個整體。在此一體內，包括人在內的萬物之

---

126 吳光：〈萬物一體，和諧用中——簡論儒家生態觀及其現代意義〉，《杭州師範學院
　　學報》1999年第4期 (1999年)。

間「是一種不可分割的單一體關係」[127]，一併存在與發展，「直與天地萬物上下同流，各得其所之妙」（《論語集注先進》），彼此「並育而不相害」（《中庸》）。一體內的萬物彼此聯繫，通過不同因素的差異互補，達到整體上的和諧。如宋明新儒家在強調「天地萬物為一體」時，便把包括天地人在內的萬物看作一個整體，認為不能單獨地談天說地，或離析宇宙[128]。張載、王夫之曾各云：「物無孤立之理，非同異、屈伸、終始以發明之，則雖物非物也」；「天之所以天，地之所以地，人之所以人，不相離者也」（《正蒙動物》、《周易外傳繫辭上一》）。無不認為天、地、人緊密相聯，事物之所以能夠成為其事其物，關鍵就在於事物間存在著彼此對立和互相矛盾的作用關係，「不然，物各自物，而非我所得用，非物矣」（《正蒙動物》王夫之之注）。

在天地萬物的整體結構中，諸個體間相互依存、相得益彰的關係，首先表現為萬物對自然的依賴關係。《中庸》曰：

> 今夫天，斯昭昭之多，及其無窮也，日月星辰係焉，萬物覆焉。今夫地，一撮土之多，及其廣厚，載華嶽而不重，振河海而不泄，萬物載焉。今夫山，一卷石之多，及其廣大，草木生之，禽獸居之，寶藏興焉。今夫水，一勺之多，及其不測，黿鼉、蛟龍、魚鱉生焉，貨財殖焉。

朱熹說，「無窮」、「廣厚」、「廣大」、「不測」四條，「皆以發明由此不貳不息以致盛大而能生物之意」（《中庸章句》）。因此，《中庸》這段

---

127 〔美〕杜維明撰，段德智譯：《論儒學的宗教性：對〈中庸〉的現代詮釋》（武漢市：武漢大學出版社，1999年），頁95。

128 參見吳飛馳〈「萬物一體」新詮──基於共生哲學的新透視〉，《中國哲學史》2002年第2期（2002年）。

話講的就是天地自然對人等萬物的養育之情。

其次表現為自然也離不開人的參與、配合與互動。《荀子致仕》之「無土則人不安居，無人則土不守」堪稱這一方面的代表話語；而且，儒家還將人與自然的全面協調作為目標和理想：「天子者，與天地參，故德配天地，兼利萬物，與日月並明，明照四海，而不遺微小。」（《禮記經解》）以此為基礎，儒家表達了其對萬物的關愛之情，提出了人類應該對天地萬物施以仁愛之德的主張：「若夫至仁，則天地為一身，而天地之間，品物萬形為四肢百體。夫人豈有視四肢百體而不愛者哉？」（《二程遺書二先生語四》）王陽明把那些「能以天地萬物為一體也，……其與天地萬物而為一」的人視為「大人」，而將那些硬要從「萬物一體」的大自然中分出你、我的人看作卑微的「小人」：「若夫間形骸而分爾我者，小人矣。」王氏要求人們關愛自然，善待自然界中有生命的和無生命的自然物，真正做到「與萬物合而為一」（《王陽明全集大學問》）。

2 「天人相參」

「天人相參」是儒家「天人合一」論的一個重要內容，也是其始終如一的主張。如《中庸》就把天人相「參」與「盡」天、人、物之性，以及「贊天地之化育」緊密地結合起來，並把後二者作為天人相「參」必不可少的條件：「贊天地之化育，則可以與天地參矣」（《中庸》）。《荀子天論》曰：「天有其時，地有其財，人有其治，夫是之謂能參。舍其所以參而願其所參，則惑矣。」認為天、地、人各有其「時」、「財」和「治」，三者因而需相「參」。若「舍其所以參而願其所參」，則無所謂「參」。荀子還把「通於神明，參於天地」作為儒者的追求，要求儒者像聖人那樣「上察於天，下錯於地，塞備天地之間，加施萬物之上」，「並一而不貳」，最終達到「通於神明，參於天

地」(《荀子》之〈王制〉、〈儒效〉)的目的。《禮記禮運》把與天地相「參」與「聖人」、「天子」相聯繫,曰:「聖人參於天地,並於鬼神,以治政。」《禮記經解》又云:「天子者,與天地參,故德配天地,兼利萬物,與日月並明,明照四海,而不遺微小。」到了宋明時期,天人相「參」依舊是新儒家們津津樂道的主題,如胡鉅集說:「儒者,理於事而心有止,故內不失成己,外不失成物,可以贊化育而與天地參也。」(《鬍子知言天命》)可見,儒家一直把化育萬物、與天地「參」作為人的一項責任或義務,有學者因此稱之為儒家「環境意識中最最核心的東西」[129]。

然而,何謂「天人相參」?學界迄今尚未取得一致的認識,其關鍵者在於對其中「參」的理解存在分歧。朱熹注《中庸》「可以贊天地之化育,則可以與天地參」云「贊,猶助也。與天地參,謂與天地並立為三」(《中庸章句》)。後世諸多學者在討論儒家「天人相參」的命題時,也基本上承襲這一說法[130]。但另有學者對此提出質疑,並將「參」和「與天地參」分別釋作「參與」、「人道與天道交互作用,人道參與了和成全了『萬物化育』的天道」[131]。不可否認,「參」有「並立為三」、「參與」等義,但將之用來詮釋「天人相參」則未免過於簡單。

根據有關記載,筆者認為,這裏的「參」宜作「配合」解。《禮記經解》:「天子者,與天地參,故德配天地,兼利萬物」,其中「與

---

129 劉大椿等:《環境思想研究:基於中國傳統與現實的回應》(北京市:中國人民大學出版社,1998年),頁29。

130 來可泓:《大學直解·中庸直解》(上海市:復旦大學出版社,1998年),頁238;蒙培元:〈中國的天人合一哲學與可持續發展〉,《中國哲學史》1998年第3期(1998年)。

131 劉文英:《儒家文明——傳統與傳統的超越》(天津市:南開大學出版社,1999年),頁108-109。

天地參」和「德配天地」相對應,「參」有「配」義;楊倞注《荀子
王制》「君子者,天地之參也,萬物之總也」曰:「參,謂與之相參,
共成化育也」,訓「參」為「相互配合」;孫希旦注《禮記禮運》之
「聖人參於天地」為「與天地合其德」(《禮記集解禮運》),把「參」
釋為「合」。另外,《漢語大字典》[132]「厶」部「參」字有「配合」
義,並將《荀子天論》「天有其時,地有其財,人有其治,夫是之謂
能參」作為其例[133]。這些疏證事例表明,「天人相參」表達的是天、
地、人之間相互「配合」之意,而非所謂的「並立為三」的關係。又
《國語越語下》:「夫人事必將與天地相參,然後乃可以成功。」對於
其「參」字,來可泓釋為「配合」[134],異於此前他在《中庸直解》中
對之所作的詮釋。由此筆者認為,「天人相參」強調的是天、人在化
育萬物過程中各以其「常」與其「治」相互配合、和諧的重要性和意
義。無論是天還是人,均不可「舍其所以參而願其所參」(《荀子天
論》),否則只能事與願違。

那麼,天人間何以需要「相參」即相互「配合」呢?

一則與天、地、人各自之所「能」與「不能」有關。儒家認為天
人各有其「分」與其「能」,但又各有其「不能」,「天能生物,不能
辨物也。地能載人,不能治人也」。天人彼此不可代替,「天之能,人
固不能也;人之能,天亦有所不能也」(《荀子禮論》、《劉禹錫集天論
上》)。天之能「生萬物」與人之能「治萬物」,具有一定的互補性,

---

132 漢語大字典編輯委員會:《漢語大字典(縮印本)》(武漢市:湖北辭書出版社,
　　1992年;成都市:四川辭書出版社,1992年)。

133 同時,馮天瑜等在其著《中華文化史》中,也將上述《荀子・天論》之「參」解
　　釋為「配合」,說「如果人放棄與天地配合的本分,卻去與天地爭職責,那真是糊
　　塗了」。參見馮天瑜等:《中華文化史》(上海市,上海人民出版社,2005年第2
　　版),頁5。

134 來可泓:《國語直解》(上海市:復旦大學出版社,2000年),頁913、914。

彼此惟有相「參」，才能達到「化育」萬物即「生萬物」與「治萬
物」的目的。

　　二則與人肩負的職責有關。儒家認為，「最為天下貴」的人具有
「變天地之位，正陰陽之序」（《春秋繁露精華》）的義務，肩負著
「贊天地之化育」的職責：「儒者之道，所以必至於參天地，贊化育」
（《張子全書西銘》）。然人並非萬能，人類只有與天地配合，「上參天
地」（《春秋繁露天地陰陽》）、「與天地參」（《鶡子知言天命》），才能
真正地實現其「贊天地之化育」的職責。所以張載說「天人相參」，
人「代天而理物者，曲成而不害其直，斯盡道」（《正蒙至當》）。

3　發揮人的主觀能動性，實現天人「合一」

　　以「萬物一體」、「天人相參」為基礎，儒家在如何實現天人「合
一」方面提出了自己的主張。首先，儒家以為，天人「合一」的前
提，是以人「合」天，而非以天「合」人。因為「天」是客觀的，人
生於天、本於天，並依賴於天，「天人一體」而無離隔，「天之所以
天，地之所以地，人之所以人，不相離者也」（《周易外傳繫辭上
一》）。但後來因人類把自己和天（即自然）相分離，「宇宙不曾限隔
人，人自限隔宇宙」（《陸九淵集語錄上》）。因此，儒家認為，「解鈴
還需繫鈴人」，要真正地實現天人「合一」，關鍵還在於將自己與自然
相分離的人。《周易乾》曰：「夫大人者，與天地合其德，與日月合其
明，與四時合其序，與鬼神合其吉凶。先天而天弗違，後天而奉天
時。天且弗違，而況於人乎？」孔穎達稱此語強調的就是「大人合
天」。程頤亦云：「『贊天地之化育』，自人而言之，從盡其性至盡物之
性，然後可以贊天地之化育，可以與天地參矣。言人盡性所造如此」
（《二程遺書伊川先生語一》）；若非以人合天，而是以天合人，則於
「天道」和「人事」皆不利。「絕天於人，則天道廢；以天參人，則

人事惑」（孫希旦《禮記集解月令》注引歐陽子語），遑論所謂的天人「合一」了。鑒於此，儒家指出，天人「合一」的關鍵還是在於人，需要人類發揮其主觀能動性，不斷地努力，在實踐中實現人與天之間的真正「合一」。具體而言，主要包括：

（1）在實踐中認識自然萬物。儒家認為，大自然是一個包括天地萬物的複雜統一體，天「張日月，列星辰，序四時，調陰陽，布氣治性，次置五行，春生夏長，秋收冬藏，陽生雷電，陰成霜雪，養育群生，一茂一亡，潤之以風雨，曝之以日光，溫之以節氣，降之以殞霜」，「地封五嶽，畫四瀆，規洿澤，通水泉，樹物養類，苞植萬根，暴形養精，以立群生」（《新語道基》）；自然界同時又是一個運行不止的過程，「天運而不已，日往則月來，寒往則暑來，水流而不息，物生而不窮，……運乎晝夜，未嘗已也」（《論語集注子罕》引程子語）。然「天不言，以行與事示之而已矣」（《孟子萬章上》），人欲知天地之道，務要認真觀察自然即「察物」，「一草一木皆有理，須是察」（《二程遺書伊川先生語四》）。因此，「仰以觀於天文，俯以察於地理」（《周易繫辭上》）便成為儒家與自然交往時所奉行的重要原則之一。「聖人察物，無所遺失，上及日月星辰，下至鳥獸草木昆蟲」（《新語明誡》）；朱熹也說，對於「天地之化」，人類需「時時省察，而無毫髮之間斷」（《論語集注子罕》），認為只有堅持不斷地「省察」天地自然，人類才能真正地認識自然。

在具體認識自然的過程中，儒家強調要做到以下幾點：

一是「觀其所恒」，把握其規律。「天地之道，恒久而不已也」，人類只有「觀其所恒」，才能洞悉「天地萬物之情」（《周易恒》）。並密切注意對象的具體變化，做到「時止則止，時行則行」，因為「物之動息，自各有時，運用止之法不可為常，必須應時行止，然後其道乃得光明」（《周易艮》及孔穎達疏）。

二是開動腦筋，運用類推等思維方法，從自然萬物中找出規律性的認識。儒家對現代生態學意義上的「類」有一定的認識[135]，稱自然萬物「凡同類者，舉相似」（《孟子告子上》）。人類要認識自然，必須了解其「類」，「古之學者，比物醜類」（《禮記學記》）。但是，「類不能自行」（《荀子君道》），若「以類行雜，以一行萬」（《荀子王制》），並「以類度類」、「引而伸之，觸類而長之，天下之能事畢矣」（《周易繫辭上》），整個世界因此也就易於把握了。故荀子說：「物也者，大共名也。推而共之，共則有共，至於無共然後止。」（《荀子正名》）這種「以類度類」、「觸類而長之」的邏輯推理方法，筆者認為就是現代邏輯學所講的類比方法[136]。

（2）效法、利用自然及其規律。在認識自然的基礎上，儒家主張傚仿天地、利用自然規律。「天之道，有序而時，有度而節，變而有常」（《春秋繁露天容》），人欲踐履其「贊天地之化育」職責，臻於與自然和諧的目標，理所當然地要遵循自然規律。《周易豐》：「日中則昃，月盈則食，天地盈虛，與時消息，而況於人乎？」否則不僅徒勞無益，「事無大小，物無難易。反天之道，無成者」（《春秋繁露天道無二》）；而且還會遭到自然的懲罰，甚至會天地乾坤毀滅，「乾坤毀，則無以見易。易不可見，則乾坤或幾乎息矣」（《周易繫辭上》）。夏桀、商紂不遵守自然規律而倒行逆施，「竭山澤之利、食類惡之獸」，結果導致嚴重的生態後果，災害頻仍：「夏大雨水，冬大雨雪」、「正月不雨，至於秋七月」、「地震，梁山崩，壅河，三日不流」（《春秋繁露王道》）等等，最終使其王朝走向覆滅。

那麼，如何才能做到效法天地自然呢？儒家主張首先要尊重、順應天地自然。《周易豫》：「天地以順動，故日月不過，而四時不忒。

---

135 對於儒家關於生態要素的認識，具體參見本書第二章相關內容。
136 具體參見本書〈附錄〉相關內容。

聖人以順動，則刑罰清而民服。」尊重、順應自然就是「以天地為本」(《禮記禮運》)，一切行為要「承天地，順陰陽」(《白虎通三正》)。為此，第一要順天「時」。如《荀子王霸》曰：「上不失天時，下不失地利，中得人和，而百事不廢」；第二要順「勢」。《孟子盡心上》：「君子所過者化，所存者神，上下與天同其流。」「流」就是自然之「勢」，「上下與天同其流」亦即《左傳》昭公二十五年（前517年）所載的「則天之明，因地之性，生其六氣，用其五行」等，「六氣」和「五行」等共同構成了自然大「勢」。

其次，以天地為楷模，成就萬物。儒家認為天地自然的偉大就在於其「首出庶物」和「載物」、「資生」，使「萬國咸寧」(《周易》之《乾》、《坤》)。人類應「知天之理」，學習天地精神，自強不息，並「善動以化物」(《讀通鑑論文帝二三》)；同時，效法地載萬物的品德，「厚德載物」(《周易坤》)，成就萬物。

最後，有所為，有所不為。「人者天地之所以治萬物」、「人者天地之所以用萬物也」(《周易外傳繫辭下一》)。在儒家那裏，人殊於他物的關鍵就是人能治、用自然萬物，因此，善於利用自然規律是儒家主張以人「合」天的一個重要內容。儒家認為，人在利用自然規律方面，必須始終不要忘記順應、遵循自然規律，行事應有所為與有所不為。《荀子天論》有言：

> 財非其類以養其類，夫是之謂天養。順其類者謂之福，逆其類者謂之禍，夫是之謂天政。暗其天君，亂其天官，棄其天養，逆其天政，背其天情，以喪天功，夫是之謂大凶。聖人清其天君，正其天官，備其天養，順其天政，養其天情，以全其天功。如是，則知其所為，知其所不為矣，則天地官而萬物役矣。其行曲治，其養曲適，其生不傷，夫是之謂知天。

「知其所為」即知道該幹什麼，如「順其類」和「財非其類以養其類」等，荀子說這是「順其天政」的「天養」；「知其所不為」即清楚不該做什麼，其中就含有「逆其類」等。若背棄「天養」之「天情」而「喪天功」，違背天「常」而「勘天役物」，則會招致「大凶」。儒家堅決反對胡作非為的「妄舉」，因為妄舉可導致「傷稼」、「失歲」、「田穢」、「不時」等災難性的後果，荀子因此把這種不遵守客觀規律而妄為的人稱作「人妖」即人禍。後來的張載也多次強調利用自然要「至當」，對萬物要加以合理的、保護性的利用：「大人者，有容物，無去物，有愛物，無殉物，天之道也。天以直養萬物，代天而理物者，曲成而不害其直，斯盡道」；如果過分地追求物質享受而肆意掠奪式地利用自然資源，不僅喪失良心，而且也是有害於天理的：「徇物喪心，人化物而滅天理者乎！」（《正蒙》之〈至當〉、〈神化〉）

（3）實現天人「合一」的主觀要求。首先，「至誠」體物、成物。儒家認為「天下至誠」（《中庸》），「誠」是天地內在的、本質的規定，「誠者，天之道也」；「不誠，未有能動者也」（《孟子離婁上》）。天之運動不已就是其「至誠」的結果，「至誠者，天之道」（《伊川易傳無妄》），「至誠無息」（《中庸》）；同時，「誠」也是天之長久存立的條件之一，「天所以長久不已之道，乃所謂誠」（《正蒙誠明》）。

「誠」與天生萬物是互動的。一方面，「誠」與萬物同生於天地之所感：「『大哉乾元，萬物資始』，誠之源也。『乾道變化，各正性命』，誠斯立焉。」（周敦頤：《通書誠上》）乾元創生萬物、誠，萬物、誠之生同源同時；另一方面，「誠」又是天生萬物不可或缺的要素或品質。「唯天下至誠，為能經綸天下之大經，立天下之大本，知天地之化育」（《中庸》）。朱熹《中庸章句》稱此皆明「至誠無妄，自然之功用」，即天生萬物。「天地之道，可一言而盡，不過曰誠而已。

不貳，所以誠也。誠故不息，而生物之多，有莫知其所以然者」（《中庸章句》）。也就是說，天地之「誠」的目的乃生生、化育萬物：「誠則形，形則著，著則明，明則動，動則變，變則化，唯天下至誠為能化」；「故至誠無息。不息則久，久則徵，徵則悠遠，悠遠則博厚，博厚則高明。博厚，所以載物也；高明，所以覆物也；悠久，所以成物」（《中庸》）。荀子也指出「天行」之所以「有常」，就在於「以至其誠者也」。所以說「誠者物之終始，不誠無物」（《中庸》）、「天地為大矣，不誠則不能化萬物」（《荀子不苟》）、「不誠則逆於物而不順」（《二程遺書明道先生語一》）。

那麼，「誠」具體何謂呢？有學者釋《中庸》「誠者，天之道」之「誠」為「實現」。此解雖不為非，但未為的論。《說文言部》：「誠，信也。」朱熹《中庸章句》：「誠者，真實無妄之謂，天理之本然。」據此可知，「誠」即誠信、無妄。「至誠者，天之道也。天之化育萬物，生生不窮，各正其性命，乃無妄也。」（《伊川易傳無妄》）所以，杜維明稱此「誠」為「無所不包而又充實飽滿的實在」[137]。實乃的論。《中庸》「唯天地至誠」、《孟子離婁上》「不誠，未有能動者」，以及程頤「至誠者，天之道」等所云之「誠」，都是從心性即無妄的態度上講的，說的都是天之精誠專一的態度，「天所以長久不已之道，乃所謂誠」（《正蒙誠明》）。

「然而，誠……也是活動；它同時既是自我潛存又是不斷自我實現的生生不息的創造活動。『至誠無息』特別地指向這種『生生不息』的活動」[138]。從「誠」的「活動」意義上說，「誠」又有「成」

---

137 〔美〕杜維明，段德智譯：《論儒學的宗教性：對〈中庸〉的現代詮釋》（武漢市：武漢大學出版社，1999年），頁93。

138 〔美〕杜維明，段德智譯：《論儒學的宗教性：對〈中庸〉的現代詮釋》（武漢市：武漢大學出版社，1999年），頁93。

即盡心生萬物的含義，這也是天地之「誠」的目的。詳言之，首先是自「成」。《中庸》：「誠者自成。」朱熹《中庸章句》曰：「言誠者物之所以自成」，是為《中庸》之「成己」；其次是成萬物。《中庸》：「誠者非自成己而已也，所以成物也。」《中庸章句》：「誠雖所以成己，然既有以自成，則自然及物，而道亦行於彼矣。」可見，「誠」又是一個由成己到成萬物的過程。相較於「自成」或「成己」，「成物」更重要，「誠不為己，則誠為外物」（衛湜：《禮記集說》卷一三三引宋呂大臨語）。天之「誠」既盡天之性，又能盡人、盡物之性，不僅能成己，還能成物：「唯天下至誠，為能盡其性。……能盡人之性，……能盡物之性，則可以贊天地之化育；可以贊天地之化育，則可以與天地參矣。」（《中庸》）據朱熹的理解，能盡天地人物之性也就是「知之無不明而處之無不當」（《中庸章句》）。因此，有學者認為：「盡其性」乃「自成」、「成己」即「自我實現」，充分完成生命的潛力；「盡物之性」就是把萬物的生命潛能充分地實現與完成[139]。正因為「誠」非但「自成」，而且還要「成物」，故而《中庸》說「誠者物之終始，不誠無物」。

　　儒家認為，「誠」既是天道，也是人道。《詩經烝民》：「天生烝民，有物有則；民之秉彝，好是懿德。」天有「誠」性，天「生」之人應有其道。另一方面，天又是人類的行為規範與準則，天誠無妄，人類傚仿天地，當以天地之「誠」為「誠」，所以《中庸》曰：「誠者，天之道也；誠之者，人之道也。」孟子繼承了這個思想，提出天人「同誠」：「誠者，天之道也；思誠者，人之道也。」（《孟子離婁上》）

　　人之「誠」，於其自身和天地都是極其重要的。

---

139 馮滬祥：《人、自然與文化 —— 中西環保哲學比較研究》（北京市：人民文學出版社，1996年）頁121。

　　其一，在人類認識事物規律方面。張載說：「至誠則順理而利，偽則不循理而害。」（《正蒙誠明》）有學者認為其中的「理不是感性的物質實在，而是萬物中抽象出來的共同本質和基本原則，它是萬物得以存在的根據」[140]。筆者以為，此「理」可進一步引申作「規律」解。是語即說只有「誠」才能認識世界萬物的規律即「理」，這對於人與萬物打交道是有利的，否則是有害的，「不誠則逆於物而不順」（《二程遺書明道先生語一》）。說明「誠」對於人類認識事物的規律是非常重要的，正因為如此，程頤把「誠」與「理」相提並論，稱「誠者，實理」（楊時：《二程粹言論道》）。

　　其二，對人類「贊天地之化育」的巨大決定意義。《荀子不苟》之「天地為大矣，不誠則不能化萬物」，既是對天地而言的，也是對人類提出的要求。但天地之「誠」及其化生萬物的作用，不是由其自己發揚出來的，而是由人「能動」發萌的，也就是「物性」待「人性」來發明。人道通天，以至「萬物皆備於我矣。反身而誠，樂莫大焉」（《孟子盡心上》）。所以程顥說：「至誠可以贊天地之化育，則可以與天地參。」（《二程遺書明道先生語一》）人惟有臻於「至誠」之境後，才能盡人、物之性，不至隨意斲喪自然，戕害萬物，而是尊敬自然和生命，幫助萬物更是幫助自己充分實現生命的潛能，從而實現「贊天地之化育」，達到天人「合一」的高度境界。因此，儒家強烈要求人們必須操守「至誠」，以「誠」為貴：「夫誠者，君子之所守也」（《荀子不苟》）；「君子誠之為貴」（《中庸》）；「誠者，……人事之當然也」（《中庸章句》）。

　　「誠」既是從認識自然、達到參贊化育萬物的目的而論的，也是從作為手段和途徑來說的。為實現「誠」，《中庸》提出了「自誠明」和「自明誠」兩種方法：

---

140 余正榮：《中國生態倫理傳統的詮釋與重建》（北京市：人民出版社2002年），頁102。

> 自誠明，謂之性；自明誠，謂之教。誠則明矣，明則誠矣。

《中庸》：「天命之謂性」。朱熹「章句」：「所性而有者也，天道也」。因此，所謂的「自誠明」，是從人的天生資性而言的，強調人要充分發揮其天賦資質，以做到或實現「誠」。荀子主張通過修心養性來達到真誠無妄的目的，乃其具體表現形式之一。《荀子不苟》：

> 君子養心，莫善於誠，致誠則無它事矣。……誠心行義則理，理則明，明則能變矣。變化代興，謂之天德。天不言而人推其高焉，地不言而人推其厚焉，四時不言而百姓期焉。夫此有常，以至其誠者。

所謂「自明誠」，按照朱熹的詮釋，乃「由教而入者也」，「人道也」（《中庸章句》）。可見，「自明誠」就是經過後天教育而達到「誠」的結果或目的，這是一條普通人臻於「至誠」的路子，強調通過後天的教誨、引導而進入「誠」的境界，所以說「自明誠，謂之教」也。

「自誠明」和「自明誠」雖是兩條不同的至「誠」路徑，「『自明誠』，由窮理而盡性也；『自誠明』，由盡性而窮理也」（《正蒙誠明》），但其至「誠」的目標則是一致的，而且更為重要的是，人類可因「誠」而與天相統一、協調，並藉其「誠」而「大其心」以體物和成物，主動地實現天人「合一」：

> 儒者則因明致誠，因誠致明，故天人合一，致學而可以成聖，得天而未始遺人。（《正蒙乾稱下》）

　　其次，在處理人和自然關係的方面，務必「絕四」。所謂的「絕四」，就是《論語子罕》之四「毋」：「毋意，毋必，毋固，毋我」。朱熹注稱：「意，私意也。必，期必也。固，執滯也。我，私己也。四者相為終始，起於意，遂於必，留於固，而成於我也。」（《論語集注子罕》）四「毋」的核心為無「我」，亦即無「私」。「絕四」要求人們在處理人與自然的關係時，勿以自己為中心，克服主觀主義。如果一味地以「我」為主，肆任人類之私心，利令智昏，人類非但害物，並且終則害己。鑒於此，邵雍堅決反對「任我則情」，強烈要求人類「因物則性」（《皇極經世書心學》），亦即從事物的角度出發，以全面的眼光認識事物，行事力戒片面而力促全面。張載指出：「天理一貫，則無意、必、固、我之鑿」，若「意、必、固、我，一物存焉」，就是「非誠」，人類就不能夠做到「從心而不逾矩」，實現其「範圍天地之化」的職責；如意、必、固、我「四者盡去，則直養而無害」（《正蒙》之《中正》、《三十》），人類就可與天地相「參」，完成其「贊天地之化育」的任務。

　　儒家提出四「毋」尤其是無「私」，其根據主要有：

　　第一，天地是至公無私的。儒家認為，天、地包容、養育萬物一視同仁，「至公」無私。董仲舒在《春秋繁露深察名號》中曰：「天覆無外，地載兼愛」。王夫之云：「萬物並育於天地之間，天順其理而養之，無所擇於靈蠢、清濁，撓其種性，而後可致其養」（《正蒙至當》王夫之注）。故曰：「天地，至公而已矣」（《通書公》）。

　　第二，自然萬物紛繁複雜、參差不齊，若方法不當，認識易出現偏差，「凡萬物異則莫不相為蔽，此心術之公患」（《荀子解蔽》）。由於洞知「心術之患，見蔽塞之禍」，為杜絕「心術之患」釀成「蔽塞之禍」，儒家主張人類在認識萬物時應效法天地，至公無私，「聖人之道，至公而已矣」（《通書公》）。為此，就需要克服主觀偏見，遵照

「絕四」的原則,「無欲無惡,無始無終,無近無遠,無博無淺,無古無今,兼陳萬物而中懸衡」,用全面、公正、平衡的方法去對待「眾異」,以防被大千世界繽紛的現象所蒙蔽,不能正確認識萬物而「亂其倫」類,「是故眾異不得相蔽以亂其倫也。」(《荀子解蔽》)

第三,就實際生活而言,人類常常在私利的驅動下,喪失良知,背離人心之本然。王陽明說:「人心是天淵,心之本體無所不該,原來一個天。只為私欲障礙,則天之本體失了」(《王陽明全集傳習錄下》)。程顥認為:「人之情各有所蔽,故不能適道,大率患在於自私而用智」[141]。正由於人類物欲膨脹、障天,良知喪殞,以致斲傷萬物,破壞生態,因而出現了諸如生態環境惡化等嚴重問題。儒家竭力呼籲「絕四」特別是無私,就是恢復人心之本,「如今念念致良知,將此障礙窒塞一齊去盡,則本體已復,便是天淵了」。認為一旦克服私利,恢復良知,人類就能與天地「合一」,彼此成為不可分割的一體。這就是王陽明所講的「一節之知,即全體之知;全體之知,即一節之知,總是一個本體」(《王陽明全集傳習錄下》)。

那麼,人類如何方能做到無私呢?從方法論上來講,無私就是中庸之道,這在儒家那裏是至關重要的,因為「得中和」是「天地位焉,萬物育焉」(《中庸》)的必要條件。《春秋繁露如天之為》曰:

> 志意隨天地,緩急仿陰陽。然而人事之宜行者,無所鬱滯,且恕於人,順乎天,天人之道兼舉,此謂執其中。

「中」即不偏,「庸」即不倚,「中庸」就是不偏不倚、無過無不及的最佳程度,即「執兩用中」。儒家認為只要能做到「中庸」,世界一切

---

141 〔宋〕程頤、程灝撰:《二程文集》,卷2,〈書記賦論策・答橫渠張子厚先生書〉。

事物都會變得和諧與融洽。因此，儒家十分看重「中庸」之道，從孔子首次提出「中庸之為德也，其至矣乎」（《論語雍也》）以降，歷代儒家對此都有極為豐贍的闡述，把「中庸」奉為儒家處世待物的美德，要求人們行為適「中」，以使人與自然和諧一體，亦即朱熹所云的「天地萬物本吾一體」（《中庸章句》）。否則，人類就不可能真正地做到參贊化育萬物，「人有中曰參，無中曰兩」（《逸周書武順》）。所以，有學者把「和諧用中」視為儒家處理「天人關係」的重要策略原則[142]。另一方面，從處事的立場或原則來說，無私就是「以物觀物」，即從「物」的立場出發，處理人、物關係：「以物觀物，性也。以我觀物，情也。性公而明，情偏而暗。」（《皇極經世書聲音唱和萬物通數》）認為不能從一己私利出發，以偏頗、晦暗的態度「度」萬物，而要開闊心襟，敞開胸懷，以「公」、「明」的態度去處理與萬物間的關係。

最後，「盡心」「體物」而「不遺」、「大其心」而愛物。「心者，人之神明，所以具眾理而應萬事者」（《孟子集注盡心上》）。而「思者，心之能也」。「心之能」亦即朱熹之「心之神明」：「心之神明，於事物咸足以知其不易之則」，「其於事靡不得理」（《孟子字義疏證》卷上）。「心之能」可認識事物之「則」，掌握事物之「理」。因此，人的「內心」被儒家當作「知天」、對待自然的最根本之依據，並進而重視心性的作用，「盡心」和「大其心」即為其中之顯著者。

孟子曰：「盡其心者，知其性也。知其性，則知天矣」（《孟子盡心上》），認為「盡心」首先是知天之「性」，進而知天。陸九淵云：「心之體甚大，若能盡我之心，便與天同」（《陸九淵集語錄上》）。天

---

142 參見吳光：〈萬物一體，和諧用中〉，《杭州師範學院學報》1999年第4期（1999年）。

的本性是融通萬物無所不在的「生生」之德，人類充分盡人之性，就能盡物之性，可「知天」。盡心知性、知天，也就是要洞悉一切事物之根本，對萬物掌握至極，從這層意義上講，「盡心則知至之謂也」（《孟子集注盡心上》）。

　　然而，知性、知天並非儒家強調「盡心」的根本目的，其終極目標有二：一為體物不遺。「我體物未嘗遺，物體我知其不遺也。至於命，然後能成己成物，不失其道」（《正蒙誠明》）。二為「事天」。「存其心，養其性，所以事天也」（《孟子盡心上》）。「事天」就是按自然規律辦事。儒家認為，吉凶成敗皆有自然之數，而非人力可以安排。但人類在「自然之數」即客觀規律面前決非無能為力的，同「知天」一樣，人類需盡其「心性」而為之，「言自然者，雖極觀物知化之能，亦盡人心之用而已」。人類在「盡心」掌握自然規律後，就能順應「自然之數」並達到「事天」的目的，大禹成功治水就是順應「自然之數」的一個典型案例：

　　　　禹之治水，行其所無事；循乎地中，相其所歸，即以氾濫之水為我用，以傚濬滌之功。若欲別鑿一空洞之壑以置水，而冀中國之長無水患，則勢必不能，徒妄而已。（《船山思問錄內篇》）

　　「大其心」是孟子「盡心」主張在其後時期的發展與延伸。張載《正蒙》一書中，有〈大心〉篇專論人類「大其心」的必要性和意義：

　　　　大其心，則能體天下之物，物有未體，則心為有外。世人之心，止於聞見之狹；聖人盡性，不以見聞梏其心，其視天下，無一物非我。孟子謂盡心則知性知天以此。天大無外，故有外

之心，不足以合天心。見聞之知，乃物交而知，非德性所知；
德性所知，不萌於見聞。

根據王夫之注，張載「大其心」就是開闊自己的心胸，打破主
客、內外的界限，把自己的心擴展至與天心一樣「大」的程度，能容
納一切事物，對任何事物都沒有絲毫的隔離之感，「無一物非我」，保
證做到「知性知天」，深深領悟儒家人與天地萬物是一個不可須臾分
離的整體的一貫主張。如果「止於聞見之狹」，而「心為有外」即以
己心為內、以物為外，就不能做到「大其心」，也就根本不可能「體
天下之物」。因此，蒙培元把張載的這一思想視為「古代的生態哲
學」，認為張載「體天下之物」即體恤萬物，是一種「體驗」的情感
活動。其「體物」就是將自己的生命完全地融入到萬物之中，從而體
會到萬物與我的生命不可分離，就是我的生命的一部分[143]。張載又說：

> 乾稱父，坤稱母；予茲藐焉，乃混然中處。故天地之塞，吾其
> 體；天地之帥，吾其性。民，吾同胞；物，吾與也。(《正蒙乾
> 稱上》)

這就是張載著名的「民胞物與」論。儒家認為，人與自然萬物同源於
一，彼此相連。張載把物當作人類的同胞來對待，物我一體，視萬物
俱為人類的朋友。人類同情、尊重、愛護自己的「同胞」，自然也包
括人以外的其它一切自然物。這一切，惟有「大其心」才能做到，所
以，張載說「大其心」「大可為也」(《正蒙神化》)。

其後的陸九淵針對人們心有內、外之物的區分而呼籲「大其心」
以「復其本心」：

---

143 蒙培元：〈張載天人合一說的生態意義〉，《人文雜誌》2002年第5期（2002年）。

> 天之所以與我者，即此心也。人皆有是心，人皆具是理，心即
> 理也。(《陸九淵集與李宰書二》)

主張「大其心」以體驗與對待天下和諧之萬物。認為只有「大其
心」，才能「復其本心」，深刻理解「宇宙內事乃己分內事，己分內事
乃宇宙內事」。陸九淵十分愛惜自然，把宇宙萬物的痛苦當作自己的
痛苦，稱這本來就是人類所應有的心情：

> 東海有聖人出焉，此心同也，此理同也。西海有聖人出焉，此
> 心同也，此理同也。南海北海有聖人出焉，此心同也，此理同
> 也。千百世之上有聖人出焉，此心同也，此理同也。千百世之
> 下有聖人出焉，此心同也，此理同也。(《陸九淵集象山先生行
> 狀》)

認為同情、善待萬物是人類的本心，是無任何條件的，只是後來由於
一些人私欲膨脹而喪失之，所以他反覆提醒和強調人們要「復其本
心」，「大其心」以善待萬物，愛護萬物及其生境，不能因一己之私利
的蒙蔽而喪其本心，而將物從「人物一體」內剔除。

「大其心」以與萬物融為一體並愛物也是王陽明的主張。他在
《大學問》中明確指出：「大人者，以天地萬物一體者也，其視天下
猶一家，中國猶一人焉」，肯定「天地萬物與人原是一體，其發竅之
最精處，是人心一點靈明。風、雨、露、雷、日、月、星、辰、禽、
獸、草、木、山、川、土、石，與人原只一體」(《王陽明全集傳習錄
下》)，認為愛護萬物就是愛護自己。他把那些能與自然萬物渾然融為
一體並以己之心度惻萬物、愛憐萬物者稱作「大人」：「大人之能以天
地萬物為一體，非意之也，其心之仁本若是，其與天地萬物而為一

也。」他秉承孟子「惻隱之心」之精髓，以孟子「孺子入井」之例以喻「惻隱之心」為人類所固有，云「大其心」擴而充之，就是關愛萬物，與萬物合而為一。其《大學問》云：

> 是故見孺子之入井，而必有怵惕惻隱之心焉，是其仁之與孺子而為一體也；孺子猶同類者也，見鳥獸之哀鳴觳觫，而必有不忍之心焉，是其仁之與鳥獸而為一體也；鳥獸猶有知覺者也，見草木之摧折而必有憐憫之心焉，是其仁之與草木而為一體也；草木猶有生意者也，見瓦石之毀壞而必有顧惜之心焉，是其仁之與瓦石而為一體也；是其一體之仁也，雖小人之心亦必有之。

將人類的同情同類之心擴大，不僅能關愛有生命的鳥獸草木等，就連沒有生命的山石瓦礫等也進入了儒家的關懷視野。因此，儒家這種「大其心」關愛萬物的胸懷是極其博大的。

三 結語

儒家「天人合一」論是一體系完備的思想、學說，以「天」與「人」嚴格、準確的界定為前提，儒家建構了屬於自己的天人「合一」的模式。這一模式下的有關內容，即使在今天看來，仍不失其積極意義和借鑒價值。

第一，儒家「天人合一」思想包括「天」論、「人」論和天人「合一」論，而其天人「合一」說基本上類同於我們今天所言的「人與自然」的關係，儘管該論在認識的程度上無法與我們現代所講的「人與自然和諧」相比肩，同時，儒家關於生態的認識還處於意識的

層面[144]，但其基本傾向還是應當予以充分肯定的，因為其中的有些認識，即使在今天看來，仍不失其合理性，具有相當的科學性。恩格斯在談及人的產生時曾指出：「人也是由分化而產生的。不僅從個體方面來說是如此——從一個單獨的卵細胞分化為自然界所產生的最複雜的有機體，而且從歷史方面來說也是如此。」因此，「我們連同我們的肉、血和頭腦都是屬於自然界和存在於自然之中的」[145]。將恩格斯這一論斷與儒家關於人為「天」所生、人與天地萬物具有同源性，以及人與萬物在生命的本質上是統一的而並不優越於天地間其它萬物的認識等相聯繫，我們發現儒家的這些認識，和馬克思歷史唯物主義關於人是自然界長期演化的產物思想具有相當的一致性。並且，儒家又認為人與萬物在生命的序列上有所差異，人並非由於處於生命序列的頂端而為萬物之靈、至貴者，而是因為人類負有「贊天地之化育」、實現天人「合一」即「人與自然」的和睦相處之職責。這些認識和內容，縱若在當今，也具有相當的積極意義。

　　第二，對建立現代生態倫理學的資鑒作用。儒家強調天人同出一體、同處一體，彼此相互依存；人類為了與自然保持和諧，必須深入認識、了解自然，尊重自然的權利，按照自然規律辦事，並「盡心」誠意、「大其心」地體物、愛物。從建立現代生態倫理學的角度來說，這些認識和主張，都是值得認真汲取的傳統資源。

　　第三，對當前處理好人與自然關係的啟發意義。目前，全球性的環境問題嚴重，各種巧取豪奪地浪費生態資源現象和肆無忌憚地破壞生態環境的行徑仍屢禁不止。不僅現實一再向我們敲響警鐘，而且儒家天人「合一」學說也反覆告誡我們應如何正確處理好人與自然的關

---

144 關於儒家學說中的生態學內容，詳見本書第二章相關內容。

145 馬克思恩格斯：《馬克思恩格斯選集》（北京市：人民出版社，1995年），卷4，頁273、384。

係，做到天人之間的真正「合一」，實現可持續發展；切莫為眼前的利益所誘惑，不顧自然的報復，恣意而為，否則只能是自取滅亡。

第二章

生態系統論：儒家生態意識發生的生態學基礎

　　生態學是研究生物及其與環境關係的科學。一八六九年，德國生物學家、哲學家恩斯特赫克爾（或譯為恩斯特海克爾）首先提出「生態學」一詞時，曾把「生態學」定義為「自然的經濟學」[1]。可能正因為如此，一九七〇年代的美國學者唐納德沃斯特便將其「為生態學歷史的研究做了良好的開端」的生態思想史專著，定名為《自然的經濟體系》。時至今日，生態學在經歷了近一個半世紀的發展歷史後，再也不僅限於生物學的範疇，而是從中衍生出眾多的分支。政治生態學、經濟生態學、文化生態學、民俗生態學、生態倫理學等諸多學科的應運而生及其生機勃勃之勢，反映了生態學科的發展前景無限美好。

　　儒家學說作為中國傳統社會意識形態的主流，其中蘊涵的生態意識或生態思想已為學界所公認。但儒家生態意識中是否含有生態學的認識或知識，置言之，儒家生態意識是否具有生態學的基礎，學界尚未形成一致的認識。有些學者對此做出了肯定的回答，並對之有所研究。如張雲飛曾從生物結構說、生物流程說和季節節律說三個方面，對儒家的「自然保護的生態學基礎」進行了有益的探討[2]。另一種觀點則反之。如佘正榮認為，「儒家不關心自然知識，……它的知識傾向主要是人文領域的德性之知」。指出：雖然包括儒家在內的傳統生

1　〔德〕H.雷默特撰，莊吉珊譯：《生態學》（北京市：科學出版社，1988年），頁1。
2　張雲飛：《天人合一──儒學與生態環境》（成都市：四川人民出版社，1995年），頁23-68。

態倫理思想直觀地把握了人與自然相互作用過程中粗略的整體圖景，與建立在生態學和其它現代自然科學基礎上的生態世界觀存在著共同之處，但由於缺乏現代科學理論對生態系統結構、功能和各種複雜規律的深刻認識，因而遠不能把握地球生態系統內部的複雜機制，不能科學地指導人們合理地利用自然、建設自然與保護自然，不利於實現人與自然的和諧相處，而只能是在總體上被動地適應自然生態節律、局部上淺表地利用經驗積纍的生態知識、實現自然生態規律自發地支配人類那樣一種比較原始的「天人合一」狀態[3]。那麼，儒家生態意識中究竟有無生態學的知識或認識呢？如有之，又有哪些具體內容呢？

一般而言，生態學研究通常有三個領域，即個體生態學、種群生態學和生態系統，三者分別研究的是生物對其生存條件的需求、生物平衡狀態，以及物質迴圈、生態系統功能和穩定性等[4]。「生態系統」的概念，是英國生態學家坦斯勒（或譯為坦斯利）首先提出的。他在《植物生態學導論》一書中說：我們對生態系統的基本看法是，有機體不能與它們的環境分開，而與它們的環境形成一個自然系統，包括整個生物群落及其所在的環境物理化學因素（氣候、土壤、因素等）所組成的整體，其基礎是一個特定的生物群落及其所在的環境。成熟的生態系統，是通過其各個組成部分的相互作用來維持平衡的[5]。坦斯勒所言的生態系統主要是功能單位，而不是生物學中真正物種的分類單位[6]。生態系統有大、中、小之分，但從巨系統的角度而言，生

3　余正榮：《中國生態倫理傳統的詮釋與重建》（北京市：人民出版社，2002年），頁264-265、270。

4　〔德〕H.雷默特撰，莊吉珊譯：《生態學》（北京市：科學出版社，1988年），頁2。

5　余謀昌：《生態哲學》（西安市：陝西人民教育出版社，2000年），頁20。

6　〔美〕E.P.奧德姆撰，孫儒泳等譯：《生態學基礎》（北京市：人民教育出版社，1981年），頁10。另見金以聖：《生態學基礎》（北京市：中國人民大學出版社，1988年），頁11。

態系統包括生物群落（如植物群落、動物群落、微生物群落、真菌群落）和各種環境因素（如氣候和土壤條件等），其中的生物群落還包括將植物等群落聯繫在一起的各種食物關係和生物分佈上的關係[7]。所以，無論是個體生態學還是種群生態學，都應包含在生態系統之內。因此，本書中的生態系統就是從巨系統意義上而言的，既包括個體生態學，也含有群落生態學。儒家學說中雖然不曾專門有關於現代生態學意義上的生態系統的理論，但其中存有一些關於生態系統基本知識的論述，如儒家關於「類」的認識就大致相當於現代生態學的生物「種類」的論述，而儒家之「類聚」的學說則又大體同於現代生態學「種群」的概念；同時，在相關問題的論述方面，儒家把認識對象作為一個生態系統的做法，如關於九州的劃分與述說等，就是其生態系統觀的具體應用。

一　生物「類」的認識及其生態保護意義

（一）生物「類」的認識

　　儒家經典中，關於「類」的概念最早似乎見於《周易乾》：

> 子曰：「同聲相應，同氣相求；水流濕，火就燥；雲從龍，風從虎。聖人作而萬物睹，本乎天者親上，本乎地者親下，則各從其類也。」

其後，「類」的概念在《周易》中頻頻出現，而較具有典型生態學意

7　〔比〕P.迪維諾撰，李耶波譯：《生態學概論》（北京市：科學出版社，1987年），頁47。

義的乃《周易繫辭上》所載之語:「方以類聚,物以群分,吉凶生矣」。對此,王弼注曰:

> 方有類,物有群,則有同有異,有聚有分也。順其所同則吉,乖其所趣則凶,故凶吉生矣。

孔穎達疏云:

> 正義曰:方謂法、術、性、行以類共聚,固方者則同聚也。物謂物色群黨共在一處,而與他物相分別,若順其所同則吉也,若乖其所趣則凶也,故曰吉凶生矣。此經雖因天地之性,亦廣包萬物之情也。……方雖以類而聚,亦有非類而聚者,若陰之所求陽,陽之所求者陰,是非類聚也。

即「方有類,物有群」是說事物因其法、術、性、行和物色等同異而相聚或相分,使事物有所區別。不過,相聚者雖以同類為主,但也有異類相聚者,如陰陽的聚合就是一例。然俞樾之《群經平議周易二》謂:「方之言四方也,物之言萬物也。」而孫希旦在注《禮記樂記》載世上萬物「動靜有常,大小殊矣。方以類聚,物以群分」時又說:

> 方以道言,物以形言。方以類聚,而剛柔燥濕之相從,物以群分,而飛潛動植之各異,由其所稟之性命不同也。(《禮記集解樂記》)

這裏「方以道言」之「道」,指的當是孔穎達所言之「法、術、性、行」;而「物以形言」之「形」,應為孔言之「物色」。而孔穎達在注

《禮記樂記》時，則較其疏《周易繫辭上》所語更為具體，他說：
「方以類聚者，方謂走蟲禽獸之屬，各以類聚，不相雜也」；「物以群
分者，物謂殖生若草木之屬，各有區分，自殊於藪澤者也」。又《廣
雅釋詁三》云：「方，類也」，即品類。魏晉時期嵇康〈難宅無吉凶攝
生論〉中「天地廣遠，品物多方」之「方」即為此義。因此，張雲飛
關於「方」與「物」是對文，泛指世界上的萬事萬物之理解是正確
的[8]。這一認識也可從《周易序卦》中的「物相遇而後聚」記載得到
印證。然而，《荀子正名》曰：「物也者，大共名也。推而共之，共則
有共，至於無共然後止。」所以，儒家所言之「物」，是對大千世界
諸多事物，即哲學上所講的客觀存在物的共性經過高度概括的抽象概
念。「方」與「物」是對文，那麼，「方」亦當作「客觀存在物」理
解，也就是世界上存在的一切事物的總稱，從生態學的角度看，是生
態系統內眾多生態因素的總稱。

　　儒家對「類」的認識的重要性極其重視，「知通統類，如是則可
謂大儒矣」（《荀子儒效》）。那麼，何為「類」呢？《說文犬部》謂
「類，種類相似，惟犬為甚。從犬，類聲」。而《玉篇犬部》則言
「類」為「種類」。段玉裁《說文解字注犬部》曰：「類本謂犬相侶。
引申假借為凡相侶之稱。」又，類即「疇」，明代《字彙田部》：
「疇，類也。」清徐灝《說文解字注箋田部》：「疇，引申為疇類、疇
匹、疇等……其人旁之儔，乃後出之字也。」《康熙字典田部》：
「疇，……類也。」漢唐時期的注疏家，多將先秦文獻中的「疇」釋
為「類」。如高誘注《戰國策齊三》「夫物各有疇」、孔穎達疏《尚書
洪範》「洪範九疇」之「疇」均為「類」，楊倞注《荀子》「草木疇
生」曰：「疇與儔同，類也。」《荀子勸學》有「物類之起，必有所

8　張雲飛：《天人合一──儒家與生態環境》（成都市：四川人民出版社，1995年），
　　頁24-25。

始。……肉腐出蟲，魚枯生蠹。……草木疇生，禽獸群焉，物各從其類也」之文。因此，我們可以把「類」理解為對自然界種類相同或相似個體的綜合。

《周易》「方以類聚」之語表明，世界萬物有以「類」相聚的特徵。《周易序卦》：「物相遇而後聚，故受之以萃。萃者，聚也。」又《荀子勸學》：「物類之起，必有所始。……草木疇生，禽獸群焉，物各從其類也。」《鹽鐵論論誹》載漢丞相也說「物類之相從也」。這裏的物「類」之「相從」，顯然應當為各以其「類」相聚。那麼，萬物是否皆因同「類」而聚呢？《周易萃》：「萃，聚也。……觀其所聚，而天地萬物之情可見矣。」王弼和孔穎達對之所作的注與疏分別為：「方以類聚，物以群分，情同而後乃聚，氣合而後乃群」；「凡物所以得聚者，由情同也。情志若乖，無由得聚，故觀其所聚，則天地萬物之情可見矣」。可見，「方以類聚」雖然說的是生態系統內物之以「類」相聚的情形，但相聚者未必皆為同一個物種，相似的個體因其性行或物色的相近、相同也可聚集在一起。「草木疇生，禽獸群焉」講的就是「物各從其類」的情況。從現代生態學的角度來說，草與木、禽與獸就不是嚴格意義上的一「類」，只因其性行或物色的相同或相近，荀子分別將二者劃分為同類。在儒家看來，正是因為有了「方以類聚」而成「群」的前提，才進而形成了大千世界「物以群分」的局面。

那麼，如何看待儒家關於萬物之「類」及其「類聚」的認識呢？它與現代生態學的「種群」概念是否具有一致性呢？

現代生態學研究表明，自然界中沒有一個生物個體以單個個體的形式而獨立存在，它或多或少、直接或間接地依賴別的生物而存在。生物也只有形成一個群體，才能繁衍後代。因此，生態學界通常把在一定時間、某個區域內具有相似的形態、生理和生態習性，並能互相

交配繁殖後代的某個同種的一群個體所組成的生物系統稱為生物種群[9]。一般認為，自然種群具有四個顯著的特徵，即時間特徵、空間特徵、遺傳特徵和數量特徵；而且，種群內的個體之間存在一定的有機聯繫，而不是個體簡單的相加[10]。儒家關於萬物之「類」及「類聚」的認識，與現代生態學的「種群」概念既有顯著的區別，又有一定類似。

首先，從上述儒家關於「類」的敘述來看，其「類」大致相當於現代生物學的「種」的概念，即等同於「種類」，而不像有的學者所認為的儒家所講的「類」，與現代生態學所講的「種群」是一致的。然而，現代生態學關於生態的分類是功能性的分類，並不是真正的物種分類。而儒家關於「類」的認識，究竟是從生物的功能上而言的，還是從物種來分的，我們不得詳知，所以無法對於其科學性作進一步的判斷。但從發生學的角度而言，儒家關於「類」的認識，主要源於對自然界的長期觀察，是出於農業生產條件下生存需要的直覺本能，是感性認識。

其次，儒家在論述「類」的同時，還注意到了「類」即某個生物種類有以「類」相聚的特徵，從而組成一個生物種群。因此，儒家在「類」的基礎上而產生的「類聚」觀念，才大致相當於今天生態學的「種群」概念。這與生態學界關於「種群內部或遲或早會形成不同程度的群，這是種群內部結構上的一個特點，這類群是個體群聚的結果」[11]的認識是一致的。但是，現代生態學中的「種群」，指的是同一

9　〔比〕P.迪維諾撰，李耶波譯：《生態學概論》（北京市：科學出版社，1987年），頁5；金以聖：《生態學基礎》（北京市：中國人民大學出版社，1988年），頁108。

10　金以聖：《生態學基礎》（北京市：中國人民大學出版社，1988年），頁108-109

11　〔美〕E.P.奧德姆撰，孫儒泳等譯：《生態學基礎》（北京市：人民教育出版社，1981年），頁202。

物種的集合體，而儒學中的「類聚」或為同一物種，也可以是非同一物種，只要個體的性行或物色相同，便能相「聚」。而且，儒家之「類聚」的認識也不同時具備現代生態自然種群所應具備的上述時間、空間、遺傳和數量四個顯著特徵。可見，儒家「類聚」的認識又不能完全等同於今天的「種群」概念，和現代生態學的「種群」概念有一定的差距。

最後，現代生態學研究表明，生態巨系統內各種各樣的生物，無論是由同一物種構成的種群中的諸物，還是異種生物組成的生物群落中的眾物，彼此間有機相聯，從而共同形成一個相對完整而獨立的生態系統。生物由個體到以種成群而居的原因是多重的，但生存的需要當是首要的因素。如動物集群而居，一則乃安全的要求，二則出於獵食的目的。儒家對於這些原理，已有初步的、朦朧的認識。如《荀子不苟》就曾說過生物「唯所居以其類至」，只是對其中的原因未作深入的論述。又如邵雍曰：「日為暑，月為寒，星為晝，辰為夜。暑寒晝夜交，而天之變盡之矣。水為雨，火為風，土為露，石為雷。雨風雷露交，而地之化盡之矣。暑變物之性，寒變物之情，晝變物之形，夜變物之體。性情形體交，而動植之感盡之矣。雨化物之走，風化物之飛，露化物之草，雷化物之木，走飛草木交，而動植之應盡之矣。」（《皇極經世書觀物內篇一》）邵雍這段文字，包含了天象、地體及天地感應而生的飛禽走獸等動物和草木諸植物的具體分類，並且這種分類的各種具體自然物也不是孤立的，而是相互聯繫、彼此制約的。正是有了上述關於生物「類」及「類聚」的認識，才有儒家關於生物多樣性的劃分。

（二）生物「類」的劃分

儒家強調博學多才，博物是其中的一個重要內容，「博物之學，

儒者所甚重矣」（劉寶楠：《論語正義陽貨》）。因此，孔子不僅自己「洽聞強記，博物不窮」（《孔叢子嘉言》），而且要求自己的弟子也要「多識於鳥獸草木之名」（《論語陽貨》）。然而，一般情況下，儒家不願意過多地談論草木鳥獸之類的問題，「能說鳥獸之類者，非聖人所欲說也」，亦即「博物之學，聖人雖知之，而不欲說」（蘇輿：《春秋繁露義證重政》）。因此，儒家專門論及草木昆蟲鳥獸的文字並不多見。但從《詩經》等儒家典籍的有關記載看，儒家仍為我們留下了足夠的資料，讓我們領略到儒家在十分重視「博物」的精髓之餘，也對其關於生物多樣性的認識及生物種類的劃分有所了解。

1 對生態多樣性的圖景記載

《禮記樂記》：「天高地下，萬物散殊」。由萬物構成的有機生態世界是紛繁複雜的，儒家諸多典籍如《詩經》等，對之多有記載。〈山有樞〉：「山有樞，隰有榆，……山有栲，隰有杻，……山有漆，隰有栗」；〈車鄰〉：「阪有漆，隰有栗，……阪有桑，隰有楊」。《爾雅釋地》：「陂者曰阪，下者曰隰」。隰即低濕的地方。上述詩文，描寫的是高山、澤障和濕地上生長的植物。樞即刺榆，落葉小喬木，或成灌叢，春季葉花同時開放，雜性同株，現產於華北地區；杻，《爾雅釋木》以為檍樹，而孔穎達則認為似棣木；栲是該類植物的泛稱，主要產於亞洲熱帶及亞熱帶地區，我國境內現約有七十個種類，今天主要分佈在長江以南地區。《詩經》之所載，主要為中原地區的民風、民俗及生產、生活情況。〈山有樞〉所記的是唐地即今山西太原一帶情事。周時，唐地產有惟今長江以南地區才有的栲類植物，說明那時太原一帶的氣候，似與今日之長江以南地區的氣候相當。

除陸地生態世界外，儒家典籍還為我們描述了一幅幅水生生態的圖景。如《詩經澤陂》就載有澤陂之內的水生植物：「彼澤之陂，有

蒲與荷，……有蒲與蕑，……有蒲菡萏。」菡萏即荷花，蕑即蓮子。毛亨注「陂」為「澤障」。孔疏云：「澤陂謂澤畔障水之岸，以陂內有此二物，故舉陂畔言之，二物非生於陂上也。」又《釋名釋山》：「山旁曰陂。」可見，〈澤陂〉記載的是山旁水澤內生長的蒲與荷之情形。

　　另外，儒家典籍還載有諸多動物種類及其生活的情景。如《詩經鹿鳴》就向我們展示了野鹿悠然於曠野並得其食而發出「呦呦」鳴叫的興奮之情：「呦呦鹿鳴，食野之蘋。……食野之蒿。……食野之芩。」而《詩經四牡》所記，則是雛鳥翩翩飛翔和群集叢林的自由自在場景：「翩翩者鵻，載飛載下，集於苞栩。……載飛載止，集於苞杞。」

　　上述所列陸地和水生動植物，只是儒家典籍對大千世界生物豐繁記載的一小部分，但這些足以反映儒家對生物的多樣性有相當的認識，為後世創立生物多樣性理論提供了實例的基礎。如張載曾說：「人與動植之類已是大分不齊，於其類（指人與動植物——引者注）中，又極有不齊。某嘗謂天下之物無兩個相似者」（《張子全書語錄》）。蒙培元據此而指出，張載這種對自然界生命多樣性的體認，使他「成為保持生物多樣性的生態哲學的理論開創者，對全人類作出了重大貢獻」[12]。但是，我們說，如果沒有其前歷史時期儒家典籍對於生物多樣性現象的豐富記載，就不可能有其後包括張載在內的儒者對生物多樣性的理論闡述。

2 對生物種類的劃分

　　《詩經》是我國最早的一部詩歌總集，同時也是一部生物「大觀園」。《詩經》的許多篇名，都是用鳥獸草木之名來命名的，如〈雄

---

12 蒙培元：〈張載天人合一說的生態意義〉，《人文雜誌》2002年第5期（2002年）。

雉〉、〈鶉之奔奔〉、〈有狐〉、〈山有扶蘇〉、〈野有蔓草〉、〈蟋蟀〉、〈碩鼠〉、〈鴻雁〉等等；另外一些篇名或與草木鳥獸相關，如〈相鼠〉、〈伐檀〉、〈葛生〉、〈防有鵲巢〉、〈鹿鳴〉等等，對動植物等都有大量的描寫與記載。而且這些篇章在記動植物名及其種類的同時，還載有各類動植物的具體分佈地區。如〈斯干〉：「如竹苞矣，如松茂矣」；〈淇奧〉：「瞻彼淇奧，綠竹猗猗」、「瞻彼淇奧，綠竹青青」、「瞻彼淇奧，綠竹如簀」；〈擊鼓〉：「於以求之，於林之下」；〈野有死麕〉：「林有樸樕，野有死鹿」；〈晨風〉：「鴥彼晨風，郁彼北林」；〈生民〉：「誕寘之平林，會伐平林」。毛傳曰：「北林，林名也」；在注〈車牽〉「依彼平林，有集維鷮」時，毛亨云：「平林，林木之在平地者也」。《詩經》中所列的林木種類極其繁多，頻見者有杞、柳、楊、桐（又名梧桐）、栲、檜、梓、櫟（又稱柞櫟、栩）、棣、檟、棠、梅、榛、榆、樗等喬木與椐、椒等灌木，以及竹類等。除植物外，《詩經》中還記載有眾多的動物種類，如〈泮水〉「憬彼淮夷，來獻其琛，元龜象齒，大賂南金」、〈靈臺〉「鼉鼓逢逢」等等。常見於《詩經》的獸類或哺乳動物主要有豹、虎、貔、熊、羆、豺、貍、狐、盧、貉、馬、牛、羊、豕、鹿、鼠、兔等，鳥類主要有鴰、鷺、鶉、梟、鸛、鶴、鴻、燕、雞、鵜、雉、鳩、鷺、梟、鴛鴦等，魚類有鱣、鱧、鯊、魴、鮪、鱒、龜、鼉等，而蟲類則主要有蜾、螟、蜩、螗、蚍、蟋蟀等。據有關學者統計，《詩經》三〇〇篇中，共記動物九十餘種、植物一三二種。植物中，風部一〇〇種，雅部二十九種，頌部三種。用現代植物分類學的方法，這些植物分別屬於地衣類、蕨類、裸子類和種子類等共五十八科[13]。有人曾就此而言：「《詩經》不僅反映了植物

---

13 參見陸文郁：《詩草木今釋》（天津市：天津人民出版社，1957年）；陳德懋：《中國植物分類學史》（武漢市：華中師範大學出版社，1993年），頁14-18。

學各分支：分類學、形態學、生理學、動植物學或生態學等方面的知識，而且還表明上古社會的先民們還具有動物學、農學以及物候學等方面的知識。……是對中華民族文化發源地之一的黃河流域植物的總結。」[14]

《詩經》中關於古代動植物眾多種類的記載，曾引起了古代學者的注意，孔子當年在整理《詩經》時，就對其中的生物記載予以高度的重視，要求自己弟子「多識於鳥獸草木之名」，並將之置於和道德教化同等重要的地位。宋人邢昺、程頤、朱熹，清人劉寶楠等都對其中之因發表了己見（《二程遺書伊川先生語十一》、《論語集注陽貨》、《論語正義陽貨》），而清儒李超孫之《詩氏族考》則以《詩》之為經，「草木蟲魚則有疏，名物則有解，地理則有考」，對《詩經》中的草木蟲魚等加以注疏（李超孫：《詩氏族考敘》）。

除《詩經》外，《周禮》中也有眾多動植物種類的記載。中國歷史上「動物」、「植物」的名稱就首次出現於《周禮》，並沿用至今。而且，《周禮》還創造了用「土會之法」和「土宜之法」來劃分各地動植物種類的方法，分別把動、植物劃為五類，即毛物、鱗物、羽物、介物和贏物，以及阜物、膏物、核物、莢物和叢物（《周禮大司徒》）。其中的植物類：阜物為今山毛櫸科植物，膏物為今水生睡蓮科植物蓮茨之類，核物為今薔薇科植物，莢物乃今豆科植物或十字花科類，而叢物則為禾本科植物[15]。

另一部對生物種類進行劃分的儒家典籍為《爾雅》。《爾雅》為一部專門解釋詞義的著作。現存《爾雅》十九篇中，語言類有三篇

---

14 陳德懋：《中國植物分類學史》（武漢市：華中師範大學出版社，1993年），頁22-23。

15 陳德懋：《中國植物分類學史》（武漢市：華中師範大學出版社，1993年），頁22-23、44。

（〈釋詁〉、〈釋言〉、〈釋訓〉），倫理關係類一篇（〈釋親〉），建築器皿類三篇（〈釋宮〉、〈釋器〉、〈釋樂〉），天文地理類五篇（〈釋天〉、〈釋地〉、〈釋丘〉、〈釋山〉和〈釋水〉），而生物類則有七篇（〈釋草〉、〈釋木〉、〈釋蟲〉、〈釋魚〉、〈釋鳥〉、〈釋獸〉、〈釋畜〉）。據陳德懋統計，《爾雅釋草》共有一九〇餘條文字，記載了包括藻類和菌類草本植物二〇〇餘種；〈釋木〉七十餘條文字，共收各類木本植物八十餘種。《爾雅》首次把將植物分為草、木兩大類的植物分類方法確定下來[16]，並進而將木本植物分為喬木、檄木和灌木三大類，其中的喬、灌木兩名稱至今還被人沿用。這些都表明《爾雅》在植物分類學上已經具有相當高的水準；並且，《爾雅》還發展了此前關於植物的分類法，對植物進行「三級」分類[17]，說明《爾雅》對生物（主要為動植物）的「類」已有較為明晰的認識，為後世了解動植物大大提供了方便。因此，晉代郭璞在《爾雅注》之「序」中說：「若乃可以博物不惑，多識於鳥獸草木之名者，莫近於《爾雅》。」宋代鄭樵於其《通志昆蟲草木略》中亦奉《爾雅》為「名物之宗」。

　　《詩經》、《周禮》及《爾雅》中生物種類的劃分，只是儒學典籍中關於生物種類劃分的冰山之一角，但它們足以說明儒家對生物種類已有相當的認識。這些認識主要源於對世界的認真觀察，其中有些具有一定的道理。大千世界，「萬物不齊」（《白虎通三正》），認識、了解萬物需要仔細的觀察，《左傳》昭公二十五年（前517年）：「審則宜類」。孔穎達疏：「審者，言其謹慎之意也」。因此，認真觀察事物是儒家關於生物種類劃分的必要前提。《荀子正名》：「凡同類同情者，其天官之意物也同。……同則同之，異則異之」。正是通過觀察，荀

---

16 將草、木兩類植物區別者，當為《論語・子張》：「譬如草木，區以別矣」。

17 陳德懋：《中國植物分類學史》（武漢市：華中師範大學出版社，1993年），頁46-47、49。

子發現了萬物之同、異，為生物的分類奠定了基礎。又如《論語子張》首先提出了「草木，區以別矣」的見解，《爾雅》隨後正式地將此前把植物分為草、木兩大類的方法肯定下來。之所以有這樣的劃分法，關鍵在於儒家抓住了「草類竹節可見」（《二程遺書二先生語六》）這一草類的明顯特徵。如果沒有經過細緻而又廣泛的觀察、比較，一般是不會發現草有其節這一區別於樹木的普遍現象，從而也就不會有將植物分為草、木的生物第三級分類方法。

當然，儒家關於生物種類劃分方法的解釋，也有其未為允當之處。如《周禮》首次使用動、植物名稱，並進一步將二者各分為五類。唐代孔穎達於其《周易正義》中解釋《周易乾》之「本乎天者親上，本乎地者親下，則各從其類也」時，引莊氏之語曰：

> 天地絪縕，和合二氣，共生萬物。然萬物之體，有感於天氣偏多者，有感於地氣偏多者。故《周禮大宗伯》有天產、地產，〈大司徒〉云動物、植物。本受氣於天者，是動物含靈之屬；天體運動，含靈之屬亦運動，是親附於上也。本受氣於地者，是植物無識之屬；地體凝滯，植物亦不移動，是親附於下也。則各從其類者，言天地之間，共相感應，各從其氣類。

張載亦云：「動物本諸天，……植物本諸地」（《正蒙動物》）；而其後的宋儒則更為明白地說：「本乎天者謂動物，本乎地者謂植物。物各從其類。」（董楷：《周易傳義附錄乾》）這種從物種起源的角度來探討生物的分類方法，是應當予以充分肯定的。但是，上述儒者將植物、動物的異類解釋為受於天、地不同之氣所致的觀點，則是毫無科學道理的。並且，儒家關於生物「類」的劃分也是十分粗疏的。如生物分類略為詳細的《周禮》，將動、植物各分為五類的方法，無論怎

麼說也是十分簡單的，和現代生物種類劃分的數量和詳盡程度不可同日而語；《爾雅》將植物分為草和木，並創造了生物種類三級的分法，其積極意義是不言而喻的，但其不足之處亦同樣十分明顯，如對植物的分類命名等法則就不甚完美，「與現代生物分類學的命名規則相去甚遠」[18]。另外，有些儒家典籍雖記有眾多的生物種類，而它本身並沒有明確地將其所載的生物進行分類。如《詩經》雖然記載了九十餘種動物和一三〇餘種植物，其中的植物分別涉及地衣、蕨、裸子和種子等類近六十科，但該著所列僅為現象，「昆蟲之異，草木之實，陰陽之物備矣。凡天之所生，地之所長，……莫不咸在，示盡物也」（《禮記祭統》），並未明確載其所屬生物種類。上述《詩經》之植物種類數量的統計，乃當今學者根據現代植物分類學的方法加以統計的結果，而不是《詩經》的分類結果。

（三）「類」的生態保護意義

首先，對於認識生態系統中萬物的意義。「夫物之不齊，物之情也；或相倍蓰，或相十百，或相千萬」，但同類生物則差別不大，即「凡同類者，舉相似也」（《孟子》之《滕文公上》、《告子上》）、萬物之「類不悖」。因此，要充分認識生態系統中的生物，就必須從認識生物之「類」入手，認真、謹慎地辨別其「類」，也就是《左傳》昭公二十五年（前517年）所說的「審則宜類」。「以類行雜，以一行萬」（《荀子》之《非相》、《王制》），這樣就不難全面地認識生態系統中的生物了。同時，物有以類相從、相聚的特點：「方以類聚，物以群分，吉凶生矣」（《周易繫辭上》）；「物類之起，必有所始。……草木疇生，禽獸群焉，物各從其類也」（《荀子勸學》）。生物類聚和相從即

---

18 陳德懋：《中國植物分類學史》（武漢市：華中師範大學出版社，1993年），頁52。

生物種群，《周易同人》：「君子以類族辨物」。孔穎達疏云：「族，聚也。……辨物，謂分辨事物，各同其黨，使自相同不間雜也」。因此，除認識其類外，認識生物還要善於以種群來辨認之。

在對生物「類」及其種群準確認識的基礎上，為將諸多生物種類區分開來，還要進一步對生物進行命名。《周易繫辭下》：「稽其類，……開而當名，辨物正言」。孔穎達疏稱「正義曰：稽，考也。類謂事類」，「辨物正言者，謂辨天下之物各以類，正定言之」。《荀子正名》亦曰：「凡同類同情者，其天官之意物也同。……同則同之，異則異之。……故萬物雖眾，有時而欲遍舉之，故謂之物。物也者，大共名也。推而共之，共則有共，至於無共然後止」。如此「觸類而長之，天下之能事畢矣」。將生物命之以名以後，彼此相互區別，就不會出現認識上的混亂，「其稱名也，雜而不越」（《周易繫辭下》），再也不會被生態系統中紛繁的萬物所迷惑，「觀乎雜物而不惑」（《荀子非相》）。有了單個生物清晰的認識基礎，逐漸認識整個生態系統就不是一件十分困難的事情了。

生物個體與其種類間是個別與一般、個性和共性的關係，彼此互相聯繫，既有普遍性，又有特殊性。認識事物有多種途徑和方法，既可從個別著手，也可從一般去認識個別，其目的都是認識事物。儒家強調從「類」及「類聚」即一般入手，我們認為，不失為一種好的認識事物的途徑與方法。

其次，類的生態保護意義。在對生態結構「類」的劃分及其特性「類聚」認識的基礎上，儒家又進一步指出，事物間存在著「同類相動」的普遍性特徵，它決定著事物同類間之「聚」和異類間之「分」：「倡和有應，回邪曲直各歸其分，而萬物之理各以類相動也」（《禮記樂記》）。儘管生物種類之間具有一定的差異性，類之不同，對其周邊環境的反應或體驗具有一定的差別，但同類之間則是相同和

相通的：「目之所睹者，禽獸皆能視也；耳之所可聞者，禽獸皆能聽也。視而知其形，聽而知其聲，各以其類者，亦禽獸之所能也。」（《鷂子知言往來》）相通、相動的媒質為聲和陰陽之氣[19]，是乃《春秋繁露同類相動》所語之「百物去其所與異，而從其所與同，故氣同則會，聲比則應，……類之相應而起也。如馬鳴則馬應之，牛鳴則牛應之。……物故以類相召也」。儒家對有氣、有聲之應求的生物間至「親」的關係予以了相當的關注，認為「凡生乎天地之間者，有血氣之屬必有知，有知之屬莫不愛其類」。並以鳥獸為例說：「今夫大鳥獸，則失亡其群匹，越月逾時，則必反鉛；過故鄉，則必徘徊焉，鳴號焉，躑躅焉，踟躕焉，然後能去之也。小者是燕爵，猶有啁噍之頃焉，然後能去之也」（《荀子禮論》）。指出：如果對「有知之屬，莫不愛其類」不能理解，那麼，此類人則是「鳥獸之不若也」（《禮記三年問》）。

　　儒家把這種對「有知之屬莫不愛其類」的充分理解，具體貫穿到其生態保護主張中，提出了保護生物同類的思想。它具體表現在兩個方面：

　　第一，從消極的「不作為」角度來說，就是不傷害生物的同類。如據《史記孔子世家》等記載，孔子就曾疾呼「諱傷」生物同類：

　　　　刳胎焚夭則麒麟不至郊，竭澤涸漁則蛟龍不合陰陽，覆巢毀卵則鳳皇不翔。何則？君子諱傷其類也。

因為生物同類間是相通、相動的，如果其同類受到傷害，那麼同類的其它生物就不會出現。如《春秋繁露五行順逆》云：「摘巢探彀，咎

---

19 具體論述，參見本書〈附錄〉相關內容。

及羽蟲，則飛鳥不為，冬應不來，梟鴟群鳴，鳳凰高翔」。正所謂「順其類者謂之福，逆其類者謂之禍」（《荀子天論》）。所以《周易頤》說：「徵凶，行失類也」。

第二，從積極的「作為」方面來說，就是要保護生物的同類，讓生物享其「天養」。《荀子天論》：「財非其類以養其類，夫是之謂天養。順其類者謂之福，逆其類者謂之禍，……棄其天養，……夫是之謂大凶。……備其天養，……養其天情。」不能以「其類」養「其類」，就是不能以傷害其「同類」中的一部分為代價，而使其另一部分「同類」獲養；如此則有悖於「天養」，就會招致「大凶」。孟子曾以牛山之木為例，進一步明確地指出：「苟得其養，無物不長；敬失其養，無物不消」（《孟子告子上》）。有學者把這種「天養」稱作「自然再生產」[20]。而其它學派雖也重視「養」，但多限於農稼之類。如《呂氏春秋審時》中的「夫稼，為之者，人也；生之者，地也；養之者，天也」記載，就僅僅從農作物自然「養」即天「養」來論述養護自然界的重要性，而沒有從更為廣闊的視野談及對其它自然萬物進行養護的必要；同時，儒家還強調要保護生物的生活環境。如《荀子》說：「川淵者魚鱉之居也，山林者鳥獸之居也」。如果生物的生境受到了破壞，那麼魚鱉鳥獸就會消失，「川淵枯則魚龍去之，山林險則鳥獸去之」。反之，如果生物的生境得到了很好的保護，鳥獸等生物則紛至沓來，「川淵深而魚鱉歸之，山林茂而禽獸歸之」，「樹成蔭而眾鳥息焉」（《荀子》之《致仕》、《勸學》）。

中國傳統文化蘊涵著十分豐富的生態意識，儒家、道家等學派都提倡保護生態環境及生態資源；「同類相動」的主張也並非儒家所獨

---

20 李根蟠：〈先秦保護和合理利用自然資源的理論及其基礎──兼論傳統農學在現代化中的價值〉，收入葉顯恩等：《中國傳統社會經濟與現代化：從不同的角度探索中國傳統社會的底蘊及其與現代化的關係》（廣州市：廣東人民出版社，2001年）。

有，如《莊子漁父》即載云：「同類相從，同聲相應，固天之理也」；《呂氏春秋應同》：「類固相召，氣同則合，聲比則應」；《淮南子覽冥》：「夫物類之相應，玄妙深微，知不能論，辨不能解」。但是，將「同類相動」用於生態保護的主張中，似乎惟有儒學一家，這無疑是儒家的獨創。儒家在以「同類相動」原理為根據提出生態保護主張的基礎上，還蕃衍出其它生態保護的內容，張載的「民胞物與」之說，即「物我同類」論就是其中之一顯著者：

> 乾稱父，坤稱母；予茲藐焉，乃混然中處。故天地之塞，吾其體；天地之帥，吾其性。民，吾同胞；物，吾與也。(《正蒙乾稱上》)

「民」即人，「與」乃同類、朋友的意思。張載說乾坤為父母，人在天地之中是最藐小的，天、地、人三者混然共處同一宇宙中。他們是「氣」的不同聚合形式，天地之性，就是人之性。所以，人類是我的同胞，而萬物則為我的同類和朋友。人類既要愛自己的同胞,更要關愛和保護自己的朋友——萬物，切不可戕害它。這種把萬物看作人的同類而不傷害進而關愛和保護萬物的思想，顯然是儒家援「同類相動」入生態保護主張的方法之發展，它不僅豐富了儒家生態意識的內容，而且還對儒家生態意識的發展起到了巨大的推動作用。

二　關於生態系統內生物生存環境的認識——生境論

　　生物與其生長、生活於斯的環境，具有須臾不可分的生態辯證關係。一方面，環境決定生物的存在及其個體的生態性狀等，在能夠為生物提供基本生存、生活條件的環境裏，有什麼樣的環境，就會有相

應的生物品種及生態性狀；另一方面，生物具有適應、反映環境變遷的特性，隨著環境的改變，生物為了繼續存在，也會隨之做出某些相應的變化。這些都是現代生態學研究的內容。所以有學者說：「從理論上而言，生態學就是研究生物的聚居地，也就是研究生物的生境」[21]。因此，探討儒家關於生態系統的認識，就勢必要研究儒家關於生物生境的認識或論述。

什麼是生物的生境？它有哪些基本的構成因素？目前生態學界對之有諸多的定義和解釋。如 H.T. 奧德姆認為，「影響生態系統的全部物理因素的總和被稱為群落生境」[22]。羅爾斯頓則認為「具備一些特定的條件，從而適合於某一物種生存的自然環境」，就是該物種的生境[23]。與上述界定相比較，E.P. 奧德姆對生境的限定則略為寬泛，他認為「生物的棲息地（生境）是指它們生活的地方，或者能找到它們的地方。……通常，可以簡單地把它理解為生物生活的地方。……棲息地亦可以是整個群落佔據的地方」[24]。劍橋大學動物學家查理斯愛爾頓把生境定義為一個生物在生物群落中的「地位」或「職位」，把生境「貶降為一種食物源的物質，即一種動物正在吃的東西」[25]。無獨有偶，R.M. 梅也曾專就動物的生境條件指出：對於任何一個動物

21 〔比〕P. 迪維諾撰，李耶波譯：《生態學概論》（北京市：科學出版社，1987年），頁1。

22 〔美〕H.T. 奧德姆撰，蔣有緒等譯：《系統生態學》（北京市：科學出版社1993年），頁492。

23 〔美〕霍爾姆斯・羅爾斯頓III撰，劉耳等譯：《哲學走向荒野》（長春市：吉林人民出版社，2000年），頁23注。

24 〔美〕E.P. 奧德姆撰，孫儒泳等譯：《生態學基礎》（北京市：人民教育出版社，1981年），頁228。

25 〔美〕唐納德・沃斯特撰，侯文惠譯：《自然的經濟體系——生態思想史》（北京市：商務印書館，1999年），頁350。

而言，生境的定義就是其在日常採集食物活動中所能達到的區域[26]。
而張雲飛則因此斷言「動植物捕食行為所達到的範圍就是它的生
境」，並據此而稱：「環境和生境是兩個既有聯繫又有區別的概念」[27]。
一九九九年版《辭海》把生境解釋為「生物的個體、種群或群落所在
的具體地段環境」。指出：生境內包括生物所必需的生存條件和其它
影響生物的性態、分佈的生態因素，如氣候條件（光、熱、降水和大
氣等因素）、土壤條件（土壤的各種物理和化學特性，如質地、酸鹼
度、土壤水和營養元素等）、生物條件（地面和土壤中的動植物和微
生物）、地理條件（地理位置、地勢高低、地形起伏、地質歷史條件
等）和人為條件（開墾、採伐、引種、栽培等）等等。

　　以上所列關於生物生境的闡述，或指生態系統內的群落生境，或
為某一單個物種的生境；或指生物取食的地域，或為生物活動所及的
範圍，都有一定的道理。但也有不甚妥當之處。如雖然R.M.梅把動物
日常獲取食物所及的地區看作動物的生境並無不可，而有學者關於
「動植物捕食行為所達到的範圍就是它的生境」的說法，則明顯有所
不當。因為該定義將動植物都囊括在內，而植物不存在所謂的「捕食
行為」問題。植物的生存也需要一定的生境條件，不過並非捕食，而
是土壤、陽光、水、大氣等等。然而，綜觀眾家之論，我們可以得出
這樣的認識，即生物的存在及延續，需要一定的生態環境條件即生
境，而每一生物種類或群落所需求的生境條件和某一具體空間範圍的
具體生境條件是極其複雜和相互區別的；某一生物的生境條件既包括
維持其生存、延續必需的非生物條件（如氣候、土壤、地理等條

---

26 〔美〕R.M.梅撰，孫儒泳等譯：《理論生態學》（北京市：科學出版社，1987年），
　頁28。

27 張雲飛：《天人合一——儒學與生態環境》（成都市：四川人民出版社，1995年），
　頁46。

件），也包含該生物及其種類之間、異類生物甚至天敵之間等生物基本條件。因此，研究生物的生境條件，不可一概而論，應該根據生物種類的具體情況而具體分析。

中國古代對生物的生境有相當清晰的認識，如管子就認為土壤生境條件對植物的類型、分佈等具有一定的影響作用：「凡草土之道，各有穀造，或高或下，各有草土，……凡彼草物，有十二衰，各有所歸」（《管子地員》）。儒家如荀子等對生物的生境條件及其與生物間的相互依賴、協調關係也有較多的陳述。目前，學界關於儒家生境論的研究成果並不多見，據筆者囿見，似僅有張雲飛的著述曾從生境決定生物、生物選擇生境、生物與生境的關係是一個動態的過程等三大方面，對儒家之生境論進行了一定的探討[28]。這裏即在其研究的基礎上，對儒家有關生境的認識作一番再考察。

（一）關於生境對生物重要意義的認識

首先，儒家從具體事例出發，概括了生物對生境的依賴性，認為生境是一切生物存在的必要條件。《周易離》：「離：利貞，亨。畜牝牛，吉。彖曰：離，麗也。日月麗乎天，百穀草木麗乎土」。又《周易說卦》：「離，麗也」[29]王弼注之說：「麗，猶著也」。孔穎達疏曰：「離，麗也。麗謂附著也，言萬物各得其所附著處，故謂之離也」；「『日月麗乎天，百穀草木麗乎土』者，此廣明附著之義，……是附得宜，故廣言所附得宜之事也」。可見，離即麗，表示的是「附著」的意思。杜預注、孔穎達疏《左傳》宣公十二年（前597年）之「射麋麗龜」時，亦分別云「麗，著也」和「麗為著之義」，李賢注《後

---

28 張雲飛：《天人合一──儒學與生態環境》（成都市：四川人民出版社，1995年），頁46-49。

29 《玉篇・隹部》亦云：「離，麗也。」。

漢書張衡傳》之「人無所麗」曰「麗，附也」。現今有「附麗」一詞，所表就是依附、附著之義。《周易離》以「日月麗乎天，百穀草木麗乎土」為例，表達了其「萬物各得其所附著處」和「所附得宜之事」的思想。其中的「處」，無疑為場所，即生境；而「宜」乃適宜、合適。因此，根據現代生態學的理論，《周易離》之「日月麗乎天，百穀草木麗乎土」，表達的就是萬物對其所處適宜生境的依賴之意。也有學者認為「『離』很接近於現代生態學所講的『生態系統』概念」[30]。但從「生態系統」概念最早提出者、英國生態學家坦斯勒關於「生態系統」的相關表述來看，筆者以為儒家之「離」，只能被看作現代生態學中的生物對其所處生境的依附關係，表現的是生物和生態系統的一部分——生境——間的關係，而不是所謂的「生態系統」。

　　「麗」還可以進一步引申為「植根於」：「日月星辰根於天，山川草木根於地，……有其根，則常而靜，安而久，常靜安久，則理得其終，物遂其性」（《鶡子知言中原》），與《周易離》之「日月麗乎天，百穀草木麗乎土」所言基本一致，廣言自然界日月星辰、山川草木等對於其所處生境的依著關係。正因為有了「根於天」、「根於地」的根本保障，萬物才能「安靜長久」，終「遂其性」。所以《周易恒》說：「天地之道，恒久而不已也。……日月得天而能久照，……觀其所恒，而天地萬物之情可見矣！」人世間之所以能夠長久地得到日月的普照，就是因為日、月「得天」即附著於「天」的生境的緣故。由此推而廣之，天地萬物無不如此：要達到恒久的目的，就必須有適宜的生境。

　　儒家認為，生境對於生物具有以下三個顯著的意義：

---

30 張雲飛：《天人合一——儒學與生態環境》（成都市：四川人民出版社，1995年），頁36。

第一，生境是萬物產生的源泉。生境好比事物產生之源、植物之根，只要具備適宜的生境條件，生物就會源源不斷地湧現與產生，否則相反。如荀子就說：「物類之起，必有所始。……肉腐出蟲，魚枯生蠹。……草木疇生，禽獸群焉，……樹成蔭而眾鳥息焉，醯酸而蜹聚焉」（《荀子勸學》）。認為肉腐、魚枯、草木疇生和樹成蔭、醯酸，分別是蟲、蠹、鳥獸和蜹產生與出現必不可少的條件。宋儒胡宏將之喻為水源與流、木根與生的關係：「水有源，故其流不窮。木有根，故其生不窮」（《胡子知言好惡》），若「水倍源則川竭」（《說苑談叢》）。程頤也曾以魚與水為例，具體說明生境對生物產生的影響：「魚在水，魚之性命非是水為之，但必以水涵養，魚乃得生爾」（《二程遺書伊川先生語一》）。

第二，適宜的生境是生物強大生命力的物質條件。如蔓草乃蔓生草本植物，在適宜的生境裏，它具有極強的生命力，所以《左傳》隱公元年（前722年）歎曰：「蔓草猶不可除」，孔穎達之疏提醒人們「無使滋蔓，……蔓則難可芟除」。究其因，與其在適宜的生境內的旺盛生命力有關。

第三，適宜的生境是生物生存不可或缺的決定性因素。《荀子天論》稱：「萬物各得其和以生，各得其養以成」，也就是《荀子效儒》說的「萬物得其宜」。毛傳《詩經》之〈簡兮〉「山中榛，隰有苓」、〈山有扶蘇〉「山有扶蘇，隰有荷華」、《四月》「山有蕨薇，隰有杞桋」時，即分別云其「生各得其所」、「高下大小各得其宜」、「各得其所」。這裏的「其所」和「其宜」，指的都是生物的生境。宋儒在其著述中，也強調「物各得宜，不相妨害」（董楷：《周易傳義附錄乾》）。但是，一旦離開或失去自己生存必需的生境，生物就面臨著危險，有時甚至會喪失生命。如劉向《新序雜事二》記云：「鴻鵠保河海之中，厭而欲數移，徙之小澤，則必有丸矰之憂；黿鼉保深淵，厭而出

之淺渚，則必有羅網釣射之憂」。而其《說苑談叢》又載曰：「吞舟之魚，蕩而失水，制於螻蟻者，離其居也；猿猴失木，禽於狐貉者，非其處也。⋯⋯猿得木而挺，魚得水而驚，處地宜也」[31]。

（二）對生境構成要素的認識

儒家沒有專門分析或論述生境構成的言論，而在有關記載中，卻留有對某一生物生境主要構成要素的認識。因此，儒家關於生境構成的認識，主要是針對某一具體生物而言的。如《詩經旱麓》：「瞻彼旱麓，榛楛濟濟」。毛傳：「旱，山名也。麓，山足也。濟濟，眾多也。⋯⋯旱山之足林木茂盛者，得山雲雨之潤澤也」。認為氣候資源中的降水等要素，是林木生長的重要生態條件之一；旱麓森林之所以茂盛，就是有充沛雨水潤滋的緣故。而森林又是鳥獸等動物賴以生存的主要生境條件：「獸有茂草，各有攸處」（《左傳》襄公四年）、「鳥雀巢茂林」（《薛子道論》上）、「孟子曰：⋯⋯禽必棲於木，⋯⋯使易禽於籠，孰若木之安乎？」（林慎思：《續孟子樂正子》）即使是體積較小的鳴蟬，也要依賴於森林，林深枝茂的地帶因此成為鳴蟬集中的地方：「菀彼柳斯，鳴蜩嘒嘒」（《詩經小弁》）。毛傳：「蜩，蟬也。嘒嘒，聲也。」鄭玄箋：「柳木茂盛則多蟬」。而魚、蛟龍和萑葦等水生動、植物，則離不開川澤及淵水。漢劉向《說苑貴德》：「水致其深，蛟龍生焉」。唐林慎思《續孟子樂正子》：「孟子曰：⋯⋯魚必游於川。使⋯⋯移魚於沼，孰若川之樂乎？」明薛瑄《薛子道論》上：「蛟龍潛深淵」；《詩經小弁》：「有漼者淵，萑葦淠淠」。毛傳：「漼，深貌。淠淠，眾也。」鄭玄箋：「淵深而旁多萑葦」。可見，由於生物

---

31 「挺」，或作「捷」。另外，《韓詩外傳》卷八亦曰：「夫吞舟之魚大矣，蕩而失水，則為螻蟻所制，失其輔也。」

種類的不同，它們所要求的生境具體構造也大相徑庭，儒家典籍對之都有相當的記載。

如前所述，一個具體的生境，是由多重物質構成的，但其中的某一或兩個要素，則是某一生物生存所需最根本和主要的因素，如果不具備該一或兩個要素，那麼，該生物在由其它物質構成的生態環境內也不可能得以生存。如魚和草木所需生境條件分別為水、水草和土、風雲雨露等等，其中水和土是最基本的條件；如果沒有水、土等根本條件，即使具備其它條件，魚和草木也無法生存。儒家對此有一定的認識，如宋人胡宏就說：「魚生於水，死於水；草木生於土，死於土；……天經也。……魚有蘋草泥沙，草木有風雷雨露也。如使魚而離水，雖有蘋草泥沙，則不能生矣；如使草木而離土，雖有風雷雨露，亦不能以生。……皆失其所。」（《鬍子知言仲尼》）

另外，儒家還對某些生物關於生境的具體要求作了詳盡的描述。如廣大的水體是魚類生存必不可少的生境條件，漢儒就曾言：「水廣者魚大」（《鹽鐵論刺權》）。但魚類對水的生態條件要求又是十分具體的，水溫、水質、水深、水流速度等等，無不影響魚類的生存和成長。《詩經鶴鳴》：「魚潛在淵，或在於渚，……魚在於渚，或潛在淵」。渚即水中淺處，而淵則為水深的地方。根據毛亨傳、孔穎達疏，上引諸語所講就是性喜寒的魚潛於淵，好溫者則見於渚，或「時寒則魚去渚逃於淵」。水質對魚類的生存也有相當的影響，水既不能太清，也不能過於混濁，否則都不利於魚類的生長。《孔子家語入官》：「水至清則無魚」；《說苑政理》：「水濁則魚困」。魚類之生存所需要的積水還要有一定的深度。《說苑談叢》：「萬物得其本者生，……水淺者，魚逃之」。這主要是從安全角度著眼的，魚在渚或淵，目的就是獲得一個好的生境，其中當然包括生命的安全保障，「『魚在於渚，或潛於淵』，逐物者不能得也」（《船山思問錄內篇》）。

在河川流水的環境下，通常是有魚類生存的，但如果水流過於迅猛，則不會有魚類生長於其間。《說苑雜言》中的一段文字，描寫的就是這種情況：「孔子觀於呂梁，懸水四十仞，環流九十里，魚鱉不能過，黿鼉不敢居」。

（三）對生境的相對變化、運動性質的認識

根據唯物辯證法的觀點，世界上的任何一種物質總是處於不斷變化的狀態之中，運動是絕對的，靜止是相對的。儒家典籍對生境的變化、運動的屬性，也有不少的記載。

第一，關於生境本身的發展變化。從變化的性質來看，它包括兩點：一是負向的變化，即好的生境向劣境的轉變；二乃正向的變化，即劣境向好的生境的轉化。如污池之水，注之以清泉而改變其水質，最終生長出植物，就是生境正向變化並產生積極效果的案例。《孔子家語致思》：「譬之污池，水潦注焉，萑葦生焉」。

第二，關於生物主體通過自身的努力，改變個體的生境。《周易漸》就向我們展示了一副生物努力由不利生境向有利生境漸進遷徙的微觀過程的畫面。「漸」為《周易》一卦名，所表乃「漸進」之義。該卦位次在「艮」卦之後，而「艮者，止也」，但「物不可以終止，故受之以漸；漸者，進也。進必有所歸」（《周易序卦》）。孔穎達疏〈漸〉曰：「漸者，不速之名也。凡物有變移徐而不速，謂之漸也」。山上林木的生長堪視為「漸進」的典型自然事例，所以「象」卦有「山上有木」之說。《周易漸》則具體描繪了鴻主動漸進地由不利生境向有利生境遷徙的故事。

王弼注稱鴻為水鳥之總稱，而據朱駿聲《六十四卦經解漸》等解，鴻即大雁：「鴻，大雁也，木落南翔，冰泮北徂，飛不獨行，先後有次列」。鴻所到達的第一個生境是「干」：

初六：鴻漸於干，……無咎。

孔穎達疏曰：「干，水涯也」；朱駿聲《六十四卦經解漸》亦曰：「干，水涯也」；毛亨注《詩經伐檀》「置之河之干兮」也說：「干，厓也」；《集韻寒韻》：「干，水涯也」。又李鼎祚《周易集解漸》注引虞翻語曰：「小水從山流下稱干」。綜上可見，這裏的「干」即溪岸；「漸於河干」，也就是到達河畔或河岸。鴻是水鳥，其活動的主要場所應該是水域，但它離開自己必需的環境而「履於干，始進而未得其位」，顯然對自己極為不利。然因離水不遠，所以僅「不得安寧」或「危不可以安」（《周易漸》王弼注、孔穎達疏）而已，尚未對其生命安全構成大的威脅，故稱「無咎」。

另外，朱駿聲《六十四卦經解漸》又釋「干」為「山間澗水也。小水從山流下稱干。艮為山，為小徑，坎水流下山，故為干」。這一解釋把《周易》諸卦如艮、坎等聯繫起來，有其一定的道理，故而列之，以備一說。

鴻之所達的第二個生境為「磐」：

六二：鴻漸於磐，飲食衎衎，吉。

孔穎達疏：「磐，山石之安者也」；王引之《經義述聞周易上》說：「今案《史記孝武紀》、〈封禪書〉，《漢書郊祀志》並載武帝詔曰：『鴻漸於般。』孟康注曰：『般，水涯堆也。』……古文《周易》作般不作磐，……只以《後漢》注家解為磐石，故其字遂作磐」。《六十四卦經解漸》引用了王引之之說，曰：「磐讀為泮，……泮高於干，陸高於泮」。據此可知，磐即水濱小土丘或水中磐石。「衎衎」，孔穎達疏為「樂也。……鴻漸於磐，既得可安之地，所以飲食衎衎，……

吉也」；而朱駿聲則云：「衎衎，寬饒衍溢之貌。或曰和樂也，鴻得食則呼眾，素空也」。也就是鴻因得適於水中寬饒之地且有可食之物而分外愉快，又不存在什麼危險，所以是吉祥的徵兆。

　　鴻所適之第三個生境為「陸」：

　　　　九三：鴻漸於陸，……凶。

王弼曰：「陸，高之頂也」；《爾雅釋地》：「高平曰陸」；杜預注《左傳》定公元年（前509年）「田於大陸」引《爾雅》云「廣平曰陸」；《六十四卦經解漸》：「高平曰陸。《詩》曰：鴻飛遵陸」。可見，陸即平陸地帶。鴻遠離水域而抵平陸，易被捕殺，故曰「凶」。

　　鴻之所達的第四個生境為「木」：

　　　　六四：鴻漸於木，或得其桷，無咎。

《說文木部》：「桷，榱也，椽方曰桷」；孔穎達：「桷，榱也」；《六十四卦經解漸》亦云：「桷，椽也」。由此可見，桷即方形的椽子。但孔穎達又云：「之木而遇堪為桷之枝，取其易直可安也」。《字彙補木部》也稱：「桷，橫平之柯也」。所以，此處「桷」乃大而橫平的樹枝。鴻為水鳥，其「趾連而長，不能握枝，故不木棲。漸於木者，言過其上也」（《六十四卦經解漸》），只能權息於大枝之上，免於矰繳之及、網羅之彌，尚無生命之憂。王弼因此說：「鳥而之木，得其宜也，或得其桷，遇安棲也」，故「無咎」。

　　鴻之所進的第五個生境是「陵」：

　　　　九五：鴻漸於陵，……吉。

《說文阜部》：「陵，大阜也」；《爾雅釋地》：「大阜曰陵」；王弼注：「陵，次陸者也」；《六十四卦經解漸》：「陵，高阜也。……又陵，邱也。……陵、陸俱高處，然陵卑於陸」。由此看來，這裏的「陵」，乃大土山丘高崗，周振甫因而釋此「陵」為山嶺[32]。張雲飛據之而言鴻因此而達到最高處，可以避免弓箭的傷害，所以稱「吉」[33]。

　　但我們又必須注意，鴻是水鳥，其所在的生境應該是水域，而不當為陸地。既然是所處非所宜，那麼又怎麼能說是「吉」呢？筆者以為問題還在於對「陵」的詮釋上。此處之「陵」，應當為水中灘陵。《越絕書越絕外傳紀策考》有「大船陵居，小船沒水」之句，「陵居」即船因水中的陵灘而擱淺。另外，楊倞注《荀子宥坐》「三尺之岸，而虛車不能登也。百仞之山，任負車登焉。何則？陵遲故也」引王肅語云：「陵遲，陂陀也」，也就是緩延的斜山坡。但是，陂原為畔澤障水之岸，陀為山坡岸際，因此，陂陀也可解釋為水澤中坡度較小的灘陵。《詩經鴻雁》：「鴻雁於飛，集於中澤」。毛傳：「中澤」即澤中。「鴻雁之性，安居澤中」。鴻漸進至澤中灘陵，是得其所的表現。所以，「鴻漸於陵」為「吉」。因此，朱駿聲在其《六十四卦經解漸》中稱「鴻漸於陵」是「得正居中，故吉」。

　　鴻之漸進的最後一個生境是「陸」：

　　　　上九：鴻漸於陸，……吉。

鴻其前也曾漸進至「陸」的生境，但之前情遇下鴻的命運是「凶」，而非「吉」。那麼，同一生境之「陸」，為何前者為「凶」，而此次則

---

32 周振甫：《周易譯注》（北京市：中華書局，1991年），頁191、192。

33 張雲飛：《天人合一——儒學與生態環境》（成都市：四川人民出版社，1995年），頁50。

稱「吉」呢？筆者以為關鍵還在於對「陸」的闡釋上。關於「陸」，江永、王引之和俞樾均以為「阿」之訛[34]。《說文阜部》：「阿，大陵也」，又與前之「陵」相重複。而朱駿聲在《六十四卦經解漸》中對「陸」的解釋為我們開闊了思路：

> 陸，如日在北陸、日在西陸之陸，天衢也。處漸高位，斷漸之進。……又陸一作逵，云路也。

據此而知，「陸」為高空之雲路。那麼，朱氏之語有無根據呢？「北陸」與「西陸」為古人所言二十八宿之虛宿、昴宿所在的方位。「天衢」即天上四通八達的道路。因天路高在雲間，又稱之為「雲路」。「陸」除了「陸地」的意思外，還有「道路」和「高」的意義，前者如《玉篇阜部》曰「陸，道也」，後者如《廣韻屋韻》曰「陸，高也」等。綜上所述，筆者以為，朱駿聲把「陸」當作「雲路」的理解是正確的，《周易》的其它版本或乾脆將「陸」書作「逵」，也是有其道理的，因為「逵」就是「四通八達的道路」的意思。鴻在反覆經歷了幾個不同的生境和迥異的命運後，遂振翅高飛，「鴻飛冥冥，矰繳不能及，網羅不能嬰。《漢紀》曰：鴻雁高飛，一舉千里，羽翮已成，橫絕四海」（《六十四卦經解漸》），無矰繳之憂，遠離網羅之患，故曰「吉」。

（四）對生境與生物之間辯證關係的認識

　　生境與生物的辯證關係主要體現在兩個方面，一是生境對生物具有決定性的影響作用，二是生物同時對生境又有能動的作用。儒家對此兩方面都有一定的認識。

---

34 周振甫：《周易譯注》（北京市：中華書局，1991年），頁192。

1 關於生境對生物的決定性影響的認識

首先，生境是生物存在的必要條件，具備一定的生境就會出現相應的生物，否然則相反。儒家認識到生境條件對生物的影響是非常廣泛的，從其存在到其生長，無不受制於生境。如土地對於草木是至關重要的，如果沒有土地作為依附，草木等植物是根本無法生存的，高山峻嶺不生草木或植被稀少即為此理：「高山濬原，不生草木」、「高山之巔無美木」（《說苑》之《貴德》、《談叢》）；又如，草木是鳥獸所必需的生境條件：「山林者，鳥獸之居也」、「山林茂而禽獸歸之」，「樹成蔭而眾鳥息焉」，而「山林險則鳥獸去之」（《荀子》之〈致仕〉、〈勸學〉）；水生動物則離不開水：「今夫水，一勺之多，及其不測，黿鼉、蛟龍、魚鱉生焉」（《中庸》）。而水同樣也是其它生物無不必備的生境條件：「孔子曰：『土也，深扣之而得甘泉焉，樹之而五穀蕃焉，草木殖焉，禽獸育焉。』」（《荀子堯問》）

其次，生境正、負向性質對生物的影響。生境有正、負向即良窳之分，良性的生境有利於生物的成長。《詩經魚藻》：「魚在在藻，有頒其首。……魚在在藻，有莘其尾」。根據毛傳、鄭箋，「有頒其首」和「有莘其尾」共言魚之大；藻乃水草，「魚以依蒲藻為得其性」，魚「處於藻既得其性則肥，充其首頒」。同時，好的生境也是生物豐富多樣性產生和存在不可或缺的要件：「黿鼉魚鱉鰍鱣以時別，一而成群，然後飛鳥鳧雁若煙海，然後昆蟲萬物生其間，可以相食養者，不可勝數也」（《荀子富國》）。儒家認為生物未能正常地生長是有一定原因的：「苗而不秀者有矣夫！秀而不實者有矣夫！」（《論語子罕》）而不好的生境則是其要因之一。《禮記樂記》：「土敝則草木不長，水煩則魚鱉不大，氣衰則生物不遂」。孔穎達疏：「土之勞敝，故草木不長；……水之煩擾，故魚鱉不大；……陰陽之氣衰亂，故生物不得遂成。」孫希旦認為：「萬物得其理而後和」（《禮記集解樂記》）。這裏

的「理」，應為生物生長所必備的良好生境條件，而其「和」則為「萬物得其理」後的繁盛景象。其注、疏者皆以為草木不長、魚鱉不大、生物不遂等乃因不「得其理」所致。

另外，儒家還將生境穩定與否納入其考察生境正、負向性質對生物影響的視野，認為穩定的生境是生物生存必需的一個基本條件，如漢儒云：「魚之仰水，水清則靜，濁則擾；擾則不安其居，靜則樂其業」（《鹽鐵論詔聖》）；而不穩定的生境不僅嚴重地影響生物的生長，甚者可導致其瀕臨絕亡：「樹木數徙則萎，蟲獸徙居則壞。故『代馬依北風，飛鳥翔故巢』，莫不哀其生」（《鹽鐵論未通》）。

最後，儒家發現，受生境的影響，某一時期特定生境下的生物，不可避免地留有濃鬱的生境特徵或痕跡。因此，透過該生物的生態特徵，可以反推出其生境的狀況。如程頤就曾說：

> 古之人窮盡物理，則食其味，嗅其臭，辨其色，知其某物合某則成何性。天有五氣，故凡生物，莫不具有五性，居其一而有其四。至如草木也，其黃者得土之性多，其白者得金之性多。（《二程遺書伊川先生語一》）

生態學家指出：「某種特殊的環境因素經常可以準確地判斷哪些生物可以生存下來；如果把這種情況倒轉過來，我們就可以從某些生物的存在來判斷自然環境的類型和特點。如果我們考慮的是某些特殊的問題，而觀察研究的因素很難或者不便於直接測定，我們經常採用某種生物測定法」[35]。據此，我們說，儒家由生物的生態特徵來推斷其生境的做法，不僅有一定道理，甚至還可以說有其科學性。

---

35 〔美〕E.P.奧德姆撰，孫儒泳等譯：《生態學基礎》（北京市：人民教育出版社，1981年），頁135。

2 關於生物對生境的能動作用的認識

美國生態倫理學者羅爾斯頓說：「作為一種逆熵流，生命是一場比武：生物體是面對著不斷對它施加壓力的環境在建設自己」[36]。生物體這種面對環境壓力而不斷進行的「比武」式的自我「建設」，就是生物對生境能動作用的反映。

首先，生物對生境具有適應性，並隨著生境的變化而發生相應的改變。環境對生物的生態作用，是通過生物的新陳代謝活動來實現的。在某一特定環境的長期影響下，該生物逐漸適應其生存的環境，並形成惟此環境下才有的生活習性。當環境發生變化時，生物也會相應地發生改變，以適應新的環境，從而成為新的生態類型；那些未曾發生改變而不能適應新環境的生物則被淘汰[37]。這與《周易序卦》所說的「物不可以久居其所」是同一道理。

其次，生物對生境具有選擇能力。這主要針對能夠移動的禽獸等動物而言的，只有動物有此能動性，選擇適於自己的生境，如鳥獸選擇山林草木郁盛或茂密的地方作為自己賴以生存之處所，儒家講的「樹高者，鳥宿之」（《說苑談叢》）就屬於這種情況；而植物則無此能動性，它們一旦在某一生境下生存後，則處於相對被動的狀態，多通過改變自己原來的性狀以適應環境，而沒有選擇生境的能力。《史記孔子世家》載孔子曰：「鳥能擇木，木豈能擇鳥乎？」一般情況下，只要目前生境對自己的生存尚未構成威脅，生物都會將之作為其生存的環境，而且有時還根據具體的需要，對生境的局部加以改進，進而營造自己生存所需的小生境：「魚鱉黿鼉，猶以淵為淺而堀（即窟）其中；鷹鳶猶以山為卑，而增巢其上」（《荀子法行》），「曾子

---

36 〔美〕霍爾姆斯·羅爾斯頓III撰，劉耳等譯：《哲學走向荒野》（長春市：吉林人民出版社，2000年），頁464。

37 金以聖：《生態學基礎》（北京市：中國人民大學出版社，1988年），頁29。

曰：『……飛鳥以山為卑，而層巢其巔；魚鱉以淵為淺，而穿穴其中』」（《說苑敬慎》）。不過這種努力只能改變小生境，而不可能改變大的生境條件。

最後，生物能動作用最重要的體現就是生物對生境選擇的趨利性與避害性。生物多傾向於對自己有利的生境，「猶水之就下、獸之走壙也」（《孟子離婁上》）。在適於自己生存的生境裏，生物無生存之憂。據毛傳，《詩經鴛鴦》中的「鴛鴦在梁，戢其左翼」，描寫的就是鴛鴦在無人干擾下的「不驚駭，斂其左翼，以右翼掩之自若，無恐懼」的休息情形。處於此境下的生物有時還無比愉悅，以鳴叫來抒發自己的愉悅心情。《詩經鹿鳴》：「呦呦鹿鳴，食野之蘋。……呦呦鹿鳴，食野之蒿。……呦呦鹿鳴，食野之芩」。蘋、蒿和芩均為野鹿喜食的植物，因有良好的生境讓自己悠然地置身於其間，且有豐盛的植物供己享用，野鹿自然十分高興，因而從內心裏發出誠摯的「呦呦」鳴叫。而且，好的生境還對生物形成巨大的引力：「水淵深廣，則龍魚生之；山林茂盛，則禽獸歸之」（《韓詩外傳》卷5）。所以，生物總是趨於遷往有利其生存的環境。《詩經振鷺》：「振鷺於飛，於彼西雝」。鷺即鷺鷥，古人稱白鳥；雝即澤。鷺鷥為水鳥，振飛至西雝之澤，孔穎達疏稱目的就是追求能「得其所」的好生境。因此，孟子曾以鳧鳥為例說：「吾聞出於幽谷遷於喬木者，未聞下喬木而入於幽谷者」（《孟子滕文公上》）。遷至好的生境後的生物也往往以「好音」來表達其心情。《詩經泮水》：「翩彼飛鴞，集于泮林，食我桑黮，懷我好音」。毛傳：「鴞，惡聲之鳥也。黮，桑實也。」鄭箋：「言鴞恒惡鳴，今來止於泮水之木上，食其桑黮，為此之故改其鳴」。鴞即貓頭鷹，其鳴聲一直是不雅的，因此被世人視為不祥之兆。但是，當其生境改善並因此獲得了桑食時，它就發出了「好音」。其它如《詩經葛覃》「黃鳥於飛，集於灌木，其鳴喈喈」等所描寫的都屬於此類情形。

儒家在認識到生物在生境的選擇上有趨利性一面的同時，也對生物的生境避害性有一定的了解。他們首先注意到生物如鴻雁等因諸如氣候等條件的變化而遷徙的現象：「鴻雁於飛，肅肅其羽。……鴻雁於飛，集於中澤。……鴻雁於飛，哀鳴嗸嗸」（《詩經鴻雁》）。鴻雁乃喜溫動物，對陰陽寒暑的氣候變化較為敏感，每值夏、冬季來臨時，它們都要北、南遷徙，度夏越冬，以避開炎熱的盛夏和寒冷的冬季。《詩經》作者對鴻雁這一生性觀察得較為仔細，於其詩作中有頗多的描述。又《詩經四月》：「匪鶉匪鳶，翰飛戾天，匪鱣匪鮪，潛逃於淵」。毛傳：「雕鳶之高飛，鯉鮪之處淵，……皆驚駭辟害」。而《荀子致仕》對生物的避害性說得更為直白：「川淵枯則魚龍去之，山林險則鳥獸去之」。

（五）保護生境的主張

在對生物生境相關認識的基礎上，儒家在主張保護生物等生態資源的同時，也提出了保護生物生境的主張。

第一，主張「君子以慎辨物居方」（《周易未濟》），強調重視審慎分辨萬物及其所處環境的意義。對於《周易》主張「慎辨物居方」的目的，王弼說是「令物各當其所也」；孔穎達亦云審慎「辨別眾物」就是令物「各居其方，使皆得安其所」；而宋代馮椅的「君子慎辨物，使物以群分；慎居方，使方以類聚，如此則分定不亂」，都強調了「居方」的意義（馮椅：《厚齋易學》卷42〈易外傳〉）。用現代生態學的觀點來看，「居方」就是生物所在的生境。大千世界，萬物紛紜複雜，各種生物種群所需要的生境條件互不相同，或居山、水，或居高、下，或居寒、熱，或居濕、燥，彼此有天上、地下之差，而對生境的具體要求更是大相徑庭。因此，人類應當細緻、認真地辨別這些不同的生物資源，儘量尊重其自然規律，讓這些生物資源「各居其

方，使皆得安其所」，亦即令「萬物得其宜」(《荀子儒效》)，以利其生長、繁衍。

　　第二，保護生境。生物與生境是一個緊密聯繫的整體，人類不能只重視保護生物，而忽視生物生存於其間的生境。因此，保護生物資源也必須保護生境。沒有適宜的生境，就絕不會有豐富的生物資源。「盈把之木，無合拱之枝；滎澤之水，無吞舟之魚；根淺則枝葉短，本絕則枝葉枯」(《韓詩外傳》卷5)。生境一旦被破壞，其最直接的後果就是生物資源的匱乏和滅絕，「乾澤而漁，蛟龍不游」(《說苑權謀》)。為此，儒家在提出保護生物資源的同時，也主張對生物賴以生存的生境如山川湖澤加以保護，讓「萬物各得其和以生」(《荀子天論》)。這裏的「和」，理所當然地應該包括生物與其生境之間的「和」。儒家把山林草木、動物、水和土地等資源列為其主張保護的對象，其直接原因就是保證這些資源的持續發展和利用；而另一方面，這些資源又是其它生物生存所必需的生態條件。因此，出於保護其它生物生境的考慮，保護生物的生境，也是保護生物資源不可忽視的重要工作之一。

　　第三，儘量為生物營造「相養」的小生境。「小生境」的概念是由美國鳥類學家約瑟夫格林尼爾首先提出的。達爾文認為，「小生境」就是生物在其生存環境中的具體「職位」[38]；而在愛爾頓看來，小生境同時又指一定區域和一定的功能。動物的小生境，就是該動物在非生物環境中棲居的一定地區，以及該動物與其食物和敵害之間的關係[39]。生物的生境是極其複雜的，一般情況下，除對之進行保護

38　〔美〕唐納德・沃斯特撰，侯文蕙譯：《自然的經濟體系——生態思想史》(北京市：商務印書館，1999年)，頁194、350。

39　〔比〕P. 迪維諾撰，李耶波譯：《生態學概論》(北京市：科學出版社，1987年)，頁24。

外，人們無法干預生物的大生境。而小生境則相對較為簡單，如動物的小生境就由一定的空間、食物等構成，因此人們可以根據生物的需要而對小生境加以營造，使萬物「各得其養以成」(《荀子天論》)。《荀子富國》就向我們展現了營造小生境及其效果的情況：

> 今是土之生五穀也，人善治之，則畝數盆，一歲而再獲之。然後瓜桃棗李一本，數以盆鼓，然後葷菜百疏以澤量，然後六畜禽獸一而剸車。黿鼉魚鱉鰍鱔以時別，一而成群，然後飛鳥鳧雁若煙海，然後昆蟲萬物生其間，可以相食養者，不可勝數也。

土地是五穀等生長的環境基礎，只要人們努力地去經營，在人工有效的干預、調節下，草木鳥獸昆蟲一併生長、繁衍於其間，彼此「相食養」，人們就可以從中獲得取之不盡、用之不竭的生物資源。

研究者指出，「自然的經濟體系不只是一種在運轉當中的有機物的結合；抽象地考慮，這是一個『位置』的體系，或者是後來的生態學者們稱作『小生境』的體系。有時候，達爾文則更願意用一個比較官僚的詞『職位』」，「所有有機體都在努力攫取自然的經濟體系中的每一個位置」[40]。儒家用「宜」來表示生物的生境或達爾文所講的「職位」這一概念，雖然名稱上有所不同，但從儒家關於生物「宜」的具體闡釋或現象的記述來看，它與現代生態學的生境理論並無多大的區別。而且這種論述還擺脫了後來一些生物學家簡單地把生境理解為一種食物源的物質的片面做法，僅就此而言，儒家關於生境的描述的積極意義是不容低估的。

---

[40] 〔美〕唐納德・沃斯特撰，侯文惠譯：《自然的經濟體系──生態思想史》(北京市：商務印書館，1999年)，頁194、195。

　　生物的生境構成是十分繁雜的，就整個生物群體而言，它基本上包括了一切自然條件；同時，它又是十分具體的。儒家典籍對此有相當的記載，表明儒家對之有一定的認識，特別是關於生物對生境的具體要求方面的認識，是十分詳細的，這一點極為難得。但儒家關於生境構成要素的認識僅限於一些具體的生物，而且每一生物的生境條件或要素的列舉也是十分簡單和粗疏的，還沒有能從宏觀、整體的角度，從系統的高度對生境的構成要素加以歸納。因此，儒家對生境構成要素的認識和現代生態學對生境構成要素的分析尚有較大的距離。

三　關於生態系統內生物間關係的認識

　　儒家對生態系統內生物間關係的論述，主要可從生物之「需」、生物間的共生及食物鏈等幾個方面來認識。

（一）關於生物之「需」的論述

　　生物的生存，是以一定條件為前提的。據此，《周易需》提出了「需」的概念：「需：有孚，光亨貞吉，利涉大川」。孔穎達疏：「需者，待也」；《說文雨部》釋「需」為「須也，遇雨不進，止須也」。二者所語之「需」，均為「等候」之義。所以，段玉裁注《說文解字》：「須者，待也」。這與《周易需》「象曰：雲上於天，需」一致。對此，孔穎達仍以「等候」之意疏之：「雲上於天，是天之欲雨，待時而落」；李鼎祚《周易集解》引宋衷語亦云：「雲上於天，須時而降也」。

　　然而，「待」還有「依待」、「依恃」的意義，如高誘注《呂氏春秋無義》「無秦將之重，不窮奚待」就說：「待，恃也」。因此，清人陳夢雷《周易淺述》卷一曰：「需者，須也。理勢所在，不得不待

也」。把釋「需」之「待」詮釋為「依恃」之義，比以上眾家對
「需」的解釋大大地前進了一步，而且這一說法也與《周易序卦》之
「物稚不可不養也，故受之以需。需者，飲食之道也」的敘述相一
致。所以，有學者認為，儒家「需」的概念，當為「生物生存的需要
和利益」[41]。

那麼，生物之「需」究竟有哪些呢？在儒家看來，首先是滿足生
物生存的能量流，即食物：「有天地，然後萬物生焉。盈天地之間者
唯萬物，……物生必蒙，故受之以蒙。蒙者，蒙也，物之稚也。物稚
不可不養也，故受之以需。需者，飲食之道也」（《周易序卦》）。食物
是一切生物的營養源泉和維持生命之本，「飲食以養其氣體」（《周易
淺述》卷1）。所以，儒家又強調「養」的重要性：「物畜然後可養，
故受之以頤。頤者，養也」（《周易序卦》）。這裏的「養」，就是「用
有營養的食物養育生物」的意思。

儒家之所以重視生物之「需」，其因大致如下：

一方面，儒家認為「有天地，然後萬物生焉。盈天地之間者唯萬
物」（《周易序卦》）。《周易繫辭上》又云：「易與天地準，故能彌綸天
地之道」，「生生之謂易」。所以，生命活力貫穿於整個世界萬物之
中，無所、無時不在，「與天地準」，且能彌綸天地，充斥宇宙，附著
萬物之中。既然世間萬物都是有生命的，那麼，生命對物質就有一定
的需求，特別是在物生之初最幼弱的時候，對物之需求更為迫切：
「物稚不可不養也，故受之以需」（《周易序卦》），尤以飲食為重，
「物之幼稚，必需飲食長養」（《周易淺述》卷1）。

另一方面，儒家把「飲食之道」作為生物第一之「需」，也是將
人類的主要需求推延及生物界的結果。《周易需》：「象曰：雲上於

---

41 余謀昌：〈中國古代哲學的生態倫理價值〉，《中國哲學史》1996年第1-2期（1996年）。

天，需。君子以飲食宴樂。……需於酒食，貞吉」。《荀子榮辱》：「凡人有所一同：饑而欲食，寒而欲暖，勞而欲息，好利而惡害，是人之所生而有也，是無待而然者也，是禹桀之所同也」。董仲舒也說：人「體不得利不能安」（《春秋繁露身之養重於義》）。將人類社會的需求推及其它生物，儒家水到渠成地得出生　物之「需」的相關認識。當然，生物所「需」並非僅限於食物，此誠如清人陳夢雷所言：「物之幼稚，必需飲食長養。雲上於天，有蒸潤之象。飲食所以潤益萬物，故需為飲食之道」（《周易淺述》卷1）。可見，儒家強調食物對滿足生物之需的意義，是從「潤益萬物」的「飲食之道」著眼的，除此之外，尚有其它條件，生物間的共生和食物鏈關係便是其中之要者。

（二）關於生物間相互關係的認識

現代生態學認為，自然界中的每一種生物與其外的其它生物都有一定的關係，彼此相互作用。儒家已清楚地認識到這種物物相關的現象。如張載即曾言：「物無孤立之理，非同異、屈伸、終始以發明之，則雖物非物也」（《正蒙動物》）。王夫之注曰：「凡物，非相類則相反。……萬物之成，以錯綜而成用。或同者，……或異者，……比類相觀，乃知此物所以成彼物之利」。張、王二儒都對物物的相關聯性極為重視，認為正是物之彼此交感，相互激蕩、並進，從而形成一個生機盎然的大千世界。

就兩個物種的種群而言，從理論上講，其相互間有中性、抑制競爭型、資源競爭型、偏害、寄生、捕食、偏利、原始合作、互利共生九種重要的作用形式。從性質上而言，九種相互作用可分為兩類，即正向相互作用和負向相互作用。正向作用主要表現為合作與互利共

生，負向作用就是種間競爭[42]。儒家對生物間的共生、競爭等關係，都有程度不一的論述。

第一，生物間的共生關係。所謂的共生，實際上就是生物間相互依賴的關係。「相依性是指不同生活型的各種群之間的相互關係，這種關係的一個特點是，一個生活型通過與其它種的聯合而單方面取得某種好處（如藤本植物，附生植物，在樹陰下得到庇護的陰地植物，在灌木叢中得到保護的肉質植物，棲息於樹枝上的各種動物，靠某些種的枯枝落葉為生的腐生植物等）。……一些有關的生物相互協助而彼此都能獲得某種利益，這就是人們看到的互惠共生」[43]。共生對相互依賴的物種都有利，是互惠互利的，因此從性質上說，生物間的互相作用是正向的。共生關係具有普遍性。「共生關係是種群的搭配，這樣會共同使功率最大化，並且通過共同的組織有利於存活。在這個意義上，迴圈生態系統的所有成員都是共生的」[44]。

儒家典籍對生物間的共生關係有較多的描述或記載。如《中庸》曰：「今夫山，一卷石之多，及其廣大，草木生之，禽獸居之，寶藏興焉。今夫水，一勺之多，及其不測，黿鼉、蛟龍、魚鱉生焉，貨財殖焉。」其中的草木禽獸、魚鱉黿鼉等與人之間的關係，就是共生的關係[45]。而儒家講述生物共生現象最為典型、具體者，乃漢代劉向《說苑復恩》所載的孔子之語：

---

42 〔美〕E.P. 奧德姆撰，孫儒泳等譯：《生態學基礎》（北京市：人民教育出版社，1981年），頁205-206、208、223。

43 〔比〕P. 迪維諾撰，李耶波譯：《生態學概論》（北京市：科學出版社，1987年），頁23。

44 〔美〕H.T. 奧德姆撰，蔣有緒等譯：《系統生態學》（北京市：科學出版社1993年），頁496。

45 張雲飛：《天人合一——儒學與生態環境》（成都市：四川人民出版社，1995年），頁31-32。

　　北方有獸，其名曰蟨，前足鼠，後足兔。是獸也，甚矣其愛蛩
　　蛩巨虛也，食得甘草，必齧以遺蛩蛩巨虛，蛩蛩巨虛見人將
　　來，必負蟨以走。蟨非性愛蛩蛩巨虛也，為其假足之故也。二
　　獸者，亦非性之愛蟨也，為其得甘草而遺之故也。夫禽獸昆
　　蟲，猶知比假而相有報也。

　　這段文字，還見於《孔子集語楚伐陳》。蟨，《爾雅釋地》：「西方
有比肩獸焉，與邛邛岠虛比，為邛邛岠虛齧甘草。即有難，邛邛岠虛
負而走，其名謂之蟨。」郭璞注：「《呂氏春秋》曰：北方有獸，其名
為蟨，鼠前而兔後，趨則頓，走則顛，然則邛邛岠虛亦宜鼠後而兔
前，前高不得取甘草，故須蟨食之。今雁門廣武縣夏屋山中有獸，形
如兔而大，相負共行，土俗名之為蟨鼠。」「蛩蛩巨虛」又作「邛邛
距虛」或「邛邛岠虛」，《說文蟲部》：「蛩蛩，獸也」。顏師古注《漢
書司馬相如傳》引張揖語曰：「蛩蛩，青獸，狀如馬。距虛似騾而
小」。又引郭璞「距虛即蛩蛩，變文互異耳」。張揖等據《逸周書王
會》等，認為蛩蛩、距虛為二獸，而郭璞等據《爾雅》以為一獸。孔
子的話，描述了蟨與蛩蛩巨虛間共生的關係，郭璞等因不瞭解生物的
共生，而誤以二物為一物。其實，作為一種普遍的現象，共生關係廣
泛地存在於生物之間，如人與綠色植物間、根瘤菌與豆科植物間、螞
蟻與蚜蟲間等等，都有共生的關係。「自然是這樣一位經濟師，它使
大多數並不和諧一致的動物都可以相互利用」[46]。
　　儒家不僅關注生物間的這種共生關係，而且激賞其積極作用。如
程顥說：「天地萬物之理，無獨必有對，皆自然而然，非有安排也。
每中夜以思，不知手之舞之，足之蹈之也。」(《二程遺書明道先生語

---

46 〔美〕唐納德・沃斯特撰，侯文惠譯：《自然的經濟體系 —— 生態思想史》(北京市：
　　商務印書館，1999年)，頁26。

一》）萬物皆相互依賴，交攝而生，作者對此境中的萬物之昂然生意頗加讚賞。

第二，生物間的競爭關係。競爭是生物相互關係的另一面。「廣義的說，競爭是指兩個生物競爭同一對象的相互作用。種間競爭就是兩個或更多物種的種群，因競爭而對它們的增長和存活起相反影響的任何相互作用」。因此，種間競爭在作用性質上而言是負向作用；從競爭的物種層次上看，它多發生於同一營養級上的各個生物種類；競爭的目標，通常多為生境諸關鍵要素，如生存空間或住所、食物或營養物質、光照、水等；競爭一般指不同種群間的競爭，但當同一類物種在一定生境條件下分佈的數量或密度超過其生境最大限度時，出於生存之需，該類物種個體間也會出現競爭或排斥的現象，甚至產生同類相食的慘景。可見，同一物種間也存在著競爭[47]。另外，生物間的競爭還對生物群落的結構產生影響。由於各物種的分佈關係是建立在各种競爭基礎之上的，且其競爭是圍繞生境基本要素如光照、食物、水分或場所而進行的，因而競爭使生物群落具有一定的成層空間結構和物候期時間結構的現象[48]。

儒家許多記載或言論都涉及自然界中生物間相互競爭的問題。如《左傳》襄公二十九年（前544年）載：「松柏之下，其草不殖」。草之所以不能在松柏之下生存，就是因為草在和松柏爭奪生存資源的競爭中處於不利地位使然：首先，在土壤肥力吸收方面，松柏等根系發達的植物居於絕對優勢的地位，所以文獻稱「松柏之地，其土不肥」

47　〔美〕E.P. 奧德姆撰，孫儒泳等譯：《生態學基礎》（北京市：人民教育出版社，1981年），頁208-209；〔比〕P.迪維諾撰，李耶波譯：《生態學概論》（北京市：科學出版社，1987年），頁21、23。

48　〔比〕P. 迪維諾撰，李耶波譯：《生態學概論》（北京市：科學出版社，1987年），頁21。

（《說苑貴德》）；其次，是在光照競爭方面。松柏和草均為植物，需要一定的光照條件。在爭取光照方面，松柏等植物以其高大而在競爭中處於有利地位；如果軀幹高大的松柏過於密集，生於其下的草類等就缺乏足夠的光照條件，「大樹之下無美草，傷於多陰也」（《說苑談叢》）。所以說「松柏之下，其草不殖」、「茂木之下無豐草」（《鹽鐵論輕重》）。草與松柏的競爭，草因處於弱勢而不生或不茂，這是生物間競爭結果之一方面；另一方面，有些生物在與他物的競爭中，雖因其自身的性狀而位處劣勢，但它毫不畏屈，仍然頑強地與其競爭對手抗衡，以爭取有利於自身生長的條件，蓬草即為其中之顯著者。《荀子勸學》曰：「蓬生麻中，不扶而直」。蓬即草類植物之飛蓬，因生長在麻林中沒有足夠的光照，為了爭取自己生存必需的陽光，飛蓬總是努力地向上生長。

（三）關於生物食物鏈的認識

自然界生物不可能離開生態系統中的物質迴圈和能流而單獨存在，因此，生物之間的食與被食即食物鏈的關係是生物共生關係的一個重要內容。生態學界「把來自植物的食物能轉化為一連串重複取食與被取食的有機體，叫做食物鏈」[49]。食物鏈對於生物的存在至關重要，「生物群落係由很多種所組成，而各式各樣的種又通過食物鏈被聯繫在一起」[50]。人們對自然界內的食物鏈現象有不同程度的了解和認識。例如民間廣為流傳的「大魚吃小魚，小魚吃蝦米，蝦米吃泥巴」的諺語，就是對食物鏈關係最為淺顯、通俗的描述。

---

49 〔美〕E.P. 奧德姆撰，孫儒泳等譯：《生態學基礎》（北京市：人民教育出版社，1981年），頁61。

50 〔比〕P. 迪維諾撰，李耶波譯：《生態學概論》（北京市：科學出版社，1987年），頁23。

在中國古代，先人對於生物之間的食物鏈關係的認識是十分深刻的，先秦時期的儒家典籍對此有較多的記載。如《孟子離婁上》曰：「為淵驅魚者，獺也；為叢驅爵者，鸇也」；《左傳》文公十八年（前609年）亦載：「如鷹鸇之逐鳥雀也」。深水中的水獺，以魚類為食物來源，鳥雀則是鷹鸇的食物。比較集中記載食物鏈關係的儒家文獻，應該是《詩經》。如其〈小宛〉：「螟蛉有子，蜾蠃負之」。孔注云：「螟蛉，桑蟲也。蜾蠃，蒲蘆也。」鄭箋：「蒲蘆取桑蟲之子負持而去，煦嫗養之，以成其子」。古代人誤認為蜾蠃不產子，餵養螟蛉以為子，遂有後世以「螟蛉」比喻「義子」的說法。其實，螟蛉是一種綠色的小蟲，蜾蠃為一種寄生蜂，蜾蠃主要以螟蛉等為食，常把捕捉來的螟蛉放在窩內，在其體內產卵，將卵孵化後就以螟蛉作為食物。因此，《小宛》「螟蛉有子，蜾蠃負之」，即從微觀方面描寫了生物間的共生、為食關係。而《荀子富國》則從宏觀的角度，為我們描述了一幅大自然「相食養」的食物鏈依賴關係：

> 人善治之，……黿鼉魚鱉鰍鱣以時別，一而成群，然後飛鳥鳧雁若煙海，然後昆蟲萬物生其間，可以相食養者，不可勝數也。

另外，儒家還看到了食物鏈中其它一些有趣的現象。《說苑雜言》：「麋鹿成群，虎豹避之，飛鳥成列，鷹鷲不擊」。眾所週知，從食物鏈的視角看，麋鹿、飛鳥等分別是虎、豹和鷹、鷲的食物來源。為免於淪為虎、豹和鷹、鷲的口中之食，麋鹿和飛鳥各以「成群」和「成列」的群體形式出現。這一記載，足以說明儒家對生物食物鏈的觀察和認識是比較仔細和深入的。

以對生物食物鏈關係的深刻認識為基礎，人們很早就注意在實踐中利用這一原理為農業生產服務，儒家敏銳地捕捉到這一實踐行為，

並將之寫入典籍以說明事理。如《禮記》就記載了養貓捕田鼠、迎虎以消滅野豬「助田除害」的事例：「古之君子，使之必報之：迎貓，為其食田鼠也；迎虎，為其食田豕也」（《禮記郊特牲》及孔穎達疏）。這裏的貓，其中也包括貍即野貓。唐林慎思《伸蒙子遷善》：「吾聞貍能捕鼠，不能捕狗」。貍，即野貓，大小似狐，毛雜黃色，有斑如貓，圓頭大尾。《說文豸部》：「貍，伏獸，似貙」。段玉裁注：「謂善伏之獸，即俗所謂野貓」。《廣韻之韻》：「貍，野貓」。發展到後來，人們還用貓頭鷹來捕捉田鼠。唐朝末年劉恂《嶺表錄異》卷中曰：「北方梟鳴，人以為怪，共惡之。南中（即兩廣和雲貴一帶）晝夜飛鳴，與鳥鵲無異。桂林人羅取生鬻之，家家養使捕鼠，以為勝貍。」

（四）意義

首先，生物的生存和延續需要一定的客觀條件，如水、陽光、營養物等等。然而，現代生態學認為，生物滿足其生存需要的活動，在自然環境中是一種生態活動，其活動受到生命共同體中其它生物的生態活動的影響和制約。所以，生物的利益不能脫離生物共同體，而受到生命共同體中生物間的相互利益關係的約束[51]。共生、競爭和食物鏈等關係，都是生物彼此影響、制約諸關係中的幾個主要方面，儒家對此均有與現代生態學頗為相似的認識，並以大自然中常見的現象為例而給予了具體的闡述。對於這些認識和闡述，我們應當予以實事求是的肯定。但是，現代生態學的研究又表明，生物間的關係，如共生、食物鏈及其網路等是極其複雜的，而古代儒家所揭示的只是普遍存在、較為常見的自然現象，其關於生物關係等方面的認識，還遠遠

---

51 葉平：《生態倫理學》（哈爾濱市：東北林業大學出版社，1994年），頁186-188。

沒有達到科學的水準和理論高度。不過，我們也不能完全以現代生態學理論來要求和評價儒家關於生物間共生、食物鏈等關係的認識，否則，就嚴重地脫離了歷史實際。

其次，在對生物共生等關係認識的基礎上，儒家提出了相應的生態保護措施。儒家認為，世界上的物質都是有生命的，尤其包括「飲食之道」在內的「需」求。因此，儒家是十分看重生物之「需」的實現。為滿足生物之「需」，儒家提出了對生物實行「養」的保護主張。儒學典籍的「養」，具有雙重含義：一是營養。如余謀昌認為，「養」是指『『營養』，表示天地萬物對生命的功能，即生命存在的條件，因而它又是『需』。生物需要營養，滿足這種營養需要是生命的存在權利」，並說孟子「仁民愛物」思想中的「愛物」，就是從物（指六畜之類）可養人即「滿足『養』的需要」而言的。所以，「養」與生物之「需」緊密相連，表示的是滿足生物營養的意思；二是從生物資源保護主體——人——的角度來說的，強調的是主體對客體——生物——「養」的義務和行為，如人養萬物等[52]。現代生態學研究認為，「生態系統，不論是陸地的、淡水的或海洋的，人工的（如農業生態系統等）或自然的，都有一個普遍的特徵，那就是自養成分和異養成分的相互作用」。因而，從營養關係著眼，生態系統具有兩個成分：自養成分和異養成分[53]。據此，我們又可把「營養」意義上的「養」進而分為「自養」和「異養」，其中「異養」乃同一生境內的生物間的共養或互養。對於這些，儒家均有一定的認識，認為它事關生物之盛衰，「苟得其養，無物不長；苟失其養，無物不消」（《孟子

---

52 余謀昌：〈中國古代哲學的生態倫理價值〉，《中國哲學史》1996年第1-2期（1996年）。

53 〔美〕E.P. 奧德姆撰，孫儒泳等譯：《生態學基礎》（北京市：人民教育出版社，1981年），頁8、9。

告子上》)、「損、益，盛衰之始也」(《周易雜卦》)，並為此提出了相應的保護主張：

第一，順應「天養」。所謂的「天養」，就是現代生態學所講的「自養」，亦即《周易頤》所云之「天地養萬物」。儒家十分重視「觀其自養」(《周易頤》)，如對自然界中的葉落歸根現象的描述，即為其觀察生物「自養」的典型事例，「樹落糞本」(《荀子致仕》)，所以漢代徐幹認為「木無枝葉則不能豐其根幹」(徐幹：《中論藝紀》)；另一方面，處於自然狀態下的生物對人類的干預比較敏感，如禽獸等不會輕易食用人工食物就是如此：「香餌非不美也，龜龍聞而深藏，鸞鳳見而高逝者，知其害身也」(《鹽鐵論褒賢》)。因此，儒家十分強調「天養」，要求人類順應生物之「天養」，不干涉其固有的規律，認為如斯方能成就萬物，「萬物各得其和以生，各得其養以成」(《荀子天論》)。

第二，尊重生物間的「互養」。生物間的「互養」就是《荀子富國》中所說的某一生境條件下生物間的「相食養」。這種「相食養」是構成一個完整食物鏈不可或缺的基礎，同時也是不同層級生物生存和延續的條件。生境內有無一個完整的食物鏈，是衡量該生境是否持續、穩定的因素之一。破壞食物鏈的完整性就是破壞生態環境，進而導致萬物泯滅。所以《孟子告子上》說「苟得其養，無物不長；苟失其養，無物不消」，要人們尊重生物間的「互養」，保證食物鏈的完美無缺。

第三，人類對生物之「頤養」負有不可推卸的責任。《周易序卦》：「物畜然後可養，故受之以頤。頤者，養也。不養則不可動，故受之以大過。」認為人類社會肩負著「頤養」萬物的義務，否則不僅不能有所作為，而且有悖於經義，「過在不養，違經反義莫此之尤」(《周易序卦》孔穎達疏引子雍語)。因此，儒家學派創始人孔子對民

間「頤養」萬物的做法極為讚賞。如《孔子家語曲節解》記載，孔子就對魯國單父境內「漁者得魚輒舍之」「頤養」萬物之舉甚為欣賞。

總之，儒家對於生物間關係的認識，不僅僅限於其共生、食物鏈等層面，而且還提出了保護生物——養——的主張，同時又將一些認識引入實踐中，如養貓捕鼠等，使得其關於生物聯繫的認識具有一定的積極意義。

四　九州的劃分——儒家生態系統觀的具體反映

生態系統是一個極其廣泛的概念，從宏觀或理論上來講，它既包括由一切有機體組成的生物群落，又包括這些有機體生存所必需的生境；在規模上，生態系統有大、小之分，前者如地球上的一切存在物就構成一個生態巨系統，後者如一池塘內的全部生物群落及其環境即為一個小的生態系統；從結構級別上說，生態系統有複雜、簡單之別。總而言之，任何生物與其所處的周邊環境，都是一個相互聯繫、作用的有機整體，它們共同構成一個相對獨立的生態系統。

以上通過對儒家關於「類」、「類聚」、「離」、「需」等生態系統論述的探討，表明儒家對生物種類及其劃分、種群的集聚、生物對生境的依賴和適應，以及生態系統內生物間的共生、競爭關係等現代生態學原理皆有一定的認識。儒家關於生態系統的構成及其特性的認識，還可從其九州區域的劃分上得到具體的反映，茲以《尚書》為例來說明之（見表2-1）。

表2-1　《尚書禹貢》九州大生態系統

州名	地理方位	土壤	考證土類	土地等級	作物種類	林木	動物	礦產
冀	壺口（山）至梁山及其支脈（冀西及北、晉、豫北）	白壤	鹽漬土	中中	/	/	鳥獸	/
兗	濟水與黃河間（魯西及北、豫東南）	黑墳	灰棕壤	中下	桑蠶	草茂木長，漆	/	/
青	渤海與泰山間（魯東）	白墳，海濱廣斥	灰壤，海濱鹽漬土	上下	穀桑麻	松	/	鉛
徐	黃海、泰山及淮河間（魯南、蘇北、皖北）	赤埴墳	棕壤	上中	桑	竹銅	魚	/
揚	淮河、黃海之間（蘇、浙、皖南、贛）	塗泥	濕土	下下	/	喬木橘柚	象犀孔雀	
荊	荊、衡山之南（湘、鄂）	塗泥	濕土	下中	/	柏竹漆橘柚等	龜	錫
豫	荊山與黃河間（豫、鄂北）	壤，其下墳壚	石灰性沖積土	中下	桑麻	漆	/	磐
梁	華山南部至黑水間（陝南、川）	青黎	沖積土	下上	/	/	熊羆狐狸	鐵玉銀磐
雍	黑水、西河間（陝北、甘）	黃壤	淡栗鈣土	上上				玉

　　資料來源：孫星衍撰，陳抗等點校：《尚書今古文注疏》（北京市：中華書局，2004年），卷3，〈禹貢〉；劉長林《中國系統思維》（北京市：中國社會科學出版社，1990年），頁426；張雲飛《天人合一——儒學與生態環境》（成都市：四川人民出版社，1995年），頁12。

　　表2-1所列，乃《尚書禹貢》中記載的九州劃分法。是法根據各個地區的山川、土壤等地理環境、動植物及礦產分佈、農業生產諸自然生態因素和人文要素的異同，把當時的全國劃分為九個大的區域，

分別命之以名，從而形成了所謂的「九州」之說。

　　無獨有偶，此種劃分九州的方法在儒家典籍《周禮夏官司馬》中亦有記載。該篇在規定「職方氏」的職責時，說職方氏肩負著「辨九州之國，使同貫利」的任務，其所載的九州具體為：

> 東南曰揚州，其山鎮曰會稽，其澤藪曰具區，其川三江，其浸五湖，其利金錫竹箭，其民二男五女，其畜宜鳥獸，其穀宜稻。正南曰荊州，其山鎮曰衡山，其澤藪曰雲夢，其川江漢，其浸潁湛，其利丹銀齒革，其民一男二女，其畜宜鳥獸，其穀宜稻。河南曰豫州，其山鎮曰華山，其澤藪曰圃田，其川滎雒，其浸波溠，其利林漆絲枲，其民二男三女，其畜宜六擾[54]，其穀宜五種。正東曰青州，其山鎮曰沂山，其澤藪曰望諸，其川淮泗，其浸沂沭，其利蒲魚，其民二男二女，其畜宜雞狗，其穀宜稻麥。河東曰兗州，其山鎮曰岱山，其澤藪曰大野，其川河泲，其浸盧維，其利蒲魚，其民二男三女，其畜宜六擾，其穀宜四種。正西曰雍州，其山鎮曰嶽山，其澤藪曰弦蒲，其川涇汭，其浸渭洛，其利玉石，其民三男二女，其畜宜牛馬，其穀宜黍稷。東北曰幽州，其山鎮曰醫無閭，其澤藪曰貕養，其川河泲，其浸菑時，其利魚鹽，其民一男三女，其畜宜四擾，其穀宜三種。河內曰冀州，其山鎮曰霍山，其澤藪曰楊紆，其川漳，其浸汾潞，其利松柏，其民五男三女，其畜宜牛羊，其穀宜黍稷。正北曰并州，其山鎮曰恒山，其澤藪曰昭余祁，其川虖池嘔夷，其浸淶易，其利布帛，其民二男三女，其畜宜五擾，其穀宜五種。

---

54 六擾，即馬、牛、羊、豕、犬、雞，下文五擾缺雞、四擾少犬和雞。

另外，儒家文獻《爾雅》也載有九州劃分的內容。如其〈釋地〉曰：

> 兩河間曰冀州，河南曰豫州，河西曰雝州，漢南曰荊州，江南
> 曰揚州，濟河間曰兗州，濟東曰徐州，燕曰幽州，齊曰營州。
> 九州，魯有大野，晉有大陸，秦有楊陓，宋有孟諸，楚有雲
> 夢，吳越之間有具區，齊有海隅，燕有昭余祁，鄭有圃田，周
> 有焦護。……東方之美者，有醫無閭之珣玗琪焉。東南之美
> 者，有會稽之竹箭焉。南方之美者，有梁山之犀象焉。西南之
> 美者，有華山之金石焉。西方之美者，有霍山之多珠玉焉。西
> 北之美者，有崑崙虛之璆琳琅玕焉。北方之美者，有幽都之筋
> 角焉。東北之美者，有斥山之文皮焉。中有岱嶽，與其五穀魚
> 鹽生焉。

〈釋地〉和其它篇如〈釋山〉、〈釋水〉等一起，對九州的山川大勢和
物產等，進行了較好的歸納。

　　將《尚書》、《周禮》和《爾雅》所載之九州相比較，我們不難發
現：三者無論是在九州的名稱上，還是劃分九州時所涉及的生態要素
（如地理方位、河流、湖澤、土壤和土地等級、農作物、植物和動物
的種類、礦產等）諸方面都基本一致；惟有一點不同的，就是三者九
州具體名稱的出入，其中的冀、兗、揚、荊、豫和雍六州為三者所共
具，其它則彼此不盡相同，如《尚書》之徐、梁則不為《周禮》所
載，而《周禮》之幽、并二州又不見於《尚書》等。但這種區別不是
主要的，有的只是名稱上的差異，實際區域可能也有所不同，但有的
則區別不大，如《周禮》中的青州與《爾雅》中的徐州和營州之分別
就不太懸殊。因此，我們說，三典籍關於九州的記載，彼此間同大
於異。

透過《尚書》等關於九州劃分的記載，我們能大致窺探出儒家的
生態系統觀。

第一，生態系統是由一些有機物及其生境共同構成的，其組成部
分既包括由各種生物組成的生物群落，也包括無機環境。《尚書》、
《周禮》和《爾雅》中的各州劃分，都包括有山川、河湖、土壤、植
物、動物甚至民情等有機生物群落和生物必需的生境條件等。

第二，對各州內部組成要素相互依賴、影響作用的生態功能的認
識。九州中的每一州都是一個大的獨立的生態系統，各種物質是處於
同一系統內不同等級的組成部件之一，「萬物同宇而異體」（《荀子富
國》）。地理方位、河流、湖澤、土壤和土地等級、農作物和動物種
類、植物（如林木等）、礦產等等，在結構、形體和功用方面具有較
大的差異。另一方面，「我們面對著的整個自然界形成一個體系，即
各種物體相互聯繫的整體」[55]。因此儒家認為「物無孤立之理」（《正
蒙動物》），「萬物為道一偏，一物為萬物一偏」（《荀子天論》）。作為
處於一個系統內的各種要素，它們又都是該系統不可或缺的一個組成
部分，彼此相互影響、作用，從而形成該州區別於他州的生態系統。

把由眾物組成的各州視為一個有機的整體，不僅反映在《尚書》
和《周禮》等文獻中，其它典籍對之也有相當的論述。如左丘明在為
《春秋》莊公二十二年（前672年）作傳時，就提出了同樣的觀點：

> 坤，土也；巽，風也；乾，天也。風為天於土上，山也。有山
> 之材，而照之以天光，於是乎居土上。

邵雍也說：

---

55 恩格斯：《自然辯證法》（北京市：人民出版社，1971年），頁57。

物之大者無若天地，然而有所盡也。天之大陰陽盡之矣，地之
大剛柔盡之矣。陰陽盡而四時成焉，剛柔盡而四維成焉。夫四
時四維者，天地至大之謂也，凡言大者，無得而過之也。亦未
始以大為自得，故能成其大。豈不謂至偉至偉者歟。(《皇極經
世書觀物內篇一》)

把宇宙視為一個廣大的有機系統，其中既有一維之時間，又有四維之
具體萬物，彼此聯繫，互不分離。所以，荀子主張觀察世界要有全域
的觀點，不可以偏概全，「蔽於一曲，而暗於大理」(《荀子解蔽》)，
囿於部分而不見全體。儒家這種相互聯繫的整體觀和恩格斯對於自然
界與社會的論述，具有相當的一致性：「當我們深思熟慮地考察自然
界或人類歷史或我們自己的精神活動的時候，首先呈現在我們眼前
的，是一幅由種種聯繫和相互作用無窮無盡地交織起來的畫面」[56]。

　　第三，由於其內部成分即生物群落及其具體環境的差異，使得每
一州的生態系統也彼此相異，具有多樣性的特徵。現代生態學認為，
多樣性是生態系統的重要特徵，它和複雜性一起，共同決定著生態系
統是否穩定的命運[57]。多樣性源於差異的存在。九州的差異可從以下
兩個主要方面來說明：一是各州內部構成要素的差異。雖然儒家劃分
九州時所依據的生態要素，如山川等地勢與地貌、水利、土壤、植
被、動物、田地及賦稅等級、聚落位置乃至人種等自然的和人文的因
素是一致的，但各州內的具體要素則彼此差異頗大；二是由系統構成
要素差異所決定的系統間差異的存在。

　　儒家關於九州的劃分及其構成要素的界定，並非空穴來風，而是

---

56 馬克思恩格斯：《馬克思恩格斯選集》(北京市：人民出版社，1995年)，卷3，頁
　　60。

57 余謀昌：《生態哲學》(西安市：陝西人民教育出版社，2000年)，頁12。

言有所據的，這種依據是建立在對各個地區具體生態資源宏觀認識基礎之上的，是通過對生態條件、生態資源等實地調查並加以總結的結晶。中國古代比較重視對各地具體生態資源的實地考察，如據《詩經・公劉》記載，西周初年，周公率領周人遷徙豳地時，就曾事先作過實地考察：「涉則在，復降在原。……逝彼百泉，瞻彼溥原，乃涉南岡，乃覯於京」。以此實踐為基礎，古代也十分強調對各地諸如山川大勢、土地等生態資源的調查與掌握，如《周禮・大司徒》規定司徒之長官——大司徒——的主要職責之一就是「以天下土地之圖，週知九州之地域廣輪之數，辨其山林、川澤、丘陵、墳衍、原隰之名物」，並用「土會之法，辨五地之物生」和「土宜之法，辨十有二土之名物」。正是有了這些對各地生態資源的具體調查和相對較為翔實了解的基礎，儒家才能夠把生態條件相同或相近的地區劃分為一州，九州之分隨之應運而生。而有些州名之所以在《尚書》、《周禮》和《爾雅》中有所不同，一則與當時國家的疆域版圖變動有關，二則可能與歷史時期各地生態資源或環境的變遷相關，因為這些文獻的時代有早、晚之分。

另外，相對於對九州大的生態系統的認識，儒家對某一小的、具體的生態系統也有一定的論述。如孔子在論及山的生態系統時就說：

> 夫山，草木殖焉，鳥獸蕃焉，財用出焉，……興吐風雲，以通乎天地之間，陰陽和合，雨露之澤，萬物以成。(《孔叢子・論書》)

這裏，山之生態系統就由草木昆蟲鳥獸等生物資源組成，而且還包括礦產，以及通乎天地之間的風雲、雨露等促成萬物的非生物資源，它們的功能或作用彼此各異，但又互相聯繫，共同構成山體生態系統。

　　總之，儒家關於九州區域的劃分，是儒家把萬物看作一個密切聯繫、彼此制約的整體的生態系統觀的實踐的結晶，是儒家對生態系統認識的具體體現。如果對生態系統沒有感性的認識和了解，就不可能有儒家把生態系統諸要素包含在內的九州劃分；另一方面，儒家關於生態系統的認識，又直接源於對各地生態資源進行的實地調查，沒有實地的具體考察，儒家不可能對各地的生態資源有較為清楚的了解。儒家將源於實踐的認識用於指導九州生態大系統劃分的實踐，使得其實踐不僅有一定的理論基礎，而且還有堅定的現實保證，其積極意義是顯而易見的。

第三章
「樹木以時伐焉，禽獸以時殺焉」
——儒家生態資源的合理利用、保護主張

　　以「天人合一」、「天道生生」為指導，以對生態系統的感性認識為基礎，儒家提出了相應的生態資源合理利用、保護主張。

　　合理利用與保護自然資源，是儒家生態意識的重要內容，也是儒家的一貫主張。《禮記祭義》：「樹木以時伐焉，禽獸以時殺焉。夫子曰：『斷一樹，殺一獸，非以其時，非孝也。』」另據《孔子家語辨政》記載，子路治蒲三年，孔子過其境，當他目睹蒲境「田疇盡易，草萊甚闢，溝洫深治」、「牆屋完固，樹木甚茂」的情況後，對子路合理利用土地、保護森林的治政之舉頗為讚賞，「三稱其善」。這些記載表明，儒家學說創始人孔子十分關注生態資源的合理利用與保護。然而，由於種種原因之限，一九八〇年代以前，學術界對儒學的研究罕及於此，而其視閾主要集中在儒家社會政治思想方面。其做法雖無可厚非，但就儒家學說研究來講，無疑是不全面的。一九八〇年代後期開始，由於現實生活中環境問題的出現並日趨嚴重的形勢使然，在時人多方尋求解決問題的方案時，人們驀然回首，發現儒家文化中蘊涵著極其豐富的可供我們發掘、利用和解決現實環境問題的精神文化資源，儒家生態意識的研究才日被重視，不少學人紛紛涉足這一問題，並陸續誕生了一些研究成果[1]。

1　早期成果主要有李耕夫：〈中國古代的生態意識學說〉，《學習與探索》1987年第4期（1987年）、董希如：〈淺談我國古代對動物資源的保護——〈上白邑侯希李請禁毒藥取魚稟〉述議〉，《中國農史》1990年第2期（1990年）、鞠繼武：〈試論先秦時代

從既有的歷史文獻記載看，被儒家列為合理利用和保護對象的自然資源，主要有山林資源、動物資源、土地資源和水資源等。限於篇幅，本章主要根據有關典籍載記，僅以山林、動物資源為例，對儒家合理利用和保護自然資源的主張進行初步的探討。

一 「草木榮華滋碩之時，則斧斤不入山林」——儒家合理利用和保護山林資源的主張

森林資源與人類文明休戚相關。作為自然生態巨系統的一部分，森林資源非但是人類生產和生活用材之源，而且從災害學的角度來說，森林在調節氣候（氣溫與降水）、涵養水分、防風固沙乃至遏制水、旱、風等氣候性災害方面，也有十分突出的作用，森林因此而有「地球之肺」之喻。同時，森林又具有很好的水文效應。據研究，十萬畝的森林所涵養的水量，相當於一個庫容二〇〇萬m³的水庫，森林因而又有「天然水庫」之說[2]。因而大肆砍伐森林，直接的嚴重後果就是引發和加重被破壞地區的水土流失，河道淤塞，降低河流調節洪水和人類防洪能力，致使河決、河溢事件多發；同時，也減少了被破壞地區的蓄水量和空氣濕度，影響大氣迴圈和氣候，增加水、旱諸災發生的頻度。歷史時期諸多水、旱等氣候災害事件的發生，大多與人類過度地戕伐森林不無密切關係。中華民族的先民們對此都有一定的認識，提出了一系列的合理利用和保護森林的主張，且頒佈了被有些

生態環境保護思想〉，《自然科學史研究》1990年第2期（1990年）、張雲飛：《天人合一——儒學與生態環境》（成都市：四川人民出版社，1995年）等，其它恕不一一列舉。

2　宋宗水：〈森林與環境保護〉，《生態經濟》1994年第3期（1994年）一文，對森林的環境效益有較為全面的闡述，可以進一步參閱。另外，宋文據山西省萬年飽水文站一九九一年資料，認為二一三三七畝森林就可涵養一〇〇萬m³的水量。

學者稱為「我國最早的『森林保護法』」——〈禹禁〉[3]，並將之貫徹、落實到實踐中，取得了一定的成效。在繼承和總結先民的相關認識與實踐的基礎上，儒家在如何利用和保護森林資源方面，也提出了相應的主張。

（一）時禁

「時禁」包括禁之以「時」和伐之以「時」兩個方面的內容。

1 禁之以「時」

首先是年內一定時間禁止伐木取材。儒家反對亂砍濫伐，主張按照林木的生長節律，「因時制宜」，在一定的時間內嚴格禁止進山砍伐林木。《逸周書文傳》：「山林非時不升斤斧」；《荀子王制》：「草木榮華滋碩之時，則斧斤不入山林」。

具體何時設禁，《荀子》說是在「草木榮華滋碩之時」，而《逸周書大聚》則稱規定的禁期為「春三月」即整個春季，《禹之禁》也云「春三月山林不登斧，以成草木之長」，《禮記月令》就有孟春之月「禁止伐木」、仲春之月「安萌芽，⋯⋯毋焚山林」、季春之月「命野虞毋伐桑柘」等詳細記載（見表3-1）。一九七〇年代湖北雲夢出土的《秦律田律》中，也有「春二月，毋敢伐材木山林」的條文[4]。《春秋繁露治水五行》云：立春後的七十二日，「通障塞，⋯⋯無伐木」。立春後七十二日，當為季春中旬。考古發現材料和傳世文獻記載的相互印證，說明《逸周書》、《禮記》所載上古時期春季禁止伐木之不虛。

3　張雲飛：《天人合一——儒學與生態環境》（成都市：四川人民出版社，1995年），頁71。

4　睡虎地秦墓竹簡整理小組：《睡虎地秦墓竹簡》（北京市：文物出版社，1978年），頁26。

但《禮記月令》又有孟夏之月「毋伐大樹」、季夏之月「樹木方盛，乃命虞人入山行木，毋有斬伐」等記載，表明儒家主張實行的山林禁伐不僅僅限於春季，就是在初夏和盛夏時節，儒家也主張不可隨意採伐山林[5]。

表3-1 《禮記月令》記載的合理利用與保護生態資源情況

月份		物候、保護對象（山林、動物、土地、水資源等）與備註
孟春	物候	東風解凍，草木萌動。
	山林	命祀山林川澤，禁止伐木。
	動物	犧牲毋用牝；毋覆巢，毋殺孩蟲、胎、夭、飛鳥，毋麛，毋卵。鄭注：為傷萌幼之類；孔疏：餘月皆無覆巢，若夭鳥之巢則覆之。此月亦禁之。亦即麛、卵四時皆禁，但於此月尤甚。
	土地	命善相丘陵、阪險、原隰土地所宜。
	備註	《月令解》：「斧斤以時入山林，當草木萌動之時，固禁止之。覆巢則鳥何以生育？孩蟲胎夭，皆不可殺。獸曰麛鳥曰卵，亦不用，皆所以遂其生育之性。飛鳥或謂初飛之鳥」。
仲春	物候	始雨水，桃始華，倉庚鳴，鷹化為鳩；雷乃發聲，始電，蟄蟲咸動，啟戶始出。
	山林	安萌芽，毋焚山林。

---

5 湖北雲夢睡虎地秦墓竹簡《日書》甲種關於「十二支害殃」的內容中，有「毋以木斬大木，必有大英」文句。「大英」即「大殃」。「毋以木斬大木」，整理小組釋作「毋以木〈未〉斬大木」。睡虎地秦墓竹簡整理小組：《睡虎地秦墓竹簡》（北京市：文物出版社，1990年），頁197。王子今據《史記・律書》「未者，言萬物皆成，有滋味也」、《說文・未部》「木重枝葉也」和段玉裁注「老則枝葉重疊」，以及《漢書・律曆志》等相關記載，認為「毋以木斬大木」即不要在枝繁葉茂的夏季斬伐大木。參見王子今：《秦漢時期生態環境研究》（北京市：北京大學出版社，2007年），頁349。此一解釋，深合《禮記・月令》孟夏、季夏之「毋伐大樹」和「樹木方盛，……毋有斬伐」等限禁。

月份		物候、保護對象（山林、動物、土地、水資源等）與備註
仲春	動物	養幼少；毋竭川澤，毋漉陂池，毋焚山林。
	水	毋竭川澤，毋漉陂池。
	備註	孫希旦：萌芽，植物之始生者；幼少，動物之未成者。方愨：「毋竭川澤，毋漉陂池」乃「主漁言之」、「毋焚山林」乃「主田言之」；孫希旦：「若民間焚山林則有禁，以蟄蟲已出故也」。《月令解》：「竭澤而漁，古人所惡，況當春時哉？陂池倘漉而取之，亦竭矣。春蒐火弊，獻禽。注火弊，火止也。春田主用火，因焚萊除陳草，此惟蒐時為然耳。常時固有禁也，皆所以遂生物之性也。」
季春	物候	桐始華，萍始生；生氣方盛，萌者盡達；時雨將降，下水上騰。
	山林	命野虞毋伐桑柘。
	動物	命司空曰：田獵罝罘、羅網、畢翳、餧獸之藥毋出九門。
	水	命司空循行國邑，周視原野，修利堤防，道達溝瀆，開通道路，毋有障塞。
	備註	鄭玄：「毋伐桑柘」乃「愛蠶食也」，「鳥獸方孚乳，傷之逆天時也」。高誘等：「餧獸之藥毋出九門」乃對鳥獸等動物不得用毒。《春秋繁露治水五行》：立春後七十二日，「通障塞，……無伐木」。《月令解》：「春時多雨，下水上騰，蓋水氣相感而然，雨多害物，故為之備，循行國邑之間，周視原野之地，有堤防則當修利，有溝瀆則當道達，有道路則當開通，使之無有障塞，如此為備，則雨多不為害矣。……當春物生、鳥獸方字乳，又非為蒐除害之時，傷之則逆天時，此田獵之具所以毋出九門，每門之內或有藏此具者，皆不得出禁之也。」
孟夏	物候	螻蟈鳴，蚯蚓出，王瓜生，苦菜秀。
	山林	繼長增高，毋有壞墮，毋伐大樹。
	動物	驅獸毋害五穀，毋大田獵。
	土地	禁止起土功。

月份		物候、保護對象（山林、動物、土地、水資源等）與備註
孟夏	備註	鄭玄：「繼長增高，謂草木盛、蕃廡」。孫希旦：「謂春物幼少，至此則繼而長；春物萌芽，至此則增而高」。《月令解》：「當夏之時，物無不長也，無不高也，勿使有壞，是繼也；勿使有墮，是增也。土功一起，築城鑿池，能無壞墮乎？大眾一發，車徒征行，能無壞墮乎？若伐大樹則壞墮又甚矣，此所當戒也。……夏曰苗，以其為苗除害也。五穀正長，而獸或害之。何以有秋蠟迎虎而祭？以其能食田豕，則養穀以驅獸，重其所當重，然終不敢大為田獵，以傷蕃廡之氣也。」
仲夏	物候	小暑至，螳蜋生，鵙始鳴；鹿角解，蟬始鳴。
	山林	令民毋燒灰，毋暴布。
	動物	遊牝別群，則縶騰駒。
	水	命有司祈祀山川百源，大雩。
	備註	《月令解》：「藍以染青，故青出於藍。夏染之為最美也。聖人恐其取之多，非所以助物長，故戒之。《周禮染人》注：凡染當及盛暑熱潤。則是月用藍以染，正得其宜。既戒人無艾藍矣，又令毋燒灰暴布，此二事亦為染髮也。《考工記》氏涷帛以欄為灰，言以欄木之灰漸釋，其帛則灰，為染之用矣。布為人之服，去地尺曰暴，晝暴諸日，則布亦必暴矣。燒灰暴布則耗傷陽氣，不欲張而用之也。……季春遊牝於牧，至是則別群。春合累牛騰馬，至是則執騰駒。皆防物之性，恐其傷生也。」（續表）
季夏	物候	溫風始至，蟋蟀居壁，鷹乃學習，腐草為螢。
	山林	樹木方盛，命虞人入山行木，毋有斬伐。
	動物	命漁師伐蛟、取鼉、登龜、取黿。
	土地	不可以興土功；土潤溽暑，大雨時行，燒薙行水，利以殺草，如以熱湯，可以糞田疇，可以美土疆。
	水	不可以興土功，水潦盛昌，舉大事則有天殃。

月份		物候、保護對象（山林、動物、土地、水資源等）與備註
季夏	備註	鄭玄：樹木尚在生長，材質「未堅刃」，不可「斬伐」，故虞人需「入山行木」。《月令解》：「四者（指蛟等四類動物）甲類，秋乃堅成，皆水族也。故以命漁師必於季夏者，欲以盛暑之氣燥其皮甲，利其耐久故也。……木生於春長於夏，至夏末垂則盛矣。虞，蓋山虞也；行木，循而行之也；毋有斬伐，慮傷方盛之材也。興土功、合諸侯、起兵、動眾，此皆大事也，不可興而興、不可合而合、不可起不可動而起之動之，皆所以搖養氣也。養氣，萬物作於春，而氣主生長於夏，而氣主養，故謂之養氣。土將用事，氣欲靜也，不可搖之。發令，謂將有徵役也，發之過早而使民蹻足，而待其不妨民事乎？神農之事，即指民事也。土神稱神，農若先嗇之類，此季夏也。而言土知，土用事也。水潦盛昌，土至此潤溽而易，雨持功，猶言用事也。水潦盛昌，神農將用事，而人乃舉大事以妨之，違盛逆天，而天災適當之矣。……潤溽，謂塗濕也。潤溽乃雨之證，故大雨時行曰時，行則非常，有所謂涷雨者，田家因之或燒或薙，謂治草也。所以，行水是水，既行則草無不死，如彼熱湯，復以所除之草，糞其田疇，美其土疆。」
孟秋	物候	涼風至，白露降，寒蟬鳴，鷹乃祭鳥。
	水	命百官完堤防，謹壅塞，以備水潦。
	備註	應鏞：夏時修利堤防，毋有壅塞，秋時則完而謹之，蓋夏潦不可堤也，秋潦則可堤也。一通一障，其為民御患。
仲秋	物候	盲風至，鴻雁來，玄鳥歸，群鳥養羞；日夜分，雷始收聲，蟄蟲壞戶，殺氣浸盛，水始涸。
	動物	犧牲，察物色，必比類；量大小，視長短，皆中度。
	土地	可以築城郭，建都邑。
	備註	凡舉大事，毋逆大數，必順其時，慎因其類。
季秋	物候	鴻雁來賓，鞠有黃華，霜始降；蟄蟲咸俯在內，皆墐其戶。
	山林	草木黃落，乃伐薪為炭。

月份		物候、保護對象（山林、動物、土地、水資源等）與備註
季秋	動物	天子乃教於田獵。
	備註	鄭玄：伐木必因殺氣。方愨：為炭以禦冬寒也。《月令解》：「炭以禦寒，人所資，非不急也，必待草木黃落之後始取之。物既歸根，用亦隨宜，斧斤以時入山林，此亦王政之一也。蟄蟲知避殺，氣使其首向內，向知壞戶而已。今又墐其戶，壞益也，謂稍小之也。墐，塗閉之。蟲知畏殺氣，如此人靈於物，可不謹所避哉。」
孟冬	物候	水始冰，地始凍。雉入大水為蜃；天地不通，閉塞成冬。
	動物	命水虞、漁師收水泉池澤之賦。
	備註	《月令解》：「魚至冬而美，故取魚。以冬取魚則有賦，故水泉池澤之賦命二官收之，亦其職也。先王之時，川有衡澤有虞為之屬禁，非為賦設也。後世澤之葦蒲舟鮫守之，海之鹽蜃祈望守之，守之嚴則徵之嚴，民始失利矣。今月令戒其侵削，或取怨於下，若此者行罪無赦。蓋亦恐有司苛取以病民乎。」
仲冬	物候	冰益壯，地始坼；日短至，陰陽爭，芸始生，荔挺出，蚯蚓結，麋角解，水泉動。
	山林	伐木，取竹箭。
	動物	山林藪澤，有能取蔬食，田獵禽獸者，野虞教道之。其有相侵奪者，罪之不赦。
	土地	命有司：土事毋作，慎毋發蓋，毋發室屋，以固而閉。地氣且泄，是謂發天地之房，諸蟄則死，民必疾疫。
	備註	《月令解》：「觀此一節，聖人奉若天時，知閉塞而成冬，故凡發撤掩蓋等事，一一禁之。以固而閉言，固而且閉，惟恐沮泄地氣，有以發天地之房也，蟄則死矣，民必疾疫，疫而繼以喪，民亦死矣。然聖人之心，謂在天有時，不可以不順，而一氣潛萌於無形，又不可不審也。夫當黃鐘動而萬物潛起，則天地之房固自隱然萌動，其氣未嘗不暢，非閉塞所可遏，於是命之以名，其名謂何？曰暢月，言其氣之舒暢也，他月未嘗，特

月份		物候、保護對象（山林、動物、土地、水資源等）與備註
		立一名也，此見天地之氣於閉塞之中而有調達之理，于謹固之中而有發生之意，命之以名，豈苟云乎哉？」
季冬	物候	雁北鄉，鵲始巢。雉雊，雞乳；冰方盛，水澤腹堅。
	山林	命四監收秩薪柴，以共薪燎。
	動物	命漁師始漁。
	備註	鄭玄：大者可析謂之薪，小者合束謂之柴。薪施炊爨，柴以給燎。《月令解》：「冬寒魚不行乃性定而充肥。」

資料來源：〔清〕孫希旦《禮記集解月令》，（北京市：中華書局，1989年）；〔宋〕張
　　　　　慮：《月令解》，文淵閣四庫全書本；〔漢〕董仲舒撰，〔清〕蘇輿義證：《春
　　　　　秋繁露義證》（北京市：，中華書局，1992年）。

　　那麼，儒家為何主張在這幾個月份禁止採伐山林資源呢？茲據
《禮記月令》的記載和鄭玄等注，對之稍加羅列。

　　〈月令〉：孟春之月「草木萌動」。對此，鄭玄認為是「萬物皆解
孚甲，自乙軋而出」之時。所謂「孚甲」，即植物種子的外皮。可
見，孟春即正月是植物種子萌芽的時間，也是山林萌蘗生發的時節；
仲春「安萌芽」，據孫希旦注，主要是安山林等「植物之始生者」；季
春「毋伐桑柘」，鄭玄稱係「愛蠶食也」；孟夏乃「繼長增高」之月，
鄭玄說「繼長增高，謂草木盛、蕃蕪」，而孫希旦稱謂「春物萌芽，
至此則增而高」；季夏「樹木方盛」，鄭玄說樹木尚在生長階段，其材
質尚「未堅刃」，故不可「斬伐」，而需虞人「入山行木」，加以保護。

　　綜上可知，儒家之所以強調在上述春夏時節禁止採伐山林，因為
這段時間是林木萌芽生長階段，此間禁止採伐，其目的顯然是保護其
生長。所以《大戴禮記衛將軍文子》云：「方長不折」，而《逸周書文
傳》則明言保護的目的就是「以成草木之長」，《荀子王制》也說「草
木榮華滋碩之時，斧斤不入山林」乃「不夭其生，不絕其長也」。為

使「禁」之以時取得實效，儒家還極力提倡統治者予以必要的配合，要求統治者在實行「時禁」時期，不向百姓徵收稅賦。如《大戴禮記王言》載孔子曰：「入山澤以時，有禁而無徵」。「無徵」就是《荀子王制》所講的「山林澤梁，以時禁發而不稅」。希望用減輕稅收的辦法，達到「禁」之以時的有效保護山林目的。

其次為幼小之禁，這是從樹木的成材之「時」而言的，主要是禁止採伐尚未長成的樹木，以確保林木成材。《逸周書文傳》：「無伐不成材」。《國語魯語上》載里革也把「山不槎蘖，澤不伐夭」[6]作為「古之訓」來強調。《禮記王制》：「木不中伐，不粥於市」。據孫希旦注，所謂的「木不中伐」，也就是樹木「小而未成材」。這種幼小之禁和上述年內「時禁」的目的和意義完全一致，是一個問題的兩個方面。二者都主張對處於生長階段的山林進行保護，以確保其生長、成材。因此，這種「禁」之以時的主張又可以用孟子所講的「養」來概括。在《孟子告子上》中，孟子以齊國都城臨淄附近的牛山由於亂砍濫伐和過度放牧，從山林茂密到落至濯濯童山境地的歷史教訓為例云：

> 牛山之木嘗美矣，以其郊於大國也，斧斤伐之，可以為美乎？是其日夜之所息，雨露之所潤，非無萌蘖之生焉，牛羊又從而牧之，是以若彼濯濯也。人見其濯濯也，以為未嘗有材焉，此豈山之性也哉？……斧斤之於木也，旦旦而伐之，可以為美乎？

孟子由此得出結論說：「苟得其養，無物不長；苟失其養，無物不消」。主張對山林要施之以「養」，即合理利用的同時，還要善加保護，其中最基本的一個要求就是在其生長時期不要砍伐利用，也就是

6　韋昭注云：「槎，斫也；以株生曰蘖；草木未成曰夭。」

禁之以時。若能做到這一點，牛山濯濯的場景就不會再現。對此，《荀子王制》概括指出：「斬伐養長，不失其時，故山林不童」。

2 伐之以「時」

與「時禁」即禁之以「時」相對的，是伐之以「時」。儒家在主張對山林資源以「時」相禁的同時，還反覆強調「斬材有期日」，要求在規定的時間內砍伐樹木，做到順時採伐、用之以時。《孟子梁惠王上》：「斧斤以時入山林」。《大戴禮記曾子大孝》：「草木以時伐焉」。《禮記王制》：「林、麓、川、澤以時入而不禁」。《周禮山虞》：「令萬民時斬材，有期日」。

具體何時弛禁，可以砍伐林木，根據《禮記》相關篇目的記載看，一般多在深秋以後。《禮記王制》：「草木零落，然後入山林」。《禮記月令》：季秋之月，「草木黃落，乃伐薪為炭」；仲冬之月，「日至短，則伐木，取竹箭」；季冬之月，「命四監收秩薪柴，以共郊廟及百祀之薪燎」。孫希旦注《禮記王制》「林、麓、川、澤以時入而不禁」，就以上述前二者為據，稱：「以時入者，『草木零落，然後入山林』……是也」。

儒家之所以主張深秋以後才能採伐林木，一是順時而動的要求，亦即「伐木必因殺氣」；二是出於滿足人們日常生活需要的考慮。深秋以後，天氣日趨寒冷，生活需要取暖，伐木「為炭以禦冬寒也」（孫希旦《禮記集解月令》注引鄭玄、方慤語）。另外，在先秦、秦漢時期，竹箭主要用於戰爭製箭[7]，要求竹箭質地堅硬，仲冬「取竹箭」是因為這時的竹箭已成材，而且此時伐取，貯存也不會有蛀蟲的

---

7 具體參見陳業新：《災害與兩漢社會研究》（上海市：上海人民出版社，2004年），頁90-91。

風險。緣於順時和實際之需，儒家強調惟有仲冬時節方可「取竹箭」。

然而，我們又注意到，即使是在弛禁時期，採伐林木也有具體的限制：

其一是對砍伐樹木品種的規定。《周禮山虞》：「仲冬斬陽木，仲夏斬陰木」。對於其中的陽木、陰木，東漢經學家鄭司農（即鄭眾）注曰：「陽木，春夏生者；陰木，秋冬生者，若松柏之屬」；而鄭玄以為陽木乃「生山南者」，陰木則為「生山北者」。賈公彥以《禮記月令》仲冬之月「日至短，則伐木，取竹箭」為據，云「竹箭秋冬生，不用仲夏斬之」，稱「先鄭（即鄭司農——引者注）之義非也」。其實，賈氏所言也有不周之處，因為《禮記》中已有夏季不得斬伐樹木的明確主張，與上述「仲夏斬陰木」的記載相牴牾；同時，竹箭也非「秋冬生」，而且其「竹箭秋冬生」的說法與《禮記》仲冬之月「取竹箭」的記載頗為矛盾。所以，賈氏之「先鄭之義非也」的結論顯然不能成立。至於鄭司農和鄭玄的說法孰是孰非，姑且不論，二說權充一家之言，但由此我們是否可以得出這樣一個結論：在弛禁時期內，儒家主張在不同的具體時間內，也只准砍伐規定的林木。

其二是採伐時限的規定，亦即對外開放時間長短的限制。《周禮山虞》：「令萬民時斬材，有期日」。鄭玄注：「時斬材，斬材之時也。有期日，出入有日數；為久盡物」。這一限制主要是防止因開放時間過長而導致「盡物」即過度砍伐林木的情況。

其三，即使是在砍伐時節採伐林木，也有一定的尺寸規定。如《禮記王制》規定：「五穀不時，果實未孰，不粥於市；木不中伐，不粥於市」。對此，鄭玄注云：「伐之非時，不中用」；而孫希旦則進一步解釋說：「木不中伐，謂小而未成材」。可見，就是在規定的砍伐時間內，也不得採伐「不中伐」即「小而未成材」的林木。

其四，凡不按規定而採伐者，均被視作盜伐樹木，都要受到刑法的處罰。《周禮山虞》：「凡竊木者，有刑罰」。賈疏曰：「此謂非萬民入山之時，而民盜山林之木，與之以刑法。」

（二）「修火憲，養山林」

火害是山林之一大敵，為保護山林免於火災，儒家主張實行用火之禁，限制民間隨意用火燒山。如《荀子王制》：「修火憲，養山林藪澤，草木魚鱉百索，以時禁發」；《禮記月令》：仲春之月「毋焚山林」，季春之月「毋燒灰」；《春秋繁露治水五行》：立夏后七十二日，「出使四方，無縱火」；《後漢書王符傳》載東漢王符云：「夫山林不能給野火，……皆所宜禁」等等。用火之禁不僅是儒家的主張，法家如管子者等，也都力主火禁。《管子立政》：「修火憲，敬山澤林藪積草。夫財之所出，以時禁發焉。使民於宮室之用，薪蒸之所積，虞師之事也。」

那麼，何時實行火禁呢？或據《周禮司爟》之「季春出火，民皆從之。季秋內火，民亦如之。時則施火令」的記載，稱每年夏曆的季春三月至季秋九月之間為用火（包括陶冶和焚草萊）時月，其餘時間亦即冬春之間是嚴禁放火燒荒的。但從上述《荀子》、《禮記》、《春秋繁露》等文獻所載看，冬春之間為火禁時間的認識恐怕有誤。因為：首先，每年的仲春至孟夏，也就是農曆二月至四月為火禁時節，這是毫無疑問的。其次，孫希旦在注《禮記月令》仲春「毋焚山林」時說：「若民間焚山林則有禁，以蟄蟲已出故也」。表明蟄蟲已出的時節是實行火禁的；《禮記王制》亦曰「昆蟲未蟄，不以火田」，說明「昆蟲未蟄」的時節是不允許用火的。那麼，蟄蟲之出及其之伏又是何時呢？據《禮記月令》仲春「雷乃發聲，始電，蟄蟲咸動，啟戶始出」和季秋「霜始降」時「蟄蟲咸俯在內，皆墐其戶」的記載可知，蟄蟲

之出及伏的時間分別是仲春和季秋，也就是說，火禁的起訖時間各為
仲春和季秋，與《禮記月令》之孟春至季秋禁止伐木的時間基本上是
一致的，但和上述以為季春至季秋時節為用火時期的認識恰恰相反。
那麼，如何理解《周禮司爟》之「季春出火，民皆從之。季秋內火，
民亦如之。時則施火令」的記載呢？

　　據鄭玄注和賈公彥疏，筆者以為《周禮》所言的「季春出火」、
「季秋內火」，實際上並非一般所認為的焚草萊用火，而是「陶冶」
用火。除有鄭注、賈疏為證外，《周禮司爟》所載尚有以下二例亦可
喻之：一是其後的「凡國失火，野焚萊，則有刑罰焉」；二是其中的
「時則施火令」之語，鄭玄注其「時」為「焚萊之時」。前者說明
「野焚萊」相對於「季春出火」、「季秋內火」，亦即「陶冶」用火時
間來說是個例外，「野焚萊」用火時間規定不在「季春出火」、「季秋
內火」之列，若於此時用火「則有刑罰焉」；後者則為滿足民間焚萊
之需而做出的規定，至於何時用火，〈司爟〉之篇未作具體規定，從
其它文獻記載來看，應在仲春至季秋時節之外。但秦《田律》又載：
「不夏月，毋敢夜草為灰」，規定只有在夏季時月方能於夜間焚燒草
木，與上述用火之禁的時間形成矛盾。有學者認為個中之由乃夏季濕
熱多雨，草木青綠，在夜間把芟除砍掉的草木燒成草木灰，不易引起
火災；而在其它幾個季節，氣候一般比較乾燥，山野草木乾枯，若在
夜間放火燒草，在無人管理的情況下則會引起森林火災。此論或有一
定的道理。而儒家主張在春夏時節嚴厲禁止用火，主要是從保護樹木
的長成著眼的，也就是《荀子王制》所云之「修火憲，養山林藪澤」
的目的。

（三）提倡植樹，反對隨意破壞林木

　　提倡植樹造林，在中國具有悠久的傳統。從《禮記》等文獻記載

看，早在軒轅黃帝時就已宣導種樹，「時播百穀草木」。《逸周書大聚》記載周公教導百姓曰：「不可樹穀者，樹以林木。春發枯槁，夏發葉榮，秋發實蔬，冬發蒸丞，以匡窮困」。《逸周書文傳》也記有統治者要求百姓在不便種植作物的地方種植樹木之事：「潤濕不穀，樹之竹、葦、莞、蒲；礫石不可穀，樹之葛、木，以為絺綌，以為材用」。唐代思想家柳宗元曾親自為種樹人郭橐駝作傳，宣傳其植樹佳績和培植樹木的成功經驗（《柳河東集種樹郭橐駝傳》），足見儒者柳宗元也是極力主張植樹造林的。

　　與提倡植樹相聯繫，儒家對前賢保護山林等植被的行為甚是讚賞。如《詩經行葦》就對周天子之「忠厚、仁及草木」的德行極其稱揚，而將其愛護植物的行為載入詩集：「敦彼行葦，牛羊勿踐履。方苞方體，維葉泥泥」。毛傳：「敦，聚貌。行，道也。」鄭箋：「苞，茂也。體，成形也。敦，敦然。道傍之葦，牧牛羊者毋使蹻履折傷之，草物方茂盛，以其終將為人用，故周之先王為此愛之。」孔疏則曰：「周之先王忠厚之至，見敦敦然道傍之葦乃禁牧者，爾所牧牛羊勿得踐履折傷之。何則？此葦方欲茂盛，方欲成體，維其葉泥泥然，少而美好，以其將為人用，故愛惜之。」

　　對於那些破壞山林之舉，儒家則力加痛斥。如柳宗元在其〈行路難〉（《柳河東集古今詩》）一詩中，就對毀壞森林資源的行為進行了無情的斥責和鞭撻：

　　　虞衡斤斧羅千山，工命採斫杦與櫲[8]。深林土剪十取一，百牛

8　《周禮·地官司徒》：山虞「掌山林之政令，物為之屬，而為之守禁。仲冬斬陽木，仲夏斬陰木。凡服邦，斬季材，以時入之。令萬民時斬材，有期日。凡邦工入山林而掄材，不禁。春秋之斬木不入禁。凡竊木者有刑罰」；林衡「掌巡林麓之禁令，而平其守。以時計林麓而賞罰之。若斬木材，則受法於山虞，而掌其政令」。

連鞅摧隻轅。萬圍千尋妨道路，東西蹶倒山火焚。遺餘毫末不
見保，躪躒澗壑何當存。群材未成質已夭，突兀谺空巖巒。柏
梁天災武庫火，匠石狼顧相愁怨。君不見南山棟樑日稀少，愛
材養育誰復論。

　　儒家認為，天地萬物與人是互相依存、不可分離的，人類應「贊
天地之化育」，積極保護森林資源，使之可持續生長。但事實上，人
類常為「萬物之盜」，斧斤不時入於山林，「而不使之永茂矣」、「而不
使之長生矣」[9]。儒家對人類這種常常不能盡其職責而盲目「墾原
田，伐山林」、「悴然使天地萬物不得其情」（《柳河東集天說》）的違
背「天人合一」原則的行為，表示了不滿，強調人類不應盲目墾田和
採伐山林，以便天地萬物各得其情。哪怕是隨意折取樹木一枝葉而不
以其時，在儒家看來，也是有悖於「盡萬物之性」的表現，應竭力制
止。如程頤就說，樹木等都是有生意的，不能隨意伐取。程頤曾為幼
帝宋哲宗師，一次經筵講畢，哲宗「忽起憑檻，戲折柳枝」。目睹此
情，「先生進曰：『方春發生，不可無故摧折。』」（《二程遺書伊川先
生年譜》）。與上述柳宗元等對破壞林木之舉持斥責、反對的態度相
比，《左傳》作者的態度則更為激進。《春秋》昭公十六年（前526
年）載，是年九月，魯、鄭大旱。為消弭災眚，鄭國「使屠擊、祝
款、豎柎有事於桑山，斬其木，不雨。子產曰：『有事於山，藝山林
也，而斬其木，其罪大矣。』奪之官邑」（《左傳》昭公十六年）。對
三大夫屠林行為，鄭之執政者子產要求懲之以奪其「官邑」；又昭公
六年，「楚公子棄疾如晉……禁芻牧採樵，不入田，不樵樹，不採
蓺，不抽屋，不強匄。誓曰：『有犯命者，君子廢，小人降。』」（《左

9　〔宋〕夏元鼎：《陰符經講義》，卷2。

傳》昭公六年）雖然子產的主張和楚公子的做法不能被看作儒家的思
想或受儒家思想影響的產物，但《左傳》作者錄此二事而將之載入史
冊，足以表明子產的主張和楚公子的做法，得到了作者的認同，反映
了儒家的價值取向——反對肆意破壞山林，對違反者繩之以法。

（四）合理利用和保護山林資源的原因及出發點

　　第一，對森林作用的清晰認識，是儒家主張合理利用和保護山林
資源的重要原因。作為生態系統的一部分，森林始終是人類賴以生存
不可或缺的資源。儒家對森林作用的認知，雖然沒有達到現代人對之
系統、科學的認識水準，但對其中的某些方面，如山林在降雨中的作
用與意義，還是有一定認知的。如《孟子離婁下》載曰：

> 原泉混混，不捨晝夜。盈科而後進，放乎四海，有本者如是，
> 是之取爾。苟為無本，七八月之間雨集，溝澮皆盈；其涸也，
> 可立而待也。

孟子認為，水源對於水流之不竭具有決定性的作用，如果沒有源源不
斷的供給之源，縱然是下雨時大小溝澮皆滿，但雨一停，就會立刻乾
涸。「水倍源則川竭」（《說苑談叢》）；「水有源，故其流不窮。木有
根，故其生不窮」（《鶡子知言好惡》）。水源從何而來？儒家認為由山
林決定的大氣降雨於其間起著重要的作用。《禮記祭法》：「山林、川
谷、丘陵能出雲，為風雨」。陸賈《新語無為》：「近河之地濕，而近
山之木長者，以類相及也。高山出雲，丘阜生氣」。劉向在《說苑》
中也反覆強調山林對於降雨的意義，如〈貴德〉云：「山致其高，雲
雨起焉」；〈辨物〉曰：「五嶽……能大布雲雨焉，能大斂雲雨焉。
雲，觸石而出，膚寸而合，不崇朝而雨天下」、「山川……能出物焉，

能潤澤物焉，能生雲雨」。向宗魯注《說苑辨物》時引《尚書大傳》語：「五嶽皆觸石而出雲，扶寸而合，不崇朝而雨天下」（《說苑校證辨物》）。另外，《唐六典虞部郎中》有「凡五嶽及名山能蘊靈產異，興雲致雨，有利於人者，皆禁樵採」的記載。這些記載或言語，無不說明古人已經認識到名山大川的存在對於提高空氣的濕度、增加降雨量等，具有不可替代的作用。

另一方面，森林在防止自然災害方面也有突出的作用。大肆伐木，不僅使森林所在地區的地表蓄水受到嚴重影響，而且還引發和加重水土流失，水潦旱魃之災多發。上古時期的儒家對此有一定的認識。如據《漢書貢禹傳》，西漢時貢禹就認為，當時水旱災多發，就是由「斬伐林木亡有時禁」而致山林「不能含氣出雲」所引起的。董仲舒也說乾旱無雨與亂伐山林有關，強調「春旱求雨，令（令，他本或作合）縣邑……無伐名木，無斬山林」（《春秋繁露求雨》），認為只有保護好山林名木，才能風調雨順，不至於出現「春旱」等影響農業生產的自然災害。《晁錯新書》則稱：「焚林斬木不時，命曰『傷地』」（馬：《意林》卷2引）。所謂「傷地」，就是破壞森林對水土保護的功效。而東漢龐參的認識更為深刻，他說：森林的破壞最終勢必導致水潦諸災「不休」，「不休」之災又使「地力不復」（《後漢書龐參傳》），生態條件更趨脆弱，從而陷入毀林引起災害、災害破壞生態、被破壞了的生態又進一步引發災害的惡性循環泥沼中。

降訖後世，對破壞山林會加劇水旱之災的認識更為普遍。如宋代學者魏峴就曾針對浙江四明（今寧波）它山地區的水土流失、水旱災害與森林破壞間的關係說：「四明占水陸之勝，萬山深秀。昔時巨木高森，沿溪平地竹木亦甚茂密，雖遇暴水湍激，沙土為木根盤固，流下不多，所淤亦少」。然而由於「近年以來木值價高，斧斤相尋」，以致「靡山不童，而平地竹木亦為之一空」，從而導致「大水之時，既

無林木少抑奔湍之勢，又無包纏以固沙土之積，致使浮沙隨流奔下，淤塞溪流至高四五丈，綿亙二三里，……兩岸積沙侵佔，溪港皆成陸地，……田疇失溉」，常常是「旱勢如焚」，田苗枯槁（魏峴：《四明它山水利備覽淘沙》）。明代學者閻繩芳，通過對山西祁縣山體植被由繁茂至濯濯的轉變及其引發的後果的反思，闡明了森林植被的破壞與水土流失間的因果聯繫。他說，明代正德以前，祁縣一帶「樹木叢茂，民寡薪採；山之諸泉，匯而為盤陀水，流而為昌源河，長波淒淒」，即使在每年六七月大雨驟降，僅靠大片森林蘊蓄，汾河水依然能沿著固定的河床下流；降水稀少季節，由於森林蓄含水分，流域一帶不僅無乾旱之虞，而且河水還可「溉田數千頃」，地方因此富足。但是，降迄「嘉靖初元，民風漸侈，競為居室，南山之木，採無虛歲，而土人且利山之濯濯，墾以為田，尋株尺蘗，必鑱削無遺。天若暴雨，水無所礙，朝落於南山，而夕即達於平壤矣。延漲沖決，流無定所，屢徙於賈令（鎮）南北，壞民田者不知其幾千頃，淹廬舍者不知其幾百區也。沿河諸鄉甚苦之，是以有秋者常少，而祁人之豐富減於前之什七矣。」[10]可見，閻氏從實際觀察出發，認識到森林植被在水土保持方面具有積極的功效，認為亂砍濫伐的直接後果，就是水旱等災害的接踵而至。清代梅曾亮對安徽宣城棚民開山墾地的情況有所考察，他在其〈記棚民事〉一文中，道出了這種濫墾山地的行為與水旱災害間的因果聯繫：

　　未開之山，土堅石固，草樹茂密，腐葉積數年可二三寸，每下雨從樹至葉，從葉至土石，歷石罅滴瀝成泉，其下水也緩，又

---

10 〔清〕陳時纂修：《祁縣志》（北京市:北京圖書館出版社，2000年），卷11，〈藝文志二‧重修鎮河樓記〉。

水下而土不隨其下；水緩，故低田受之不為災。而半月不雨，
高田猶受其浸溉。今以斤斧童其山，而以鋤犁疏其土，一雨未
畢，而沙石隨下，奔流注壑，澗中皆填污不可貯水，畢至窪田
中乃止。及窪田竭，而山田之水無繼者。是為開不毛之土而病
有穀之田，利無稅之傭，而瘠有稅之戶也。[11]

梅氏之語，表明他對森林在水源涵養、水土保持、農田保護和水旱災
害防備等作用方面有清晰的認識。清人魯仕驥在其〈備荒管見〉一文
中，具體從森林保持水土作用的方面，專門強調了「培山林」是備荒
救災的一項重要措施。他說：「山無林木，濯濯成童山，則山中之泉
脈不旺，而雨潦時降，泥沙石塊，與之俱下，則田益磽矣。必也使民
樵採以時，而廣畜巨木，郁為茂林，則上承雨露，下滋泉脈，雨潦時
降，甘泉奔注，而田以肥美矣。」[12]正由於認識到山林資源對水旱等
災害的制約作用，懂得毀林損木會招致和加劇水旱等自然災害的發
生，儒家對亂砍濫伐行為予以了譴責，並為此提出了保護山林的主張。

　　第二，認識到山林為其它生物尤其是動物的生境條件。從有關記
載看，儒家主張保護山林等植被資源，還與其對生物生境的朦朧認識
有關。儒家認為，山林資源不僅對自然災害具有一定的掣肘作用，而
且還與其它生物尤其是動物的生活息息相關。首先，山林是動物的棲
息地，「山林者，鳥獸之居也」、「鳥獸歸其林」(《荀子致仕》、《逸周
書文傳》)。棲息地的良窳，對鳥獸等動物的生存具有決定性的影響作
用。如荀子認為，茂盛的山林、成蔭的樹木，是動物生存必要的基本

11 〔清〕梅曾亮：《柏梘山房文集》(臺北市：華文書局股份有限公司，1969年)，卷
　10，〈記〉。

12 〔清〕賀長齡：《皇朝經世文編》(臺北市：文海出版社，1966年)，卷41，〈戶政十
　六・荒政一〉。

條件，所以說「山林茂而禽獸歸之」、「樹成蔭而眾鳥息焉」。如果山林遭到了破壞，那麼動物就會被迫遷徙，「山林險則鳥獸去之」。有鑑於此，荀子極力主張保護山林資源。「殺（即採伐）生（種植）時，則草木殖」，「草木疇生，禽獸群焉」。其次，山林還是其它生物同時也林木自身營養的重要補給源，「樹落糞本」（《荀子》之〈致仕〉、〈勸學〉、〈王制〉），如果過度砍伐山林，勢必導致山林營養的中斷，不僅引起山林衰退，而且還直接導致其它生物的滅絕。如東漢桓帝時的劉陶即曾曰：「木水本魚鳥之所生也，用之不時，必至燋爛。」（《後漢書劉陶傳》）為確保鳥獸生境，必須對其「所生」的山林妥加保護，「用之以時」。

第三，保證山林的「永續利用」是儒家主張保護山林的根本出發點。儒家認為，山林不僅是動物的棲息地，更是民眾生存和發展不可或缺的基礎資源。首先，儒家對山林的功用有著深刻的認識，將山林當作自然財富。如《禮記曲禮》、《國語周語上》就分別有「問國君之富，數地以對，山澤之所出」和「土之有山川也，財用於是乎出」之載，視山林為國家財富的一個重要組成部分，「夫山澤林鹽，國之寶也」（《左傳》成公六年）；充足的山林資源是國家財富豐足的象徵，「山川、丘陵、草木、鳥獸，裕如也」（《法言五百》）。同時，山林還與農業乃至民間的富足密切相聯，如漢末仲長統說：「叢林之下，為倉庾之坻」（《齊民要術序》引），明確指出叢林與農業糧食生產息息相關，即所謂「林茂糧豐」；西漢司馬遷《史記貨殖列傳》就把擁有千樹者視為「千金之家」；而司馬遷後的賢良文學者則進一步指出：「山川之利，足以富百姓。……《論語》曰：『百姓足，君孰與不足乎？』」（《鹽鐵論未通》），將山林看作民富國強的重要資源。正因為如此，儒家鼻祖孔子把「樹木甚茂」當作衡量政事優劣的標準之一。孔子當年經過子路所治蒲境，當他看到蒲境內「牆屋完固，樹木甚茂」之景時，即連以「善」稱其治。

其次，以山林與國計民生關係的認識為基礎，為保證「林木之用」亦即國家與百姓財富的源源不竭，儒家反覆申述其保護山林資源的主張。如《孟子梁惠王上》：「斧斤以時入山林，林木不可勝用也」。強調只有對山林進行有效的保護，才能保證「林木不可勝用」。又《荀子王制》：「草木榮華滋碩之時，則斧斤不入山林，不夭其生，不絕其長也。……斬伐養長，不失其時，故山林不童，而百姓有餘材也。……修火憲，養山林藪澤，草木魚鱉百索，以時禁發，使國家足用，而財物不屈」。將百姓日常生活所需（「百姓有餘材」）和國家財政經濟的富足（「國家足用而財物不屈」）作為山林保護的重要目的。反之，「若夫山林匱竭，林麓散亡，藪澤肆既，民力雕盡，田疇荒蕪，資用乏匱，君子將險哀之不暇，而何易樂之有焉？」據前人所注，引文中「肆，極也。既，盡也。雕，傷也。」（《國語周語下》及韋昭注）可見，如果對山林資源不加保護，肆意而為，導致「山林匱竭，林鹿（麓）散亡，藪澤肆既」，那麼，步其後者將會是「民力雕盡」和國家「資用乏匱」，形勢將險象環生。

最後，為保證有「材」可用，儒家大力提倡人工植樹。管子云：「有貧賤者，有日不足者。一年之計，莫如樹穀；十年之計，莫如樹木；……一樹一獲者，穀也。一樹十獲者，木也」（《管子權修》）。《史記貨殖列傳》：「十歲，樹之以木」。山林資源關乎國計民生，儒家因此積極提倡種植樹木，並將之作為「以匡窮困」的重要手段。《逸周書文傳》載：

> 文王授命之九年，時維暮春，在鄗。（謂）太子發曰：「吾語汝所保所守。守之哉！……土可犯，材可蓄。潤濕不穀，樹之竹、葦、莞、蒲；礫石不可穀，樹之葛、木，以為絺綌，以為材用。」

《逸周書大聚》又載周公曰：

> 陂溝道路，藂茸丘墳，不可樹穀者，樹以材木。春發枯槁，夏發葉榮，秋發實蔬，冬發薪烝，以匡窮困。

《逸周書》所載，涉及內容主要有二：一是反覆強調因地制宜，種植樹木；二是其種植樹木的直接目的——「以為材用」、「以匡窮困」，即保證山林的永續利用，滿足百姓日常需要和說明民眾擺脫貧困。其後的歷史時期，力主植樹的儒者縷縷不絕。如明朝成化、弘治年間，邊疆地區「以樵薪之故而翦其蒙翳，以營造之故而代其障蔽，以游畋之故而廢其險隘」等行為較為普遍，林木破壞嚴重。時人邱濬之〈守邊固圉之略〉一文，具體反映了這一情形。他說：「不知何人始於何時，乃以薪炭之故，營繕之用，伐木取材，折枝為薪，燒柴為炭，致使木植日稀，蹊徑日通，險隘日夷。」針對於此，邱濬從森林資源生長和產出平衡的原理出發，明確指出：「木生山林，歲歲取之無有已時。苟生之者不繼，則取之者盡矣。竊恐數十年之後，則物日少，其價日增，吾民之採辦者愈不堪矣。」為解決當時林木匱乏的嚴重問題，邱濬「請於邊關一帶，東起山海，以次而西，於其近邊內地，隨其地之廣狹險易，沿山種樹，一以備柴炭之用，一以為邊塞之蔽，於以限北人之馳騎，於以為官軍之伏地。每山阜之側，平衍之地，隨其地勢高下曲折，種植榆柳，或三五十里，或七八十里」（黃訓：《名臣經濟錄兵部》）。邊圉植樹，既利於解決邊防問題，也便於民間薪材之用，可謂一石二鳥。對植樹的種種好處，清初的俞森在其〈種樹說〉中予以了較為詳細的列舉：

> 余聞之，百歲樹德，十歲樹木，故安邑千樹棗，燕秦千樹栗，

渭川千畝竹，其人皆與千戶侯等。……余嘗計種樹之效，其利有八。……何謂八利？一畝之地，樹穀得二石足矣，一畝之地而樹木，所入不數十石乎？其利一。歲有水旱，禾麥易傷，榛柿栗棗不俱殘也，年豐販易，歲凶療饑，其利二。貧人無薪，至拾馬糞、掘草根，種樹則落其實而取其材，何憂無樵蘇之具？其利三。造屋無木，土墼覆草，久雨屋頹，率多露處。種樹上可建樓居，下不至為土隅，其利四。樹少則生無以為器具，死無以為棺槨，種樹則材木不可勝用，其利五。豫土不堅，瀕河善潰，若栽柳列樹，根株糾結，護堤牢固，何處可沖？其利六。五畝之宅，樹之以桑，宅不毛者有里布。今汴州四野之桑，高大沃若。若比戶皆桑，大講蠶務，其利七。五行之用，不剋不生，今樹木稀少，木不剋土，土性輕揚，人物粗猛。若樹木繁多，則土不飛騰，人還秀飭，其利八。有此八利而上下恬熙。

主張對於認真執行植樹、超額完成任務者，予以獎賞（「能逾格多種，旌之」），而「不如令者，罰無赦」，並「常以時巡行」，以為如此即能達到預期的效果[13]。

二 「鴛鴦於飛，畢之羅之」──儒家合理利用和保護動物資源的思想

動物資源包括水生魚類資源、陸生獸類資源和飛禽等，前者如魚鱉黿鼉鰍鱔，後者主要為鳥類，而陸生獸者則多不勝舉。出於持續利

---

13 〔清〕田文鏡等修：《河南通志》，卷77，〈藝文六・說〉。

用的目的，儒家對動物資源的合理利用和保護提出了一系列主張。

（一）「魚鱉不可勝食」——古代對動物資源的利用

「不可勝食」是《孟子梁惠王上》中一句話的後半部分，其全句是「數罟不入洿池，魚鱉不可勝食也」。「不可勝食」僅僅道出了古代對動物資源利用目的的一個方面，除此以外，尚有其它目的和相關內容。如孟世凱曾對殷商武丁及歷代商王以獵取動物為主的田獵活動進行了研究，認為殷商時期的田獵具有開發土地、墾殖農田、為農田除禽獸之害、保護農作物的正常生長、促進農業生產的發展等性質；而且田獵還為商人提供了一部分生活資料，如禽獸之肉可食用、皮毛可製作衣物、骨角可製成用具和裝飾品等。因此，從總體上看，田獵是商代農牧業經濟中一項不可缺少的補充生產[14]。王廷洽的研究則以《周易》和《詩經》為對象，對西周時期的漁獵經濟和文化進行了研究，其中涉及當時對動物資源的利用情況[15]。茲據古代文獻，並在相關學者研究的基礎上，對古代尤其是上古時期關於動物資源的利用情況，亦即古代保護動物資源主張產生的動力或目的略加闡述。由於古代對動物資源的利用以漁獵為主，所以，這裏所言的利用，自然也是以漁獵為主。

《白虎通闕文》云：「王者諸侯所以田獵者何？為田除害，上以共宗廟，下以簡集士眾也。」由此來看，古代對動物資源的利用是多方面的，既有經濟上的，又有軍事、文化性質的，是一種十分廣泛的經濟、文化行為。

---

14 孟世凱：〈殷商時代田獵活動的性質與作用〉，《歷史研究》1990年第4期（1990年）。

15 王廷洽：〈《周易》時代的漁獵和畜牧〉，《上海師範大學學報》1993年第4期（1993年）；王廷洽：〈《詩經》與漁獵文化〉，《中國史研究》1995年第1期（1995年）。

1 經濟目的

首先是保護田土，為農除害，這是古代田獵的主要原因之一。古代較早時期，生態環境狀況良好，植物繁茂，動物種類、數量孔多，諸類動物的活動不免對相對稀少的人類及其農業經濟活動造成一定的威脅。出於保護田土、為農除害之需，人類開始驅趕各類動物尤其是獸類。如《孟子滕文公上》說，堯舜時代，「洪水橫流，氾濫於天下。草木暢茂，禽獸繁殖，五穀不登，禽獸逼人。獸蹄鳥跡之道，交於中國。堯獨憂之，舉舜而敷治焉。舜使益掌火，益烈山澤而焚之，禽獸逃匿。」對此，漢代趙岐注云：「遭洪水，故天下未平；水盛，故草木暢茂；草木盛，故禽獸繁息眾多也。登，升也，五穀不足陞用也。猛獸之跡當在山林而反交於中國，懼害人，故堯獨憂念之。敷，治也。《書》曰『禹敷土』，是言治其土也。掌，主也，主火之官，猶古之火正也。烈，熾。益視山澤草木熾盛者而焚之，故禽獸逃匿而奔走遠竄也。」到了先秦時期，驅趕野獸活動逐漸衍變為有目的的捕獲禽獸。故《白虎通闕文》語曰：「王者諸侯所以田獵者何？為田除害，……四時之田，總名為田何？為田除害也。」反覆強調田獵「為田除害」的目的。這一狩獵目的，在《周易》、《公羊傳》等儒家經典中有較多的記載。

《周易師》：「六五：田有禽，利執言，無咎。長子帥師，弟子輿尸，貞凶。」王弼注：「田有禽也，物先犯己，故可以執言而無咎也。……長子帥師可也，弟子之凶，固其宜也。」孔穎達疏：「田中有禽而來犯苗，若往獵之，則無咎過也。……禽之犯苗則可獵取。」按照儒家說法，無論是社會上層人士，還是普通百姓，日常無故均不得殺生。但是，由於禽犯田土，為保護農田，此種情形下的捕獵是可以的。《周易》及其注疏者的這一思想，深為後世說《周易》者所踵

繼。如程頤在其傳《周易》之「田有禽，利執言，無咎」文時即云：
「若禽獸入於田中，侵害稼穡，於義宜獵取則獵取之，如此而動，乃
得無咎。」（《伊川易傳師》）申明對於擅闖田地內侵害農稼的禽獸，
可以據「義」獵之；而宋人李光在說《周易》之「九四：田無禽」
時，再次強調了「禽獸之害稼穡，則當獵取而除去之」（李光：《讀易
詳說下經》）的傳統認識。

　　無獨有偶，《周易》中的相關文字，在儒家其它經典如《公羊
傳》中也有類似的記載。《春秋》載稱：桓公四年（前708年）「春正
月，公狩於郎」。《公羊傳》曰：「狩者何？田狩也。……諸侯曷為必
田狩？」東漢何休注云：「必田狩者，……禽獸多則傷五穀，……故
因以捕禽獸，所以……為田除害。」西漢末年劉向《說苑修文》在引
用《春秋》桓公四年「公狩於郎」和《公羊傳》對之所作的解釋，以
及回答「其謂之田何」時說道：「五穀者，以奉宗廟，養萬民也。去
禽獸害稼穡者，故以田言之。」何休說：「田者，蒐狩之總名也。」
古代把「田」作為一年四季狩獵總名稱，以及「田」之「為田除害」
的首要動力，表明中國農業文明形態歷史較為悠久。

　　其次是日常生活中的食用。保護田土、為農除害的田獵動因，是
從被動、消極的防護即「除害」角度來說的，而充分利用動物資源則
是從人類積極、主動的狩獵目的而言的。這類用其「利」的狩獵目
的，在傳世文獻中有連篇累牘的記載。如《國語魯語上》錄里革言：
「鳥獸成，水蟲孕，水虞於是乎禁罝，設穽鄂，以實廟庖，畜功用
也」；《孟子梁惠王上》：「數罟不入洿池，魚鱉不可勝食也」；《晏子春
秋內篇》載晏嬰云：「鹿生於野，命懸於廚」[16]；《鹽鐵論散不足》載

16　《呂氏春秋・知分》：「鹿生於山，而命懸於廚」；劉肅《唐新語・持法》作「鹿走
　　於山林而命懸於廚」；劉向《新序・義勇》：「虎豹在山林，其命在庖廚」。

西漢賢良文學者云：古者「鳥獸魚鱉，不中殺不食」等等。《國語楚語下》有觀射父言於楚昭王「士食魚炙，……庶人食菜」之載，說明上古時期，無論是上層貴族，還是普通民眾，日常很難食用肉味佳餚。若食珍肴，必須從自然界──經由漁獵的方式──獲取。日常生活中的葷類食用，因此成為漁獵的目的之一。《公羊傳》桓公四年曰：「諸侯曷為必田狩？一曰干豆，二曰賓客，三曰充君之庖。」諸侯田獵的主要目的，除「干豆」之用外，其餘都是為了日常肉食。又《詩經瓠葉》載云：

> 有兔斯首，炮之燔之。君子有酒，酌言獻之。有兔斯首，燔之炙之。君子有酒，酌言酢之。有兔斯首，燔之炮之。君子有酒，酌言酬之。

雖然《瓠葉》表達的是士大夫對周幽王「上棄禮而不能行」、雖有太牢之牲而「不肯用」但以之「自養厚而薄於賓客」乖於「禮」的行為的譏刺，而它卻反映了當時社會民眾通過狩獵獲取野兔並食之的歷史事實。除食獸外，古人還食用野禽和魚類。如《新書春秋》記載說，春秋時期，「鄒穆公有令：食鳧雁者必以粃，毋敢以粟。於是倉無粃而求易於民，二石粟而易一石粃」。表明當時鄒國食用野鴨與大雁者甚眾。

與禽獸比較，由於魚類易於捕獲，古代食魚因此遠較食用禽獸類常見和普遍，《詩經》等文獻對此有大量的記載。如《衡門》：「豈其食魚，必河之魴？……豈其食魚，必河之鯉？」《南有嘉魚》：「南有嘉魚，烝然罩罩。……南有嘉魚，烝然汕汕」。其中前者記載了當時人們食用的魚類有魴、鯉等。而實際上，《詩經》中記載的魚類，據

相關統計，至少在十餘種以上[17]，可知古人食魚的種類十分豐富；而後者則表現了食魚者「相燕樂」的情景[18]。

　　最後為毛皮衣飾、入藥之用。對於人類來說，野生禽獸堪謂「周身是寶」，不僅其肉可供人類啖食，且其毛皮筋骨還是人類精美衣飾必不可少之物。對於《春秋》桓公四年「公狩於郎」的記載，關於其「狩」，何休所作的解釋是：「古者，肉食衣皮服捕禽獸」，可知「衣皮服」也是古代獵「捕禽獸」的目的之一。對此，唐代徐彥疏云：

> 古者，謂三皇之時也。故〈禮運〉道三皇時云：昔者先王……未有麻絲，衣其（禽獸──引者注）羽皮。後聖有作，然後……治其麻絲，以為布帛，以養生送死，以事鬼神。又下〈繫辭〉云：黃帝堯舜垂衣裳而天下治。彼注云始去羽毛，故鄭注《易說》云：古者田漁而食之，因衣其皮，先知蔽前，後知蔽後。後王易之以布帛，而猶存其蔽前者，重古道不忘本。以此言之，則黃帝以後始有火化而去羽毛。

由徐疏可見，早在遠古漁獵時期，人類的衣飾來源就是禽獸羽皮。後來由於黃帝等「垂衣裳而天下治」，人類告別了「因衣其皮」的歲月

---

17 關於《詩經》中所錄禽獸魚之種類，具體可參見宋人蔡卞《毛詩名物解》之卷六─卷八〈釋鳥〉、卷九─卷十〈釋獸〉，卷十三〈釋魚〉、卷十八〈雜解・鳥獸總解附昆蟲魚草〉，以及明人馮復京之《六家詩名物疏》相關篇目。

18 王子今曾以長沙馬王堆漢墓出土文物為對象，並結合有關文獻記載，對墓主及秦漢時期的食用雉、雁、梅花鹿、華南兔、鯽魚等禽獸魚情況予以了探討。具體參見王子今：《秦漢時期生態環境研究》（北京市：北京大學出版社，2007年），頁177-183；王利華的研究，對中古時期社會的食鹿情況進行了簡要的勾勒，具體參見王利華：〈中古華北的鹿類動物與生態環境〉，《中國社會科學》2002年第3期（2002年）。另見氏著：《中古華北飲食文化的變遷》（北京市：中國社會科學出版社，2000年）。

而步入穿著布帛的時代。事實上，如果說黃帝以後確實出現了「去羽毛」的衣服風俗，那麼，也只是結束了全體民眾「衣其羽皮」的現象。另一方面，可能因為「物以稀為貴」，一些社會上層人物並沒有普遍衣著絲麻布帛　，而依舊把禽獸皮毛作為衣著材料，縫製精美服飾，並將「衣皮服」視為社會地位的標誌。如《詩經羔裘》載云：

> 羔裘如濡，洵直且侯。……羔裘豹飾，孔武有力。……羔裘晏兮，三英粲兮。

這首詩大致講的是：諸侯身著羔裘朝服，色澤濡潤；皮服袖飾以豹皮，「其人甚武勇」；如此光豔鮮甚（「晏兮」），堪謂剛、柔、正直「三德」俱備的君子啊（「三英粲兮」）！綜合毛傳、鄭箋、孔疏可知：春秋時代，穿著毛皮是君子的象徵。

　　由於禽獸的毛皮有衣飾之用，穿著這類服飾具有非同一般的意義，那麼，獲取禽獸羽皮自然也就成為古代獵捕動物的重要目的之一。《左傳》隱公五年（前718年）載臧僖伯所云「鳥獸之肉，不登於俎，皮革、齒牙、骨角、毛羽，不登於器，則公不射」，就反映了古代田獵獲取禽獸皮革等用於物飾的目的。禽獸毛皮用於裝飾或製作衣物的事例，《左傳》中還有這樣一個記載：昭公十二年（前530年），吳、楚發生州來之戰，時值冬日「雨雪」，楚靈王「皮冠，秦復陶，翠被，豹寫」。「復陶」，杜預注為「秦所遺羽衣也」，孔穎達補充云：「冒雪服之，知是毛羽之衣，可以御雨雪也」。可見，「復陶」就是以禽獸毛絨製成的羽衣；「翠被」，杜預注為「以翠羽飾被」，孔疏：「正義曰：（《爾雅》──引者注）〈釋鳥〉雲翠，鷸。……李巡曰：其羽可以飾物。郭璞曰：似燕，紺色，生鬱林。鄭子臧好鷸冠，以此鳥之羽飾冠」。「被」，唐陸德明「音義」「普義反」，即同「披」，似今日之

披風。綜而說之，「翠被」就是用鷸羽織成的披風；「豹寫」，杜預注為「以豹皮為履」，也就是豹皮做的鞋子。可見，楚靈王周身所著服飾，都與禽獸毛皮有關。另外，長沙走馬樓簡牘有關徵斂皮革的內容中，麂皮、鹿皮、羊皮、牛皮、水牛皮、雜皮佔有較大的比重，表明「入皮」制度在漢晉之際的長沙一帶仍甚為普遍參見[19]。這些皮革，無疑有相當一部分被用來作為製造鞋帽服飾的原材料。

　　至於禽獸入藥之用，古代文獻對之有諸多的記載，考古也有不少的發現。例如，長沙馬王堆漢墓隨葬品中，就有許多獸類[20]有研究者認為其中的梅花鹿遺物就是「專供藥用」的，稱梅花鹿因此遭到濫捕，以致數量大為減少[21]。這話有些絕對，因為既有的研究清楚表明，鹿產品並非「專供藥用」，鹿皮可加工製成各種服飾，鹿肉滋補營養價值很高，是人們十分喜好的美味佳餚。因此，這一說法遭到了一些學者的質疑，以為「其中『專供藥用』的說法，可能並不符合歷史真實」[22]。不過，鹿產品的藥用價值當是不爭的事實。鹿類動物通身是寶，鹿茸、麝香、鹿角膠、鹿骨、鹿尾、鹿筋、鹿胎、鹿腎等，都是十分名貴的中藥材，藥用價值很高。孫思邈《千金方》等就記載了鹿產品的醫藥價值，作為藥材，鹿產品在各地廣為流通[23]。

2 祭祀

　　《公羊傳》魯桓公四年（前708年）正月在傳《春秋》「狩於郎」

19　王子今：《秦漢時期生態環境研究》（北京市：北京大學出版社，2007年），頁184。

20　何介鈞等：《馬王堆漢墓》（北京市：文物出版社，1982年），頁32-33。

21　高耀亭：〈馬王堆一號漢墓隨葬品中供食用的獸類〉，《文物》1973年第9期（1973年）。

22　王子今：《秦漢時期生態環境研究》（北京市：北京大學出版社，2007年），頁183。

23　王利華：〈中古華北的鹿類動物與生態環境〉，《中國社會科學》2002年第3期（2002年）。

時曰：「諸侯曷為必田狩？一曰干豆」，把「干豆」之用作為田獵的首要目的。乾，乾肉；豆，祭器。所謂「干豆」，也就是祭祀用品。由此看來，祭祀是上古時期田獵的重要動因之一。

古代祭祀對象十分廣泛，祭祀種類殷多，如天地山川之祭、宗廟之祭、社之祭等等。《禮記王制》：

> 天子祭天地，諸侯祭社稷，大夫祭五祀。天子祭天下名山大川，五嶽視三公，四瀆視諸侯。諸侯祭名山大川之在其地者。天子諸侯祭因國之在其地而無主後者。

古代祭祀活動甚為頻繁，各類祭祀一般一年四季都要舉行。如天子宗廟之祭，不僅四季行之，且其名稱和祭獻也根據歲時不同而有別。《禮記王制》：「天子諸侯宗廟之祭，春曰礿，夏曰禘，秋曰嘗，冬曰烝」。《周禮獸人》：「獸人掌罟田獸，辨其名物。冬獻狼，夏獻麋，春秋獻獸物。時田則守罟，及弊田，令禽注於虞中。凡祭祀、喪紀、賓客，共其死獸生獸，凡獸入於臘人。」鄭注稱「四時社廟之祭」有「春獻禽以祭社，夏獻禽以享禴，秋獻禽以祀祊，冬獻禽以享烝」之謂。從此關於獸人捕獵禽獸以供四季祭祀義務的規定來看，古代不僅四季都要舉行祭祀活動，且其名稱和祭品也因四季的差異而有不同。又《禮記王制》載稱：

> 天子社稷皆大牢，諸侯社稷皆少牢。大夫、士宗廟之祭，有田則祭，無田則薦。庶人春薦韭，夏薦麥，秋薦黍，冬薦稻。韭以卵，麥以魚，黍以豚，稻以雁。祭天地之牛角繭栗，宗廟之牛角握，賓客之牛角尺。諸侯無故不殺牛，大夫無故不殺羊，士無故不殺犬豕，庶人無故不食珍。

鄭玄注：「以仲月士薦牲用特豚，大夫以上用羔，所謂『羔、豚而
祭，百官皆足』。……庶人無常牲，取與新物相宜而已。」由《禮
記》及鄭注可見，古代祭祀主體很是普遍，上自天子，中經諸侯、大
夫、士，直至庶人黎民，都有祭祀的責任和義務；另由上述之「大
牢」、「少牢」、「魚」、「豚」、「雁」等可知，古代祭祀基本上都有禽獸
魚等水生或陸行動物。肉類食品既是人類日常生活之需，更是古代上
起天子、下迄庶民的獻品。如上引《國語魯語上》中里革語：「鳥獸
成，水蟲孕，水虞於是乎禁罝，設穽鄂，以實廟庖，畜功用也。」據
韋昭注，「以實廟庖」就是「以獸實宗廟庖廚也」。《大戴禮記禮三
本》：「大享尚玄尊，俎生魚」。鄭玄注《禮記禮器》「郊血大饗腥」
云：「大饗，祫祭先王」。《禮記月令》：季春三月，「命漁師始漁，天
子親往，乃嘗魚，先薦寢、廟」。幾則記載反映的都是古代祭祀以禽
獸魚為祭品的事實。

那麼，古代祭祀所需動物貢品究竟從何而來？漢代何休注《公羊
傳》稱：「必田狩者，孝子之意，以為己之所養，不如天地自然之牲
逸豫肥美」。可知，自然狀態下的禽獸，由於較人工家養牲畜「逸豫
肥美」，使得孝子出於「共承宗廟」等需要「因以捕禽獸」。《左傳》
隱公五年（前718年）：「鳥獸之肉，不登於俎，皮革、齒牙、骨角、
毛羽，不登於器，則公不射，古之制也。」杜預注：「俎，祭宗廟
器」。祭祀因此成為田獵既是首要的，也是主要的目的。由於祭祀一
年四季都有，也就使得狩獵春、夏、秋、冬均要定期舉行。對此，
《穀梁傳》曰：「四時之田皆為宗廟之事也。春曰田，夏曰苗，秋曰
蒐，冬曰狩」（《左傳》隱公五年，孔穎達疏引）。

3　田獵的軍事訓練及娛樂功用

（1）田獵的軍事訓練意義。田獵的目的，非單為獲取禽獸，它
同時還是古代邦國講武練兵的很好形式。古代文獻對此有較多記載。

如《周易》就把有關田獵活動置於〈師〉卦之下：「田有禽，利執言，無咎。長子帥師，弟子輿屍，貞凶」；《詩經車攻》：「我車既攻，我馬既同。四牡龐龐，駕言徂東。田車既好，四牡孔阜。東有甫草，駕言行狩。之子於苗，選徒囂囂。建旐設旄，搏獸於敖。駕彼四牡，四牡奕奕。赤芾金舄，會同有繹。」其「序」稱該詩反映的是周宣王「修車馬，備器械，復會諸侯於東都（王城），因田獵而選車徒」之事；《左傳》隱公五年（前718年）載臧僖伯說：「春蒐，夏苗，秋獮，冬狩，皆於農隙以講事也」。據其下文和杜注、孔疏，所謂的「講事」，所講就是武備、軍備之事；何休注《公羊傳》桓公四年（前708年）「公狩於郎」云：「必田狩者，……因習兵事，又不空設，故因以捕禽獸，所以……示不忘武備」；《穀梁傳》昭公八年（前534年）：「因蒐狩以慣用武事，禮之大者也」；《白虎通闕文》：「王者諸侯所以田獵者何？為田除害，上以共宗廟，下以簡集士眾也」；劉昭注《後漢書禮儀志中》引蔡邕《月令章句》言：「寄戎事之教於田獵。武事不可空設，必有以誡，故寄教於田獵，閒肄五兵。」這就是《禮記月令》所載的季秋之月，「天子乃教於田獵，以習五戎」。鄭玄注之云：「教於田獵，因田獵之禮，教民以戰法也。五戎，謂五兵：弓、矢、殳、矛、戈、戟也」。孔疏曰：「天子乃教於田獵者，天子於此陰殺之時，乃教人以戰法於田獵之事。謂因田獵而教之也。以習五戎者，謂於田獵之時，令人慣用五種兵戎之器」。

王者、諸侯田獵的軍事訓練目的，可通過《周禮大司馬》的一段記載來具體說明：

> 大司馬之職，掌建邦國之九法，以佐王平邦國。……中春教振旅，……以教坐作進退疾徐疏數之節，遂以蒐田。有司表貉，誓民。鼓，遂圍禁，火弊，獻禽以祭社。中夏教茇舍，如振旅

之陳，……遂以苗田，如蒐之法。……中秋教治兵，如振旅之
陳，……遂以獮田，如蒐田之法。……中冬教大閱，……遂以
狩田，……中軍以鼙令鼓，鼓人皆三鼓。……車徒皆作，遂鼓
行，徒銜枚而進。……獲者取左耳。及所弊，鼓皆駴，車徒皆
噪。徒乃弊，致禽饁獸於郊，入獻禽以享烝。

根據鄭注，文中「誓民」，乃「誓以犯田法之罰也」；「徒銜枚而進」
之「枚如箸，銜之，有繮結項中。軍法，止語，為相疑惑也」；「獲者
取左耳」：「取左耳，當以計功」；「及所弊，鼓皆駴，車徒皆噪」：「天
子、諸侯蒐狩有常，至其常處，吏士鼓譟，象攻敵克勝而喜也。疾雷
擊鼓曰駴」。該段文字明確記載先秦的田狩分兩部分：首先是軍事訓
練活動，其次是田獵具體活動，並對射獵的順序、獲取獵物歸屬等問
題均有一定的規定。而且，田獵還包括獵前祭、獵後祭等儀禮，所以
田獵之禮又有「大蒐禮」之謂。總而言之，上述關於「誓民。鼓，遂
圍禁」、「中軍以鼙令鼓，鼓人皆三鼓」、「鼓行，徒銜枚而進」、「獲者
取左耳」、「及所弊，鼓皆駴，車徒皆噪」等田獵時的規定和做法，以
及田獵之「中春教振旅」、「中秋教治兵」、「中冬教大閱」的目的，無
不表明先秦時的狩獵具有濃鬱的軍事訓練目的。對此，聞一多在詮釋
《周易》「田有禽，利執言，無咎」時曾說：

> 古者田獵軍戰本為一事。觀軍戰斷耳以計功，田獵亦斷耳以計
> 功，而未獲之前，田物謂之醜，敵眾亦謂之醜，既獲之後，田
> 物謂之禽，敵眾亦謂之禽，是古人視田時所逐之獸，與戰時所
> 攻之敵無異。禽獸與敵等視，則田而獲禽，猶之戰而執訊矣。[24]

---

24 聞一多：〈《周易》義證類纂〉，朱自清：《聞一多全集（二）·乙集·古典新義》（上
海市：開明書店，1948年），頁16。

郭寶鈞也指出：「田獵須駕車馬、合徒眾、執兵戈、進與禽獸搏鬥，故田獵……有治兵的重要意義隱於其間」[25]；楊寬在探討先秦田獵活動時，稱蒐田之禮即籍田獵而進行軍事檢閱和軍事演習。認為「戰爭最初出現於原始公社制瓦解時期，所用武器就是狩獵工具，戰爭方式與集體圍獵相同」，田獵因此具有軍事訓練和演習的目的[26]。

狩獵活動四季常有，並因時節不同，其名目也有異。《爾雅釋天》祭名云：「春獵為蒐，夏獵為苗，秋獵為獮，冬獵為狩」。《周禮肆師》：「獮之日，蒞卜來歲之戒」。鄭玄注：「秋田為獮，始習兵，戒不虞也，卜者問後歲兵寇之備。」既然四時可田獵，那麼，四時之獵無疑也具有軍事訓練的目的，但鄭氏為何又云「秋田為獮，始習兵，戒不虞」呢？對此，賈公彥的說法是：「謂肆師正當出，獮田之日則蒞卜來歲之戒不虞之事。……鄭解不於春蒐夏苗蒞卜來歲之戒，必於秋獮之日為戒者，以其春教振旅、夏教茇舍，非正習兵。秋教治兵之日，故於是戒不虞也。言不虞者，虞，度也。以兵寇之事來否，不可億度，當豫戒備之。故鄭雲卜者問後歲兵寇之備也。」從這一解釋可以看出，古代田獵的軍事訓練目的較為顯著。賈氏之所以要突出秋獵的練兵習武性質，筆者認為，主要原因無外乎二：

其一，順時。鄭注《周禮大司馬》「遂以獮田」：「秋田為獮。獮，殺也」。《爾雅釋天》「秋獵為獮」亦即「秋獵為殺」。正因為如此，郭璞注《爾雅》「秋獵為獮」之因時云「順殺氣也」。根據儒家經典《禮記月令》所載，一年四季節氣不同，人類的行為也應根據季節的差異而有所變化；若逆時而動，就會發生災殃。秋季是萬物成熟、嚴霜始降的肅殺季節，也是人類行刑的時節。但秋季有月三，究竟是

---

25 郭寶鈞：《中國青銅器時代》（香港：三聯書店，1963年），頁161。
26 楊寬：〈「大蒐禮」新探〉，《學術月刊》1963年第3期（1963年）。

在哪一個月開展狩獵活動呢？《禮記月令》中，孟秋之月沒有提到可以獵狩之事；仲秋之月自然界「殺氣浸盛」，「是月也，乃命宰、祝循行：犧牲，視全具；案芻豢，瞻肥瘠，察物色，必比類；量大小，視長短，皆中度。五者備當，上帝其饗。……凡舉大事，毋逆大數，必順其時，慎因其類」，對祭祀物品提出了要求，似乎當有田獵之事。然而，根據鄭玄關於「案芻豢」「養牛羊曰芻，犬豕曰豢」之注，可知仲秋之月的「犧牲」乃為人工即家庭豢養之物，而非田獵品。「國之大事，在祀與戎」（《左傳》成公十三年），「凡舉大事，毋逆大數，必順其時，慎因其類」。對於集祭祀與軍事於一體、事關重大的秋季田獵「大事」，在「殺氣浸盛」的仲秋之月，王、諸侯者絕對不敢蠢蠢而動，逆自然之「大數」。排除孟秋、仲秋之月，那麼，具有軍事訓練意義的秋獵當在季秋之月舉行。《禮記月令》的記載也可證實這一點。季秋之月是「霜始降」、「豺乃祭獸戮禽」的肅殺季節，是「因其殺氣」，伐木狩獵、遍祭眾神的時節：

> 是月也，大饗帝，嘗，犧牲告備於天子。……天子乃教於田獵，以習五戎，班馬政，……草木黃落，乃伐薪為炭。

鄭注：「教於田獵，因田獵之禮，教民以戰法也。五戎，謂五兵：弓、矢、殳、矛、戈、戟也。馬政，謂齊其色，度其力，使同乘也」。孔疏：「正義曰：天子乃教於田獵者，天子於此陰殺之時，乃教人以戰法於田獵之事。謂因田獵而教之也。以習五戎者，謂於田獵之時，令人慣用五種兵戎之器。班馬政者，謂班布乘馬之政令」。不管鄭、孔在「班馬政」的問題上認識有何不同，但有一點是可以肯定的，即從天子主體的層面而言，雖然先秦時期一年四季都可以漁獵，但秋季帶有軍事目的的狩獵，應該是在季秋。

　　其二，季秋狩獵，一方面野生動物已經長成，係成禽、成獸、成魚，符合〈月令〉的要求，自然可以捕殺；同時，長成的禽獸經過夏季豐富食物的滋養，秋冬時節已經十分肥美，從營養的角度來說，秋季也是上佳的捕獵時節。《白虎通闕文》：「秋謂之蒐何？蒐索肥者也」。而另一方面，秋季野生禽獸身體健壯，具有極強的奔跑、飛行能力和擺脫捕獵的掙扎力，此時進行以捕獲為手段、以加強軍事訓練為目的的狩獵活動，無疑能夠很好地實現組織者藉此鍛鍊軍事組織、協調和作戰能力的初衷。

　　（２）田獵的娛樂功效。先秦時的田獵還具有娛樂的性質和目的。郭沫若在探討《周易》時代的社會生活時，把漁獵作為該時代的遊娛生活之一。指出：

　　　　（《周易》中）可以列於漁獵一項的文句最多，然獵者每言王
　　　　公出馬，而獵具有用著良馬之類，所獵多係禽魚狐鹿，絕少猛
　　　　獸，可知漁獵已成游樂化[27]。

對於上古時代漁獵的娛樂化活動，其它文獻也有不少的記載。如《尚書無逸》：「文王不敢盤於游田」，周公曰：「嗚呼！繼自今嗣王，則其無淫於觀、於逸、於游、於田」。孔安國傳云：文王「不敢樂於游逸田獵」，表明西周早期的漁獵就已具有娛樂的功效。自此以降，以田獵為樂事者不少。如《春秋》載桓公七年（前705年）二月己亥，「焚咸丘」。對於此則記載，杜注、孔疏皆以為譏刺其「盡物」。但清初毛奇齡在繼承陳說的同時，又明確指出：「焚者，火田也。《爾雅》……原有火田一法，但農隙教戰，不止從禽。今於四時習鬥，諸禮概不之問，而第火田以為樂，此與觀魚觀社何異？故或書其事，而禮見義亦

27 郭沫若：《中國古代社會研究》（北京市：人民出版社，1964年），頁29。

見焉」（毛奇齡：《春秋毛氏傳》卷7）。把對以田為樂行為的譏諷也視
作著者書之的目的之一。此一說法，應該說是能夠成立的。但是，
《春秋》對當時把田獵作為娛樂手段的記載並不太多。對此，清人馬
驌的解釋是：

> 田獵既有常時，復有常地。天子必於王畿，諸侯必於封內，擇
> 山澤不毛之地、近國之隙地而為之。傳稱鄭之原圃、秦之具
> 圃，是其類矣。春秋二百四十二年，魯之蒐、苗、獮、狩必且
> 甚多，苟非失時、違地，則為國之常禮，例皆不書。經之所
> 書，止蒐狩數事而已，皆譏也。（馬驌：《左傳事緯前集左氏辯
> 例下》）

在馬氏看來，蒐狩為邦國常事，根據《春秋》「記異不記常」的記事
原則，若非失時、違地，常例蒐狩均不專門記錄。而《春秋》所載田
獵，則為「失時、違地」等有悖「國之常禮」之例。至於為何違背
「常禮」，孔疏《左傳》桓公六年（前706年）「秋八月壬午，大閱」
之文可喻之：

> 「公狩於郎」、「公狩於禚」，皆書「公」，大蒐、大閱，不書
> 「公」者。《周禮》雖四時教戰而遂以田獵，但蒐閱車馬，未
> 必皆因田獵。田獵從禽，未必皆閱車馬，何則彞怠慢之主，外
> 作禽荒，豈待教戰方始獵也？公及齊人狩於禚，乃與鄰國共
> 獵，必非自教民戰。以矢魚於棠，非教戰之事，主為遊戲，而
> 斥言「公」。則狩於郎、禚，亦主為遊戲，故特書「公」
> 也。……此不言地者，蓋在國簡閱，未必田獵。昭十八年（前
> 524年），鄭人簡兵大蒐於城內，此亦當在城內。

由此疏可知：春秋時期的「失時、違地」等「非教戰」的田獵，多是由於「主為遊戲」而致。而且，這類遊戲娛樂性質的田獵行為，在先秦時期還比較常見。如《詩經‧還》描寫的就是這類場景：

> 子之還兮，遭我乎峱之間兮；並驅從兩肩兮，揖我謂我儇兮。
> 子之茂兮，遭我乎峱之道兮；並驅從兩牡兮，揖我謂我好兮。
> 子之昌兮，遭我乎峱之陽兮；並驅從兩狼兮，揖我謂我臧兮。

據毛傳、鄭箋：子、我，皆士大夫；還，便捷貌；遭，俱出田獵而相遭；峱，山名；從，逐也；肩，三歲獸；儇，利也；茂，美也；昌，盛也，佼好貌；臧，善也。其中「揖我謂我儇」、「揖我謂我好」和「揖我謂我臧」，均為讚譽之辭，分別以報前言「還」、「茂」、「昌」之譽。該詩為我們展現了一副齊哀公時期士大夫紛紛外出狩獵之相遇、一併驅逐獵物，以田獵為樂的戲娛圖景。而該詩的產生，也正是哀公時期齊國上下耽於漁獵、國君荒廢政事的情勢所使然。其〈序〉曰：

> 〈還〉，刺荒也。哀公好田獵，從禽獸而無厭。國人化之，遂成風俗。習於田獵謂之賢，閑於馳逐謂之好焉。

孔穎達疏云：

> 所以刺之者，以哀公好田獵，從逐禽獸而無厭。是在上既好，下亦化之，遂成其國之風俗。其有慣習於田獵之事者，則謂之為「賢」；閑於馳逐之事者，則謂之為「好」。君上以善田獵為賢好，則下民皆慕之，政事荒廢，化之使然。故作此詩以刺之。

這一記載，說明春秋時期的田獵，除其它目的和功用外，以之為遊藝則是其中一重要方面。而在以後的歷史時期，上層統治者以游畋為樂者更是不乏其人。

（二）捕獲動物工具的考證

中國古代捕獲動物的工具，僅就《說文網部》所見，就有三十餘種，其主要者如網、罟、罕、罼、罩、罾、罪、罻、罝、罟、罶、罜、罙、罠、羅、罬、罝、罻、罝等等；除上述所列外，《太平御覽》另收有弋、罥、罼（畢）、罞、纚、磻、繳、釣、筌、翼、涔、笱、檻、梁、輈、罩、銛等二十餘種[28]。茲據記載，對其主要者略加考述。

1 網

獵捕禽獸魚具。《詩經新臺》：「魚網之設，鴻則離之」。鄭箋：「設魚網者，宜得魚。鴻乃鳥也，反離焉」。《論語述而》：「子釣而不網，弋不射宿」。何晏注引孔安國語：「綱者為大網，以橫絕流，以繳繫釣，羅屬著綱也」。邢昺疏：「綱者為大網，羅屬著綱，以橫絕流而取魚也。……網則得魚多」。可見，狹義的網屬捕魚工具，由於能「橫絕流而取魚」，故而以網捕魚，所獲甚多。然由《詩》及鄭箋而知，網還可以用來捕獲如鴻等水禽；又《周易繫辭下》陸德明「音義」引云：「取獸曰網，取魚曰罟」，說明網還可用於捕獲獸物。

2 罟

網之總名。《周易繫辭下》與《國語魯語上》分別有「古者，包

---

28 〔宋〕李昉等：《太平御覽》（北京市：中華書局，1960年），〈資產部十一〉，卷831；〈資產部十二〉，卷832；〈資產部十四〉，卷834。

犧氏之王天下也，……作結繩而為網罟，以佃以漁」[29]、魯「宣公夏
濫於泗淵，里革斷其罟而棄之」的記載。對於其中之「罟」，《說文網
部》：「罟，網也」；魏張揖《廣雅釋器》：「網，謂之罟」。宋邢昺疏
《爾雅釋器》：「罟，網也」。可見，罟即網。然南唐徐鍇《說文繫傳
網部》又稱：「罟，網之總名也」；明馮復京《六家詩名物疏》引《廣
雅》云：「尉罶魚網謂之罟」（馮復京：《六家詩名物疏小雅》）；清代
王念孫疏證《廣雅》之「罟」曰：「此網魚及鳥獸之通名」。所以，
「罟」首先為各類捕獵禽獸「網」的總稱。正因為如此，孔疏《周
易》包犧氏「作結繩而為網罟」說：「用此網罟，或陸畋以羅鳥獸，
或水澤以網魚鱉也」。

　　雖然是網的總稱，但「罟」有時又專指捕魚工具。《周易繫辭
下》陸德明「音義」：「取獸曰網，取魚曰罟」。將罟解釋為捕魚專有
工具，即魚罟。文獻中此類記載也較多。如《詩經》中有一篇描寫捕
魚既多且至善令美的詩篇──〈魚麗〉。關於此類「美萬物盛多」的
原因，毛亨予以了生態學的解釋：「古者……豺祭獸然後殺，獺祭魚
然後漁，鷹隼擊然後尉羅設。是以天子不合圍，諸侯不掩群，大夫不
麛不卵，士不隱塞，庶人不數罟，罟必四寸，然後入澤梁」。對於毛
傳，孔穎達疏云：「庶人不總罟，謂罟目不得總之，使小言使小魚不
得過也。……罟目必四寸，然後始得入澤梁耳」。《孟子梁惠王上》載
孟子云：「數罟不入洿池，魚鱉不可勝食也」。趙岐注：「數罟，密網
也，密細之網，所以捕小魚鱉也，故禁之不得用。魚不滿尺不得
食」。上述諸說，均把其中之「罟」視為專門捕魚的網具，春秋時里
革斷魯宣公「濫於泗淵」之「罟」即魚網。

---

29 陸德明《經典釋文》引馬融注云：「取獸曰佃」；明代梅膺祚《字彙・人部》：「佃，
　獵也」。

然而有些時候，「罜」僅指獵獸網具。如《周禮獸人》:「獸人掌罜田獸，辨其名物，……時田則守罜。」鄭注:「罜，網也，以網搏所當田之獸」;賈疏:「守罜者，謂四時田獵，獸人守罜備獸觸攫者，防備獸時觸網而攫者則取之」。文中的「罜」，無疑專指捕獲禽獸的網具即獸罜。

3 羅

捕獲禽鳥之網。《說文網部》:「羅，以絲罜鳥也。從網，從維。古者，芒氏初作羅。」《爾雅》:「鳥罜謂之羅。」郭注:「謂羅絡之。」邢疏:「謂羅絡之者，李巡云:『鳥飛，張網以羅之。』然則張網以羅絡飛鳥，《詩王風》云『雉離於羅』是也」。鄭注《禮記月令》季春田獵「羅網……毋出九門」:「鳥罜曰羅網」。韋注《國語魯語上》「於是乎禁罝羅」:「羅，鳥罜也。」孔疏《詩經鴛鴦》「畢之羅之」:「羅則張以待鳥」。上述諸說，均將「羅」釋作捕獵鳥雀的工具。此解還可從劉向《說苑敬慎》所載得到印證:

> 孔子見羅者，其所得者，皆黃口也。孔子曰:「黃口盡得，大爵獨不得，何也?」羅者對曰:「黃口從大爵者，不得;大爵從黃口者，可得。」孔子顧謂弟子曰:「君子慎所從，不得其人，則有羅網之患。」

黃口，指雛鳥的嘴，這裏代雛鳥;大爵，赤黑色大鳥，此處代指成鳥。這則記載，表現的就是羅者以「羅」捕獲鳥禽的事例。

不過，由於質地粗細和網格疏密程度不一，羅有細密、粗疏之分。《周禮羅氏》:「羅氏掌羅烏鳥，蠟則作羅襦」。鄭注:「襦，細密之羅。……〈王制〉曰:『豺祭獸，然後田。』又曰:『昆蟲已蟄，可

以火田。」今俗放火張羅，其遺教。」賈疏：「當蠟之月，得用細密之網羅取禽獸。……漢之俗，間在上放火，於下張羅承之，以取禽獸，是《周禮》之遺教，則知周時亦上放火、下張羅也。」由此注疏又知：羅並非僅指捕鳥工具，同時也用於捕獲野獸；而且據邢疏《論語》，羅也作捕魚具。《論語述而》：「子釣而不網，弋不射宿」。孔安國云：「綱者為大網，以橫絕流，以繳繫釣，羅屬著綱也」；邢昺疏：「羅，細網也，謂以繩為大綱，用網以屬著此綱，施之水中，橫絕流以取魚，舉綱則提其網也」。釋羅為捕魚具。然從其「羅，細網也」的界定看，其所謂的「羅」，應該是《禮記》中的「羅襦」。「羅襦」一則細密，二則取獵範圍較廣泛（「取禽獸」），與邢疏義正相切。

4 罝

捕獸獵具。《說文網部》：「罝，兔網也。」《爾雅》：「兔罝謂之罦。」韋注《國語魯語上》「獸虞於是乎禁罝羅」：「罝，兔罟」。《爾雅》郭注云「罝，猶遮也」；邢疏：「兔網名罝，……（郭注）云『罝，猶遮也。』……李巡云『兔自作徑路，張罝捕之也。』然則張網遮兔，因名曰罝」。因此，通常情況下，罝為捕捉兔子的工具。《詩經》中就有〈兔罝〉一詩：「肅肅兔罝，椓之丁丁。……肅肅兔罝，施於中逵。……肅肅兔罝，施於中林」。毛傳：「兔罝，兔罟也。」孔疏：「李巡曰『兔自作徑路，張罝捕之也。』」東漢時，扶風人「馬瑤，隱於汧山，以兔罝為事。所居俗化，百姓美之，號馬牧先生焉。」（《後漢書矯慎傳》）

然而，「罝」又泛作捕獵獸具。《呂氏春秋上農》：「繯網罝罦不敢出於門」。高誘注：「罝，獸罟也。」鄭玄注《禮記月令》季春「田獵，罝罘……毋出九門」：「獸罟曰罝罘」。《鹽鐵論散不足》：「今富者逐驅殲網罝，掩捕麑鷇」。其「罝」都泛指一般捕獸獵具。

5 罛

魚網。《說文網部》：「罛，魚罟也」；《爾雅》：「魚罟謂之罛」；毛傳《詩經碩人》「施罛濊濊，鱣鮪發發」：「罛，魚罟」；高誘注《呂氏春秋上農》「罛罟不敢入於淵」：「罛，魚罟也」。

「罛」又專為捕獲大魚的大網。郭注《爾雅》曰：罛，「最大罟也」；邢疏：「魚之大網名罛。……李巡曰『魚罟，捕魚具也。』然則捕魚之具最大者名罛」。韋注《國語魯語上》「水虞於是乎講罛罶，取名魚」：「罛，魚網也。……名魚，大魚也」；高誘注《淮南子說山》「好魚者先具罟與罛」：「罛，大網」。上述箋注者均把「罛」解釋為捕獲「名魚」即「大魚」的「大網」。

6 罻

首先為捕鳥網。《說文網部》：「罻，捕鳥網也」。鄭注《禮記王制》「鳩化為鷹，然後設罻羅」：「罻，小網也」；孔疏毛傳《詩經魚麗》文「鷹隼擊，然後罻羅設」：「言罻羅設者，……則是羅之別名，蓋其細密者也。」因此，「罻」是捕鳥的小網。

其次，據後世學者音韻著作，「罻」又指捕魚網。如在元代學者陰勁弦等音韻著述中，其所引《說文》多釋「罻」為「捕魚網」（陰勁弦：《韻府群玉去聲》）。其後的清代學者著述亦云「罻，捕魚網」（《欽定音韻述微入聲》；毛奇齡：《古今通韻》卷9）。

7 罦、罿、罝、罬

捕獲禽鳥的工具。《說文系部》：「罬，罬謂之罦，罦謂之罿，罿謂之罦，捕鳥覆車也。」《說文網部》又各云：「罝，罬也」、「罬，捕鳥覆車也」、「罦，覆車也」。由此可知，罦、罬、罝、罬四種工具，

為稱呼不同的同一捕獵器物。這一認識可從郭注《爾雅》文「繴謂之
罿。罿，罬也。罬謂之罦。罦，覆車也」稱「今之翻車也，有兩轅，
中施罥以捕鳥，輾轉相解，廣異語」得到很好的印證；邢疏亦云：
「翻車，小網捕鳥者，名繴也、罿也、罬也、罦也，皆謂覆車
也，……一物五名，方言異也」。可見，繴等均為名叫「覆車」或
「翻車」的捕獲飛鳥工具。所謂「覆車」或「翻車」，王筠《說文釋
例》云：「覆車，吾鄉謂之翻車，不用網目，以雙繩貫柔條。張之如
弓，繩之中央縛兩竹，竹之末箕張，亦以繩貫之。而張之以機，機上
繫蛾，鳥食蛾則機發，竹覆於弓而罥其項矣。以其弓似半輪，故得車
名。此真所謂一目羅者也。若捕小鳥則用罿，其形相似，但弓上結網
為異。罬特以繩連綴之」。只是各地方言稱之相異，加以輾轉沿傳，
遂有繴、罦、罿、罬等不同的名稱。

又據郭注「中施罥以捕鳥」和王筠「竹覆於弓而罥其項」之言，
翻車捕鳥的關鍵在於所謂的「罥」。「罥」即「羂」。徐鍇《說文繫傳
網部》：「羂，今人多作罥字」。《說文網部》：「羂，網也。……一曰綰
也。」段注曰：「〈系部〉曰『羂，落也。』落者，今之包絡字。羂網
主於圍繞，故從羂」；又云：「綰，此別一義。〈系部〉『綰』下曰『絹
也。』絹即羂字，俗書叚借也。《周禮冥氏》注曰『弧張罿罦之屬，
所以局絹禽獸。』〈蟈氏〉注曰『置其所食之物於絹中，鳥來下，則
掎其腳。』……綰之言絆也」。所以，所謂的「罥」，就是包裹獵物的
絹物。

綜上而言：首先，王筠關於「翻車」「張之以機，機上繫蛾，鳥
食蛾則機發」之說，說明繴等是設有機關的捕獵工具。但王筠之「不
用網目，以雙繩貫柔條。張之如弓，繩之中央縛兩竹，竹之末箕張，
亦以繩貫之」的記載，又表明覆車並非前人所說的網具。

其次，根據《說文》「羂，……一曰綰」之說和先人關於「綰」

的界定及王筠對「覆車」所做的解釋，覆車捕獲鳥禽，主要靠施諸食物以誘之，然後用絹以絆絡即包裹鳥禽，故稱之為「覆車」。這種捕獲鳥禽的方法，就是《周禮》之〈冥氏〉、〈蟈氏〉所載的手段。《詩經兔爰》有「雉離於罦，……雉離於罿」的記載，毛傳：「罦，覆車也」、「罿，罬也」。陸德明「音義」：「罦，……今之翻車，大網也」、「罿，覆車也」。孔疏引「孫炎曰：『覆車，網可以掩兔』」。而從《詩經》中雉頻繁「離於罦」、「離於罿」和明代馮復京引「《東漢書》注云『罦，雉網』」（《六家詩名物疏國風王二》），以及覆車捕獲獵物的方式等文字看，孫炎所謂的「覆車，網可以掩兔」之說恐怕難以成立，覆車可能僅被用來捕獲鳥禽。對此，邢疏《爾雅》云：「翻車，小網捕鳥者，名繴也、罿也、罬也、罦也，皆謂覆車也。……孫炎曰『覆車，網可以掩兔』者也。……然則捕鳥之具也。孫氏云『掩兔』，非也。」邢氏之說，當為是。

8 畢（同罼）、率、罜（罦）

捕獲禽兔的長柄網具。《說文》：「畢，田網也，從華，象畢形。」段注：「謂田獵之網也，必雲田者，以其字從田也。……畢星主弋獵，故曰畢。」《廣雅釋器》：「罼，率也」；《字彙網部》：「罼，兔罟，一曰網小而柄長謂之罼，執以掩物。」鄭注《禮記月令》季春田獵「畢翳……毋出九門」云：「網小而柄長謂之畢；翳，射者所以自隱也」。《詩經鴛鴦》有「鴛鴦於飛，畢之羅之」詩句。毛傳：「鴛鴦，……取之以時，於其飛乃畢掩而羅之」。孔疏：「欲取鴛鴦之鳥，必待其長大，於其能飛，乃畢掩之而羅取之。……〈月令〉云『羅網、畢翳』，注云『網小而柄長謂之畢』，以畢、羅異器，故各言之。大東傳曰：『畢所以掩兔。』彼雖以兔為文，其實亦可取鳥，故此鴛鴦言畢之也。羅則張以待鳥，畢則執以掩物，故言畢掩。……（鄭

玄）箋又止言魚獸二事者，以天之生物飛走而已，經已言鳥，又舉魚獸，則可以兼諸水陸矣。」又，《國語齊語》載桓公語曰：「昔吾先君襄公，築臺以為高位，田、狩、罼、弋，不聽國政。」韋注：「罼，掩雉兔之網也。」綜上可知：畢為捕捉禽兔之物的長柄小網，主要通過掩覆的方式來獲取獵物。

率，《說文率部》謂「率，捕鳥畢也。象絲網上下其竿柄也」。段注：「畢者，田網也，所以捕鳥。亦名率。……上其竿之露者，下其柄也。畢網長柄」。王筠句讀：「畢，田網也，其小而僅可捕鳥者謂之率。」由此而言，率為畢之別名，或為其中較小之一種。相對於畢可捕獵禽獸，率因其小「而僅可捕鳥」。

即罕，《說文網部》：「罕，網也。」《廣雅釋器》：「罕，率也。」段玉裁注《說文》云「畢」「亦曰罕」。稱「罕之制，蓋似畢，小網長柄。故《天官書》『畢曰罕車』」。罕、率基本無異。

9 弋

繫有繩子的短箭。《說文廠部》：「弋，橜也，象折木衺銳者形」；孔安國注《論語述而》「子釣而不網，弋不射宿」、鄭玄箋《詩經女曰雞鳴》「將翱將翔，弋鳧與雁」、王肅注《孔子家語王言》「田獵罩弋，非以盈宮室也」、韋昭注《國語齊語》載桓公語「昔吾先君襄公，……田、狩、罼、弋，不聽國政」之「弋」均為「繳射」之意。南朝《玉篇弋部》亦云「弋，繳射也」。所謂繳，為繫在箭上的生絲線。顏師古注《漢書蘇武傳》「（蘇）武能網紡繳，檠弓弩」曰：「繳，生絲縷也，可以弋射」；而「繳射」，就是用帶繩子的箭射獵。歷代注家和說文字書對此有不少的記載。如孔穎達疏上引《詩經女曰雞鳴》文：「繳射，謂以繩繫矢而射也」；朱熹注《孟子告子上》「一心以為有鴻鵠將至，思援弓繳而射之」：「繳，以繩繫矢而射也」；明

末《正字通系部》：「繳，謂生絲繫箭以射飛鳥也」。由於帶有繩子的箭射高與射程不會太大，所以，通常難以射獵高飛鳥禽，故而《莊子應帝王》有「鳥高飛以避矰弋之害」之說。

然而《周易小過》又曰：「密雲不雨，自我西郊，公弋取彼在穴」。王弼注：「弋，射也；在穴者，隱伏之物」。何謂「隱伏之物」？王弼注《周易解》「田，獲三狐」云：「狐者，隱伏之物」。而孔穎達疏《周易小過》王弼注文「在穴者，隱伏之物」為「在穴隱伏之獸也」。所以，「隱伏之物」當為獸類，但其形體不會很大，如狐類等。由此而言，弋既可射獵飛鳥，也能射殺形體較小的獸類。

10 罶、罻、罜、罪、罶、筌、罿、罠、罩、涔、竿、釣

均為捕魚工具。此類工具可分為三種。

（1）首先是普通捕魚網，如罶、罻、罜。《說文》：「罶，魚網也」；《太平御覽資產部十四》引《風土記》曰：「罶，樹四植而張羅網於水，車挽上下之形如蜘之網，方而不圓」；顏師古注《漢書陳勝傳》「乃丹書帛曰『陳勝王』，置人所罶魚腹中」曰：「罶，魚網也，形如仰傘蓋，四維而舉之」；徐灝《說文解字注箋》：「罶為方制，以曲竹交四角而中繫長繩，沉於水以取魚」。上引諸文明示：罶為一種用竹竿或木棍做支架的方形魚網。至於罻，《說文》僅言：「罻，魚網也。」其它文獻也多沿襲，具體形制不詳。罜，《說文》：「罜，罜麗，魚罟也。」韋注《國語魯語上》「水虞於是乎禁罝麗」曰：「罝，當為罜。罜麗，小網也。」甚是。因為罝為獸網，非水虞所掌。且《說文》直接將「罜麗」連稱。後世如南唐徐鍇《說文繫傳》之「罜麗，小魚罟」與明代朱鬱儀《駢雅》之「罜麗，魚網也」（朱謀：《駢雅》卷4《釋器》）的解釋，都可以證之。所以，罜麗既特指小魚網，亦可泛指魚網。

（2）其次是捕魚竹器，如罪、罶、筌、箄等。罪，《說文》：「罪，捕魚竹網。」雖然清代段玉裁《說文解字注》以為「『竹』字蓋衍」，但《類篇》、《六書故》、《集韻》、《通志》等引《說文》均稱：「罪，捕魚竹網」。因此，段注「『竹』字蓋衍」之說未必能夠成立。

罶，《說文》：「罶，曲梁，寡婦之笱，魚所留也」；毛傳《詩經魚麗》「魚麗於罶」：「罶，曲梁也，寡婦之笱也」；《爾雅釋器》：「嫠婦之笱謂之罶」。孔疏《魚麗》：「凡以薄（簿）取魚者名為罶也。《釋器》注孫炎曰：『罶，曲梁，其功易，故謂之寡婦之笱，然則曲簿也，以簿為魚笱，其功易，故號之寡婦笱耳，非寡婦所作也。』」

又據「嫠婦之笱謂之罶」等，罶即笱。韋注《國語魯語上》「水虞於是乎講眾罶」：「罶，笱也」。笱，《說文句部》：「曲竹捕魚，笱也」。毛傳《詩經谷風》「毋逝我梁，毋發我笱」：「笱，所以捕魚也」。《廣韻上聲》：「笱，取魚竹器」。關於「笱」的捕獵方法，《新唐書王君廓傳》中的一段文字記載或能喻其一二：

> 王君廓，并州石艾人。少孤貧，為駔儈，無行，善盜。嘗負竹笱如魚具，內置逆刺，見鬻繒者，以笱囊其頭，不可脫，乃奪繒去，而主不辨也，鄉里患之。

宋代休寧人程大昌《演繁露魚笱》援引上引《新唐書》文並按云：「魚具而內有逆刺，此吾鄉名為『倒須者』也。」清代蕭鳳儀《嫠婦之笱謂之罶解》曰：

> 此笱實竹器，與筐籠相似，口闊頸狹，腹大而長，無底。施之，則以索束其尾，喉內編細竹而倒之，謂之曲簿，入則順，出則逆，故魚入其中而不能出。謂之罶者，罶，從網從留，言

能留魚而不使去也。多就曲梁施之以承其空，人不必入水，雖
婦人亦能用。

　　總之，罶、笱為竹篾編織的捕魚籠網，口大頸小，頸部裝有竹篾
須倒刺，腹部既大且長，魚入後不能出。因為用之省工，捕魚輕而易
舉，即使寡婦亦能為之，故謂「寡婦之笱」。

　　筌，或作「荃」，同「笱」，捕魚竹器。《玉篇竹部》：「筌，捕魚
笱」；張參《五經文字竹部》：「筌，魚笱」；《廣韻下平聲》：「筌，取
魚竹器」；李善注《文選海賦》載郭璞《江賦》「夾潨羅筌」：「筌，捕
魚之器，以竹為之，蓋魚笱屬」。《莊子外物篇》有「筌者，所以得
魚。得魚而忘筌」之文，郭象注云：「荃，香草也，可以餌魚。或云
積柴水中，使魚依而食焉。一雲魚笱也」。又據《廣雅釋器》：「筌謂
之笓」，而《廣韻上平聲》：「笓，取蝦竹器」。因此，筌、笓為捕捉魚
蝦竹器，郭象注改「筌」為「荃」並釋之為餌魚之物，當不確，實則
為竹製捕魚器。

　　箄，顏師古注漢代史游《急就篇》卷三之「箄」字：「黃氏曰箄
音卑，取魚器」；司馬光《類篇十四部》：「箄，賓彌切，捕魚器」；
《廣韻上平聲》：「箄，取魚竹器」；《太平御覽資產部十四》引纂文
曰：「箄，流水中張魚器也」。因此，「箄」乃置於水中的竹製捕魚
器。唐代陸龜蒙《漁具詩序》：「矢魚之具，……大凡結繩持綱者，總
謂之網罟。網罟之流，曰罛，曰罾，曰翼。……承虛曰笱，編而沉之
曰箄，矛而卓之曰獵」（《全唐詩》卷626）。

　　（3）最後為其它捕魚工具，如罺、罩、滰等。《爾雅》：「罺謂之
汕」。郭注：「今之撩罟」；邢疏：「捕魚籠」。《廣韻下平聲》：「罺，抄
網」；陸德明《經典釋文爾雅音義上》：「撩，取也」。《詩經南有嘉
魚》有「南有嘉魚，烝然汕汕」詩句。毛傳：「汕汕，樔也」；鄭箋：

「槊者，今之撩罟也。」邢疏《爾雅》說毛傳和鄭箋「皆以今曉古，雲捕魚籠也者」。所以，翼、汕均為捕魚籠，用籠將魚籠罩後，將籠稍稍撩起，再以手入籠探取。明代夏完淳《燕問》曰：「於是水師編葦以防逸，罟工橫汕以利收」。

罩，捕魚竹籠，唐代李賀〈春歸昌谷〉有「韓鳥處繒繳，湘篠在籠罩」的著名詩句（李賀：《昌谷集》卷3）。《說文網部》：「罩，捕魚器也」；《爾雅》：「篧謂之罩」，郭注：「捕魚籠也」。毛傳《詩經南有嘉魚》「南有嘉魚，烝然罩罩」云：「罩，篧也」；孔疏：「李巡曰『篧，編細竹以為罩，捕魚也。』孫炎曰『今楚篧也。』郭璞曰：『今魚罩。然則罩以竹為之，無竹則以荊，故謂之楚篧」。李善等注《文選唐京都下》載左思〈吳都賦〉「罩兩魪」：「罩，篧也，編竹籠魚者」。所以，罩即篧，是一種捕魚竹籠；而在無竹地區，則以荊條編制，所以罩又叫「楚篧」。對於其捕魚的方法，清代郝懿行有具體闡述。其《爾雅義疏釋器》云：「今魚罩皆以竹，行似雞罩，漁人以手抑按於水中取魚。」這種方法，一直沿承到現代。然而，罩有時又指捕鳥的竹籠或掩網。王肅注《孔子家語王言》「田獵罩弋，非以盈宮室也」：「罩，掩網」。

潛、糝、槮、涔、罧，以食或聚柴木於水中誘捕水類動物。毛傳《詩經潛》「猗與漆沮，潛有多魚」：「潛，糝也」。《說文米部》：「糂，以米和羹也，從米甚聲，一曰粒也。糝，古文糂，從參。」段注云：「古之羹必和以米，……今南人俗語曰米糝飯，糝謂𤎅者也。」《詩經潛》陸德明「音義」：

糝，素感反。舊《詩》傳及《爾雅》本並作「米」傍「參」。小《爾雅》（秦朝孔鮒規仿《爾雅》而作——引者注）云：「魚之所息謂之橬。」橬，糝也，謂積柴水中，令魚依之止息，因

而取之也。郭景純（郭璞——引者注）因改《爾雅》從小《爾雅》，作「木」傍「參」。

由此可知，「潛」即「罧」，後作「槮」。《爾雅》有「槮謂之涔」之謂。

關於「槮」，郭注《爾雅》云：「今之作槮者，聚積柴木於水中，魚得寒入其裏藏隱，因以簿圍捕取之」。對於郭注《爾雅》改「罧」為「槮」，段注《說文》「罧」引李巡等語「以米投水中養魚曰涔」[30]，說「槮」當「從米」，認為「槮」為俗字而非古字，「槮」當為「罧」。但在注《說文》「罧」時，段氏就李巡「以米投水中養魚」和郭璞「積柴水中，令魚依之止息」（實際上為小《爾雅》之說）之論而云：

似其說各異，不知積柴而投米焉。非有二事，以其用米，故曰「罧」；以其用柴，故或制字作「罧」。「罧」見《淮南》書。「槮」、「罧」皆魏晉間妄作也。

作為一家之言，段氏之說，或有其道理。但所云「積柴而投米」「非有二事」之言尚有討論的餘地。從《詩經》及毛傳可知，李巡所謂的「以米投水中養魚」之「罧」法，主要行存於漢及其以前的歷史時期；但到了東晉郭璞注《爾雅》時，則以小《爾雅》之說，改「罧」為「槮」，並在孔鮒《爾雅》對「槮」之「積柴水中，令魚依之止息，因而取之也」的解釋基礎上云：

---

30 眾多文獻引李巡語之「米」為「木」，如邢疏《爾雅·釋器》即為「李巡曰『今以木投水中養魚曰涔』」。但從所「投」物與其「養魚」的目的來看，段注引作「米」當較作「木」更符合邏輯。所以，段引「以米投水中養魚曰涔」不可妄斷為誤。

> 今之作椮者，聚積柴木於水中，魚得寒入其裏藏隱，因以薄圍
> 捕取之。

與孔鮒的解釋相比，郭璞之注明顯突出了「魚得寒入其裏藏隱」等關
鍵字語。對於這一變化的緣由，前人無所探及。筆者以為，或是後漢
以來北方氣候變化的產物。正是魏晉時期北方氣候的寒冷[31]，促使
「椮」即投熟食於水的捕魚方法變成了「椮」即聚柴於水的捕魚方
法，至於魏晉時期的「椮」捕，究竟是否像段玉裁所云的還要放置食
物於其中，鑒於文獻之不詳，我們無法作進一步的推斷。不過，魏晉
以後，眾注疏經傳者多以郭璞之說為是而用之。如孔疏《詩經潛》曰：

> 〈釋器〉云：「椮，謂之涔。」李巡曰：「今以木投水中養魚曰
> 涔。」（三國魏時）孫炎曰：「積柴養魚曰椮。」郭璞曰：「今
> 之作椮者，聚積柴木於水中，魚得寒入其裏藏隱，因以薄圍捕
> 取之。」椮字諸家本作米邊，《爾雅》作木邊，積柴之義也。
> 然則椮用木不用米，當從木為正也。涔、潛，古今字。

　　段注《說文》「椮」時指出：因「其用柴，故或制字作『罧』。
『罧』見《淮南》書」。《說文網部》：「罧，積柴水中以聚魚也。」
《淮南子說林》：「釣者靜之，者扣舟；罩者抑之，罜者舉之。為之
異，得魚一也。」高誘注：「者，以柴積水中以取魚。扣，擊也。魚
聞擊舟聲，藏柴下，甕而取之。」王念孫等諸多學者據《說文》、《玉
篇》、《廣韻》、《集韻》等，以為「　」當為「罧」。因此，段玉裁所謂

---

31 竺可楨：〈中國近五千年來氣候變遷的初步研究〉，《考古學報》1972年第1期（1972
　年）。

的「『罧』見《淮南》書」，指的就是《淮南子說林》文。可見，東漢末年，黃河中下游地區就出現了「以柴積水中以取魚」的手段，只是由於各地方言、俗語的輕重不同，如兗州稱此法為「罧」、幽州稱之為「涔」等[32]，於是，這一捕魚的方法就有了不同的叫法。但段注《說文》則認為：「『罧』字雖見《淮南子鴻烈》，然與『罧』皆俗字也。《毛詩》、從《爾雅》『音義』皆云字林作『罧』，不云出《說文》。疑或取字『林』屬入許書（許慎《說文解字》——引者注），古本當無此篆。」

總之，潛、罧、罧、涔、罧，是以食或聚柴木於水中誘捕魚類水生動物的方法。按照孔疏《詩經潛》「涔、潛，古今字」之謂和邢疏《爾雅》「罧、罧、潛、涔，古今字」之說，潛、罧、罧、涔、罧應為同一種捕魚工具或手段。但是，據前所述，以上手段不同名稱的由來，或有三種：一是古今字的相差所致，二為各地方言、俗語之異使然，三為各個時期捕獲方式的不同之故。關於最後一點，上述探討初步表明：漢代及其以前的捕魚，既有李巡所謂的「以米投水中養魚」的方法，也有孔鮒小《爾雅》所講的「積柴水中，令魚依之止息，因而取之」的方法，後者可能具體就是高誘注《淮南子》「扣舟」的手段。兩種方法當有所不同，但是否合而使用，難以知之；到了三國時期，由經學家孫炎曰「積柴養魚曰罧」可知，此時可能已將上述李巡和孔鮒所說的兩種不同方法混合使用；而到了東晉時期，由於氣候十分寒冷，北方以「罧」捕魚，基本上將柴木聚沉於水中，魚因寒冷而入藏其間，漁者「因以簿圍捕取之」，不再或很少用所謂的「以米投水中」的「養魚」捕魚辦法了。

除以上外，用於捕魚的工具還有：

---

32 參見劉文典：《淮南鴻烈集解》（北京市：中華書局，1989年），卷17，〈說林訓〉。

銛，《廣韻下平聲》：「銛，息廉切。銛，利也。《纂文》曰『鐵有距，施竹頭以擲魚，為銛也。』」距，鐵器上的倒刺。銛就是把帶有倒刺的鐵製器物安裝在竹竿頂端上，以投刺魚類的捕魚工具。

釣，《說文金部》：「釣，鈎魚也。」段注：「鈎者，曲金也。以曲金取魚，謂之釣。」《論語述而》有「子釣而不網」之說。孔安國：「釣者，一竿釣也」。邢昺疏：「釣者，以繳繫一竿而釣取魚也；……釣則得魚少」。

與竿釣相關的還有「罠」。罠，《說文》：「罠，釣也。」段注：「罠，所以釣也。按：《系部》曰『緍，釣魚繳也。』此曰罠，所以釣也。然則緍、罠古今字。」可知，罠為釣魚繩。又《廣韻上平聲》：「罠，麑網」。李善注左思《吳都賦》「罠蹏連網」云：「罠，麋網；蹏，兔網」。故而，「罠」又為捕麑、麋之類的獸網。

罭，《說文新附網部》：「罭，魚網也。」《爾雅》：「緵罟謂之九罭。九罭，魚網也」。郭注：「今之百囊罟，是亦謂之，今江東謂之緵」；邢疏：「緵罟，一名九罭，即魚網也；……今江東呼為緵者，以時驗而言也。孫炎云『九罭，謂魚之所入有九囊也。』」《玉篇系部》：「緵，縷也」，又指專門捕獲小魚的細眼網，即「緵罟」。《詩經九罭》：「九罭之魚，鱒魴」。毛傳：「九罭，緵罟，小魚之網也。鱒魴，大魚也」。鄭箋：「設九罭之罟，乃後得鱒魴之魚。言取物各有器也。」可見，用「九罭」也能捕獲類似鱒魴這樣的大魚。另外，孫炎「九罭，謂魚之所入有九囊也」和郭璞「今之百囊罟」之語又告訴我們，「九罭」為多囊網。這一捕魚網具至今民間仍存在。

11 冢、纚、罻、罜、罜

冢，《爾雅》：「麋罟謂之冢」。郭注：「冒其頭也」；邢疏：「麋網名冢。冢，冒也，言冒覆其頭也。」《玉篇網部》：「冢，麋罟」。可知

「罞」就是通過覆蓋麋鹿頭部的方式來捕獲麋鹿的網具。

罬，捕捉野豬之網。《爾雅》：「彘罟謂之罬」。郭注：「罬，幕也」；邢疏：「彘，豬也，其網名罬。罬，幕也，言幕絡其身也。」李賢注《後漢書馬融傳》「於時營圍恢廓，充斥川谷，罥罝羅罬，彌綸坑澤，皋牢陵山」：「罬，彘網也」。

磻，用繫有繩索的石頭投擊獵物。《說文石部》：「磻，以石箸隿繳也。」戴侗《六書故地理二》：「《說文》曰『以石箸隿繳也。』一曰石可為簸。」《戰國策楚四》：黃鵠「不知夫射者，方將修其碆盧，治其繒繳，將加己乎百仞之上。彼磳磻，引微繳，折清風而抎矣。」高誘注：「磻，以石維繳也」。李善注《文選》之張衡《西都賦》「磻不特絓，往必加雙」引薛綜語云：「沙石膠絲為磻，非徒獲一而已，必雙得之。」

窴，也作阱。《說文井部》：「阱，陷也。窴，阱或從穴。」韋注《國語魯語上》「水虞於是乎……設窴鄂」：「窴，陷也」。孔安國傳《尚書費誓》「今惟淫舍牿牛馬，杜乃擭，敜乃窴」：「窴，穿地陷獸」。孔穎達疏「敜乃窴」：「塞汝陷獸之窴，……窴以捕小獸，穿地為深坑，入必不能出其上，不設機也。窴以穿地為名，……窴，穿地為之，所以陷墮之，恐害牧牛馬，故使閉塞之。鄭玄云山林之田，春始穿地為窴。」《周禮雍氏》：雍氏「春令為阱，擭溝瀆之利於民者。秋令塞阱杜擭」。鄭玄注：「阱，穿地為漸，所以御禽獸。其或超踰則陷焉，世謂之陷阱。……秋而杜塞阱擭，收刈之時，為其陷害人也。」賈疏：「春令為阱，……阱擭以取禽獸」。亦即「窴」為保護農田作物而挖掘的捕獵獸物的陷阱。陸璣《毛詩草木鳥獸蟲魚疏麟之趾》：麟「行中規矩，遊必擇地詳而後處，不履生蟲，不踐生草，不群居，不侶行，不入陷阱，不罹羅網」；明人毛晉《毛詩草木鳥獸蟲魚疏廣要》引「嚴氏曰：老狼以貪欲之故，陷於機阱。其在機窴之

時，欲進則跋躓其胡，欲退則窴跲其尾，求脫不能」（《毛詩草木鳥獸蟲魚疏廣要釋獸》）。二者分別描寫的就是「不入陷阱」之麟和「陷於機阱」之狼的不同情形。

鄂，《集韻入聲下》：「鄂，柞鄂，取獸阱中木」；「柞，柞鄂，捕獸檻中機也」。韋注《國語》「水虞於是乎……設穽鄂」：「鄂，柞格，所以誤獸也」。孔安國傳《尚書》「今惟淫舍牿牛馬，杜乃擭，敜乃穽」：「擭，捕獸機檻，當杜塞之」。擭即鄂或柞鄂。《周禮雍氏》載雍氏「春令為阱，擭溝瀆之利於民者。秋令塞阱杜擭」。鄭注：「擭，柞鄂也，堅地阱淺則設柞鄂於其中」。孔穎達疏《尚書費誓》引《周禮》「冥氏掌為阱擭，以攻猛獸」：「穽、擭皆是捕獸之器也。檻以捕虎豹，穿地為深坑，又設機於上，防其躍而出也。穽以捕小獸，穿地為深坑，入必不能出其上，不設機也。穽以穿地為名，擭以得獸為名，擭亦設於穽中，但穽不設機，為異耳。」因此，穽、鄂實應為一，二者區別在於前者因系捕小獸，獸入陷阱而不能上，故其上不設如「機」類等障礙物；而「鄂」則不然，由於它是用來捕獲虎豹等形體較大的兇猛動物，為防止這些動物落入陷阱後躍出，故在陷阱上設有機檻之屬。

（三）儒家合理利用與保護動物資源的主張

人類社會早期，人類與其它動物朝夕相處，彼此甚為融洽。傳說遠古聖賢都十分熱愛動物，與之愉快相處。如《列子黃帝》載「堯使夔典樂，擊石拊石，百獸率舞；《簫韶》九成，鳳凰來儀。此以聲致禽獸者也。」另如《孟子盡心上》載孟子曰：「舜之居深山之中，與木石居，與鹿豕遊」。在長期共處的過程中，人類對動物的生長狀態、習性等觀察仔細，了解、認識較深。《尚書堯典》：「以殷仲春，……鳥獸孳尾」；仲夏，「鳥獸希革」；仲秋，「鳥獸毛毨」；仲

冬，「鳥獸氄毛」（蘇軾《書傳》卷1，〈虞書堯典第一〉：「氄，軟厚
也」）。孔安國注云：「乳化曰孳，交接曰尾」；「革，改也」，「夏時鳥
獸毛羽希，少改易」；「毨，理也，毛更生整理」；仲冬「鳥獸皆生奧
毦細毛以自溫焉」。殷商建正丑月，以農曆十二月為孟春，仲春即農
曆正月，仲夏、仲秋和仲冬則分別為農曆之四月、七月和十月。也就
是說，〈堯典〉所載鳥獸四個時節的情況分別是：仲春之時，鳥獸交
配、產卵、生育；仲夏之時，鳥獸毛羽掉落、稀少；仲秋時節，鳥獸
則換新生毛羽；仲冬之月，則生出細小絨毛以保暖。由此可見，早期
的人們對鳥獸的生活節律、生理周期是十分熟悉的。而這些認識無不
源於前人對自然界動物長期的觀察。所以，《周易繫辭下》載雲先人
「仰則觀象於天，俯則觀法於地，觀鳥獸之文與地之宜」。晉韓康伯
注：「聖人之作《易》，無大不極，無微不究，大則取象天地，細則觀
鳥獸之文與地之宜也」。後來，隨著人口的增多，出於生存的需要，
動物成為人們獵食的對象。但早期人類並未為滿足一己之需而大肆捕
獵各類動物，而是任命官吏，對動物進行有效的保護和利用。據載舜
時，益任其虞，益「取之有時，用之有節」，對鳥獸動物資源進行了
有效的保護（《尚書舜典》及孔安國傳）。西周時期，則明確提出了保
護野生動物的「聖王之制」：「去網去鉤，焚鳩，春田不澤圍，田獵唯
時，不殺童羊，無煞孩蟲胎夭飛鳥，川澤不入網罟，以成魚鱉之長，
山林不登斧斤，以成草木之長」（《御定淵鑒類函帝王部十一》引《汲
冢周書》）。對陸生飛禽走獸與水生魚鱉等動物，在捕獲時間、捕獲工
具和捕獲手段等方面，作出了明確的保護性規定。以恢復「周禮」為
己任的儒家，在繼承前人認識的基礎上，就動物資源的合理利用和保
護提出了一些主張。

1 「取之以時」——動物捕獵時間的限制

限定動物的捕獲時間，是儒家一貫的立場。西漢賢良文學者云：

> 古者，穀物菜果，不時不食，鳥獸魚鱉，不中殺不食。故徽網
> 不入於澤，雜毛不取。今富者逐驅獵網罝，掩捕麑鷇，耽湎沉
> 酒鋪百川。鮮羔，幾胎肩，皮黃口。

據近人王利器注，「羔」、「胎肩」和「黃口」分別為「羊之小
者」、「豕之小者」與「鳥之小者」[33]。這裏，賢良儒者對「古者」「鳥
獸魚鱉，不中殺不食。故徽網不入於澤，雜毛不取」的做法予以了肯
定，而對當時世人「鮮羔，幾胎肩，皮黃口」等違背先人「取之以
時」的糟蹋動物資源的行為進行了批判。這一言論，一方面說明西漢
以前確實存在動物資源利用上的時間限制，另一方面也表明了西漢儒
者「用之以時」的保護動物資源的思想傾向。又《周易頤》「山下有
雷，頤；君子以慎言語，節飲食」。對此，宋儒俞琰釋曰：「山者，禽
獸草木生植之地，雷動則禽獸草木皆動，蓋不可非時而動也」（俞
琰：《周易集說象辭二》）。把自然之雷動、禽獸草木動與人類「慎言
語，節飲食」相聯繫，誡告人類為滿足飲食之需而在獵捕禽獸等方面
「不可非時而動」。

具體地說，儒家動物資源利用方面「取之以時」的主張，主要包
括以下幾個方面：

（1）禁「傷萌幼之類」，這是對特殊動物群體的保護。第一，保
護雌性尤其是懷孕動物，以利其種群繁衍。《禮記月令》：孟春「犧牲

---

33 王利器校注：《鹽鐵論校注（定本）》（北京市：中華書局，1992年），卷6，〈散不
足〉。

毋用牝」。牝，與牡相對。《說文牛部》：「牡，畜父也」；「牝，畜母也。從牛，匕聲。《易》曰：『畜牝牛，吉。』」段玉裁《說文解字注》：「牝為凡畜母之偁，而牝牛最吉。故其字從牛也。」孔穎達疏《尚書牧誓》「牝雞無晨」：「牝雞，雌也」。牝，是所有雌性動物的總稱。「犧牲毋用牝」無疑有利於保護雌性動物。

　　對於這一規定的深層原因，鄭注《禮記月令》的解釋是「為傷妊生之類」，也就是防止傷害雌性尤其懷孕動物。文獻中此類記載頗多。如《逸周書文傳》載文王謂太子發曰：「童不夭胎，……無殺夭胎」。這一記載，《太平御覽皇王部九》引《洛書靈準聽》作「畋獵惟時，……不夭胎」。二者文字雖有不同，但其表達的意思完全一致，即畋獵之季，注重保護懷孕動物。《國語魯語上》載里革云：「蕃庶物也，古之訓也。今魚方別孕，不教魚長，又行網罟，貪無藝也」。韋昭注：「別，別於雄而懷子也」。楊倞注《荀子王制》「黿鼉魚鱉鰍鱣孕別之時，網罟毒藥不入澤，不夭其生，不絕其長也」云：「別，謂生育與母分別也」。不過，不論釋「別」為何，其中所反映的保護字牝的觀念則是毋庸置疑的。

　　《禮記月令》：孟春之月「毋殺……胎」。孔疏：「胎，謂在腹中未出」。似乎只有在孟春才保護懷孕動物。但《禮記王制》又曰：「不麛，不卵，不殺胎，不殀夭，不覆巢」。孔穎達則疏云：「四時皆然」。可知「不殺胎」為一年四季之禁。《春秋》桓公四年（前708年）正月「公狩於郎」。《公羊傳》：「狩者何？田狩也。春曰苗，秋曰蒐，冬曰狩」。西漢劉向《說苑修文》：「苗者奈何？曰：苗者，毛也。取之不圍澤，不掩群。取禽不麛卵，不殺孕重者。秋蒐者，不殺小麛及孕重者。冬狩皆取之。……此苗、蒐、狩之義也。……故苗者，毛取之」。其後的何休注《公羊傳》云：「苗，毛也，明當見物取未懷任者」。可見，「不殺胎」雖為四時之禁，而以春季為主，因為動

物字孕多在春日,特別是孟春。所以《禮記月令》載孟春之月「毋覆巢,毋殺孩蟲、胎」。但東漢鄭玄注《禮記王制》「天子、諸侯無事,則歲三田」引《周禮》稱「春曰蒐,夏曰苗」。《白虎通闕文》亦云:「夏謂之苗何?擇去其懷任者也」。由此而言,除春日注重保護字牝以外,夏日狩獵也要注意「擇去其懷任者」。這一夏日注意保護懷孕動物的主張,在《禮記月令》中也有反映:仲夏之月,「遊牝別群,則縶騰駒」。對此,張處《月令解》曰:「季春遊牝於牧,至是則別群。春合累牛騰馬,至是則執騰駒。皆防物之性,恐其傷生也。」這一夏日保護字牝的思想,還可從《淮南子》的有關記載中得到印證。《淮南子時則》:仲夏之月「遊牝別其群,執騰駒,班馬政」。漢高誘注:「是月,牝馬懷胎已定,故別其群,不欲騰駒蹂傷其胎育,故執之。」另外,《國語魯語上》云:

> 鳥獸孕,水蟲成,獸虞於是乎禁罝羅,𥼩魚鱉,以為夏犒,助生阜也。鳥獸成,水蟲孕,水虞於是乎禁罝,設穽鄂,以實廟庖,畜功用也。

根據韋昭注,春季鳥獸懷孕時,獸虞發令禁止捕獲鳥獸,於是便捕獲春季尚未懷孕的魚鱉做成肉乾,以備夏日使用;而夏季魚鱉懷孕之時,鳥獸已長成,於是水虞禁止捕魚,祭祀、食用的肉品則通過捕獲的鳥獸來充任。這種不同時節或捕獲魚鱉,或捕獲鳥獸「以實廟庖,畜功用」的做法或規定,或許就是後來所謂「春曰苗」、「夏曰苗」不同說法產生的根源。

第二,保護幼小動物,以便其長大成獸,這是從動物一生之「時」而言的。前引《詩經鴛鴦》有「鴛鴦於飛,畢之羅之」句。對此,孔穎達疏云:

正義曰：古太平之時，交於萬物有道。欲取鴛鴦之鳥，必待其
長大，於其能飛，乃畢掩之而羅取之，不於幼小而暴夭也。非
但於鳥獨然，以興於萬物皆耳。至獺祭魚然後取魚，豺祭獸然
後捕獸，皆待其成而取之也。……舉鴛鴦者，以鴛鴦匹鳥也，
相匹耦而擾馴則易得也。易得尚以時取，明萬物皆然。……
（雖然）止言魚、獸二事者，以天之生物飛走而已，經已言
鳥，又舉魚獸，則可以兼諸水陸矣。……此豺獺祭時，魚獸成
就，皆是魚獸放縱分散之時，故於是可取之。

由此可見，《詩經》中所說的鴛鴦「不於幼小而暴夭」的情形，「非但
於鳥獨然」，而是「兼諸水陸」動物，乃至「萬物皆耳」，咸「待其成
而取之」。又如，對於公羊傳《春秋》桓公四年（前708年）正月「公
狩於郎」曰「秋曰蒐，冬曰狩」，東漢何休注稱：

蒐，簡擇也，簡擇幼稚取其大者。狩猶獸也，冬時禽獸長大，
遭獸可取，不以夏田者，春秋制也。以為飛鳥未去於巢，走獸
未離於穴，恐傷害於幼稚，故於苑囿中取之。

何注所語並非妄言，一則孔疏《詩經鴛鴦》文與之相呼應，二則其它
文獻的有關記載可證其一二。如其「於苑囿中取之」一語，《逸周書
世俘》就載云：

武王狩，禽虎二十有二，貓二，麋五千二百三十五，犀十有
二，氂七百二十有一，熊百五十有一，羆百一十有八，豕三百
五十有二，貉十有八，麈十有六，麝五十，麋三十，鹿三千五
百有八。

對於這一記載，晉孔晁注云：「武王克紂，遂總其囿所獲禽獸」。可見，商紂苑囿所養獸物至多，而武王所獲禽獸之物，也正是該苑所豢養者。因此，將上述記載與《公羊傳》相結合，我們不難看出自春秋乃至更早時期以來，中國就有保護幼小動物的傳統。這一傳統被後世屢加發揚，於是成就了豐富的「田不獲幼」思想。如趙岐注《孟子梁惠王上》載孟子語「數罟不入洿池」曰：「魚不滿尺不得食」。《國語魯語上》載里革曰：「且夫……澤不伐夭，魚禁鯤鮞，獸長麑麛，鳥翼鷇卵，蟲舍蚳蝝。蕃庶物也，古之訓也。今魚方別孕，不教魚長，又行網罟，貪無藝也」。對於此語所涉問題，韋昭各注云：「草木未成曰夭」。其實，「夭」不僅僅指未長成的草木，同時也指獸類等動物，泛指草木鳥獸之未成者。如鄭玄注《禮記王制》「不麛，不卵，不殺胎，不殀夭」曰：「少長曰夭」，其「夭」就是指動物；鯤，「魚子也」；鮞，「未成魚也」；「鹿子曰麑麛，麛子曰」；「翼，成也；生哺曰鷇，未孚曰卵」；蚳，「蟻子也」；蝝，「復陶也」，即未生翼的蝗子；舍，「不取也」。按照韋注，里革強調的就是保護幼小動物。因此，意在「蕃庶物」的「古之訓」被里革等所承繼，並用在動物保護中。又，《孔子家語》載雲，孔子弟子宓子賤為魯單（亶）父宰，注重保護幼小動物，民間深為其感染，以致漁者自覺地不取小魚[34]。

儒家保護幼小動物的主張，在儒家經典《禮記》中有較集中的記載。《禮記曲禮》：「國君春田不圍澤，大夫不掩群，士不取麛」。麛，鄭玄注《周禮跡人》「凡田獵者受令焉，禁麛卵者，與其毒矢射者」曰：「麛，麛鹿子」；但孔疏《禮記曲禮》又云：「麛乃是鹿子之稱，

---

34 《孔子家語・曲節》：「孔子使巫馬期往（單父）觀政焉。巫馬期陰免衣，衣敝裘，入單父界。見夜漁者得魚輒舍之。巫馬期問焉。曰：『凡漁者為得，何以得魚即舍之？』漁者曰：『魚之大者名為，吾大夫愛之；其小者名鱦，吾大夫欲長之。是以得二者輒舍之。』」另見《呂氏春秋・具備》。

而凡獸子亦得通名也」。可見，麑不僅僅指幼鹿，同時也泛指幼小之獸。鄭注《禮記王制》「不麑，不卵，不殺胎，不殀夭」就說「重傷未成物」。另外，《禮記王制》又有「禽獸魚鱉不中殺，不粥於市」。所謂「不中殺」，就是說禽獸魚鱉太小，《孟子》之「魚不滿尺不得食」為其中的一個方面。並且，儒家將之上陞到狩獵禮儀的高度。孫希旦《禮記集解王制》引《毛詩》傳云：「田獵之禮，不成禽不獻。先王之制，魚不滿尺市，不得鬻人，不得食。」《禮記月令》對幼小之禁的記載最為具體和嚴格（見表3-1），縱然是在能夠捕殺動物的季節，幼小動物也嚴禁捕獵。

（2）一年之際的「時禁」。如《逸周書文傳》載周文王對太子發說：

> 吾語汝所保所守，守之哉！……川澤非時不入網罟，以成魚鱉之長；不麑不卵，以成鳥獸之長。畋漁以時，童不殀胎，馬不馳驚，土不失宜。……無墮四時。如此者十年，……生十殺一者物十重，生一殺十者物頓空。十重者王，頓空者亡[35]。

文王要求太子謹守「時禁」，做到「川澤非時不入網罟」、「畋漁以時」。據《禮記祭義》，孔子也十分強調「時禁」，主張「禽獸以時殺

---

[35] 《太平御覽》卷八十四《皇王部九·周文王》引《洛書·靈準聽》曰：「蒼帝姬昌，日角鳥鼻，身長八尺二寸，以成草木之長，而順天時；水澤不內舟楫，以成魚鱉之長；不麑不卵，以成鳥獸之長。畋獵惟時，不殺童羊，不殀胎，童牛不服，童馬不馳不驚，澤不行害，事不失其宜，萬物不失其性，天下不失其時」。「童馬不馳不驚，澤不行害」，朱右曾句讀作「童馬不馳，不驚澤，不行害」。稱「驚澤，猶雲竭澤」。參見黃懷信等：《逸周書匯校集注·文傳》（上海市：上海古籍出版社，1995年）。這一解釋似較牽強。因為「驚」為馬亂奔、疾馳。「童馬不馳不驚」，意即不讓幼馬像成馬那樣狂奔疾馳，是言雲文王愛惜幼小如「童羊」、「童牛」之牲畜。

焉」，特別指出：「殺一獸，非以其時，非孝也」。但在儒家典籍中，
比較集中載記一年之際「時禁」的，仍為《禮記》之〈月令〉和〈王
制〉。茲以〈月令〉為主，將其「時禁」之規，按月臚陳如下：

孟春之月：「獺祭魚，鴻雁來。……毋覆巢，毋殺孩蟲、胎、
夭、飛鳥，毋麛，毋卵。」對於「毋覆巢」等，鄭注稱因「為傷萌幼
之類」的緣故。然孔疏又云：「餘月皆無覆巢，若夭鳥之巢則覆
之。……此月亦禁之」。亦即此類之禁，四時皆然，但孟春尤甚，目
的如高誘注《呂氏春秋孟春紀》所云「蕃庶物」。然而，《禮記王制》
覆載曰：「獺祭魚，然後虞人入澤梁；……不麛，不卵，不殺胎，不
殀夭，不覆巢。……林、麓、川、澤，以時入而不禁」。對於其中的
「獺祭魚」，孔穎達據其後「然後虞人入澤梁」和《孝經緯》「獸蟄
伏，獺祭魚」之文，並結合〈月令〉孟冬之月物候記載，稱「獺祭
魚」一年有兩次，「是獺一歲再祭魚。……則獺祭魚，然後虞人入澤
梁，謂十月時。案（《國語》）〈魯語〉里革……注云謂季春時，然則
正月雖獺祭魚，虞人不得入澤梁」。按照孔穎達的說法，每歲兩次
「獺祭魚」分別在正月和十月中旬，從十月「獺祭魚」始，林麓川
澤，「以時入而不禁」，民眾在虞人的指導下，捕獵水陸之物。然而，
到了次年正月「獺祭魚」時，「虞人不得入澤梁」，禁止無端覆巢、殺
獵禽獸等。對於孔說，清人孫希旦不以為然。他在《禮記集解月令》
中說：

> 獺祭魚未必有二時，〈月令〉、《孝經緯》各據所聞言之耳。〈月
> 令〉季冬「命漁師始漁」，《國語》里革云「古者大寒降，土[36]
> 蟄發，水虞於是乎講罛罶」，則虞人入澤梁在冬時，此獺祭魚

---

36 中華書局1989年點校本誤作「士」。

自當謂十月也。《周禮鱉人》「秋獻龜魚」，乃魚之伏於土中，籍而得之者，非網罟之所取也。〈司裘〉：「仲秋獻良裘，王乃行羽物。」〈羅氏〉「仲春羅春鳥」，「行羽物」，鄭氏云：「仲春鷹化為鳩，仲秋鳩化為鷹，順其始殺與其將止，而大班羽物」，則自仲秋迄乎仲春皆得羅鳥也。

綜合孫氏所語，主要者無外有三：

首先，孫氏認為，〈月令〉、《孝經緯》所載「各據所聞言之耳」，因此孔氏所謂的獺祭魚每年兩次之說不能成立。

其次，孔氏據〈月令〉孟春之月「獺祭魚」與孟冬之月「命水虞、漁師收水泉池澤之賦」，以及〈王制〉「獺祭魚，然後虞人入澤梁」等，聲言「獺一歲再祭魚。……則獺祭魚，然後虞人入澤梁，謂十月時」。孫氏則以〈月令〉季冬之月「命漁師始魚」與《國語魯語》所載之語，認為古者「虞人入澤梁」之時應是十二月，而非十月。

最後，孫氏以孔氏之矛戳孔氏之盾：孔氏一方面注〈月令〉、〈王制〉，雲每年正月至十月禁止捕獵；但另一方面在注《周禮》有關篇目時，又云八月至次年二月「順其始殺與其將止」，意涵「自仲秋迄乎仲春皆得羅鳥」，難以自圓其說。

對於此一不同理解和解釋的文化訟案，限於文獻語焉不詳和年代久遠，我們難以作出具體的判斷和深入的探討，但與本文討論有關的一個問題是可以肯定的，即孟春之月不允許捕獵。

仲春之月：蟄蟲咸動，啟戶始出。「毋竭川澤，毋漉陂池，毋焚山林。……祀不用犧牲」。漉，使乾涸，竭盡。宋人方愨《禮記集解》：「毋竭川澤，毋漉陂池」是「主漁言之」，「毋焚山林」乃「主田言之」。張慮《月令解》：仲春之月「竭澤而漁，古人所惡，況當春時哉？陂池倘漉而取之，亦竭矣。春蒐，火弊，獻禽」。火弊，即火

止。「春田主用火，因焚萊除陳草，此惟蒐時為然耳。常時固有禁也，皆所以遂生物之性也」；孫希旦云：「若民間焚山林則有禁，以蟄蟲已出故也」；「祀不用犧牲」的原因，《呂氏春秋仲春紀》對此作出了解釋：「是月尚生育，故不用犧牲」，高誘注《淮南子時則》「祭不用犧牲」之由，援引的就是《呂氏春秋》原文。可知，仲春之月既不可竭澤漉陂，也不能焚燒山林，以免傷害野生動物，即使是不得不為之的祭祀，也不能用犧牲。

季春之月：「田獵，罝罦、羅網、畢翳、餧獸之藥毋出九門」。罝罦、羅網、畢，均為捕獵鳥獸的器具；翳為「射者自隱」；「餧」，「喂」的異體字。鄭注：「凡諸罟及毒藥，禁其出九門，明其常有時，不得用耳」；孔疏：「舉此而言……此月之時，所在之處，遠近皆不得用（罝罦等物具──引者注），故云毋出九門」；高誘注《淮南子》：「七物皆不得施用於外，以其逆生道也」；劉文典《淮南鴻烈集解時則訓》則進一步指出：「餧獸之毒藥所不得出，尚生育也」。因此，為保護動物，三月禁止使用任何捕獵動物的物具和以藥獵物。

孟夏之月：萬物「繼長增高，……驅獸毋害五穀，毋大田獵」。據鄭注等，孟夏時，草木五穀蕃盛，獸物也處在生長時節，時常侵害作物，為防「傷蕃廡之氣」，驅趕踐傷作物獸類是必要的，但不能「大田獵」般地處之。所以，公羊傳《春秋》桓公四年（前708年）正月「公狩於郎」只稱「春曰苗，秋曰蒐，冬曰狩」，而不言夏日田狩。個中之由，劉向在《說苑修文》中說：「天地陰陽盛長之時，猛獸不攫，鷙鳥不搏，蝮蠆不螫，鳥獸蟲蛇且知應天，而況人乎哉？是已古者必有豢牢。」認為夏季不捕獵是順應天時節律的緣故。其後何休注《公羊傳》也採用這一說法：「不以夏田者，春秋制也。以為飛鳥未去於巢，走獸未離於穴，恐傷害於幼稚，故於苑囿中取之。」

然而，唐徐彥疏《公羊傳》桓公四年云：「《周禮》四時皆田」；

鄭玄注《禮記王制》「天子、諸侯無事，則歲三田」引《周禮》也稱「春曰蒐，夏曰苗」，不僅春季狩獵之謂與《禮記》異，且明示夏日可以田獵。不過，雖是四時皆田，但時值「五穀正長」的夏日之「田」，僅是為了驅逐禍害五穀作物之獸，即張慮《月令解孟夏之月》所說的「為苗除害而已」，而非「大田獵《呂氏春秋孟夏紀》：「無大田獵」；《淮南子時則》：孟夏之月，「令野虞，行田原，勸農事，驅野畜，勿令害穀」。；祭祀所需之物，則「於苑囿中取之」。所以，這一獵物形式，從嚴格意義上說，不能算是真正的狩獵，故而《公羊傳》只列除夏日以外的其它三季節的田獵[37]。非但貴族，就是

---

[37] 對於究竟是一年三季或四季田獵即「三田」或「四田」問題，鄭玄注《禮記・王制》「天子、諸侯，無事則歲三田」曰：「三田者，夏不田，蓋夏時也」。但他又云：《周禮》春曰蒐，夏曰苗，秋曰獮，冬曰狩」。認為夏代一年三田，但西周時期則為「四田」。而孔疏曰：「正義曰『夏不田，蓋夏時也』者，以夏是生養之時，夏禹以仁讓得天下，又觸其夏名，故夏不田。鄭（玄）之此注取《春秋緯運斗樞》之文，故以為『夏不田』。若何休稍異於此。故《穀梁傳》桓四年『公狩於郎』傳曰：春曰田，夏曰苗，秋曰蒐，冬曰狩。何休云《運斗樞》曰『夏不田』，《穀梁》有『夏田』，於義為短。鄭玄釋之云『四時皆田，夏殷之禮』。《詩》云『之子於苗，選徒囂囂』，夏田明矣。孔子雖有聖德，不敢顯然改先王之法，以教授於世。若其所欲改，其陰書於緯藏之，以傳後王。《穀梁》『四時田』者，近孔子故也。公羊正當六國之亡，讖緯見讀而傳為三時田，作傳有先後，雖異，不足以斷穀梁也。如鄭此言三時之田，不敢顯露陰書於緯。四時之田，顯然在春秋之經，穀梁為傳之時，去孔子既近，不見所藏之緯，唯睹《春秋》，見經，故以為四時田也。公羊當六國之時，去孔子既遠，緯書見行於世，公羊既見緯文，故以為三時田。又鄭釋『廢疾』云『歲三田』，謂以三事為田，即上一曰干豆之等，是深塞何休之言，當以注為正。云『《周禮》春曰蒐』以下，《周禮・大司馬》職文彼注云：『夏田為苗，擇取不孕任者，若治苗去不秀實者。秋田為獮，獮，殺也，中殺者多也。冬田為狩，言守取之無所擇也。』鄭不釋蒐者，蒐，擇也，亦謂擇取不孕者。以義可知，故不解也。然《春秋》四時田獵皆曰蒐者，以春蒐之禮行之，故曰『田不以禮曰暴天物』者。若田獵不以其禮，殺傷過多，是暴害天之所生之物，以禮田者，則下文『天子不合圍』以下至『不覆巢』皆是也。」近人陳槃認為：其實，無論是「三田」，還是「四田」，都無非舉行儀式而已。農業社會與田獵社會之間有很大的

尋常百姓夏季也不能隨意獵取動物。《禮記王制》：「庶人春薦韭，夏薦麥，秋薦黍，冬薦稻。韭以卵，麥以魚，黍以豚，稻以雁」。對於此一庶人祭祀之物，鄭注稱：「庶人無常牲，取與新物相宜而已」。庶人夏季祭祀用麥，以麥為「新物」的緣故；又《國語楚語下》：「庶人食菜，祀以魚，上下有序，民則不慢」。故而夏日祭祀「麥以魚」。但孫希旦又說「夏不取魚鱉，此魚謂乾魚」。可知這裏的魚，也並非夏日所捕之物。

　　季夏之月：「命漁師伐蛟、取鼉、登龜、取黿」。古者，鼉皮可冒鼓，黿能以為羹，龜乃決吉凶、入宗廟，蛟則以鱗甲而兇猛害人[38]伐此四者，或以興利，或以除害。伐取四物的時間，《周禮》有所載記。其〈鱉人〉云：「以時籍魚鱉龜蜃凡貍物，……秋獻龜魚」；〈龜人〉：「凡取龜，用秋時」，鄭玄注後者言：「秋取龜，及萬物成也」。鄭注〈月令〉也引用了上述《周禮》二則材料，並據此而言「四者甲類，秋乃堅成」；同時，他又指出，《周禮》之秋為「夏之秋也」。而「作〈月令〉者以為此秋據周之時也。周之八月，夏之六月，（《禮記》作者——引者注）因書於此，似誤也。」然而，孔疏曰：「此命漁師及仲夏養壯佼之等，皆是煩細之事，或非止一月所為，故不言『是月也』，故注云『四者甲類，秋乃堅成』，明非獨季夏而取」。清人孫希旦則認為「蓋此諸事以季夏始命，而自是至秋，皆可以為之也」。至於夏季取此四物的原因，張虙《月令解》有所涉及。他說：「四者甲類，秋乃堅成，皆水族也。故以命漁師必於季夏者，欲以盛

差異。後世農業社會由於年代久遠和社會環境的差異，致使後世「不能察」先人之禮，「不明古禮俗，往往徒逞肥說」，「於是而歧說出焉　矣；……遂亦莫衷一是矣。」參見陳槃〈古社會田狩與祭祀之關係〉，《中央研究院歷史語言研究所集刊》第21本第1分（1949年）

38 《史記・孔子世家》：「丘聞之也：……竭澤涸漁則蛟龍不合陰陽」。司馬貞「索隱」：「有角曰蛟龍」。

暑之氣燥其皮甲，利其耐久故也。」也就是說，季夏取此四物，主要是趁夏天乾熱天氣「燥其皮甲」，如此則可耐用。另外，從「鷹乃學習」等物候看，絕大多數動物在季夏已初長成，且「溫風」即涼風始至，從因時而動的角度來說，季夏捕獲黿鼉等水物也未嘗不可。所以，孔穎達、孫希旦等所言應是可信的。

孟秋之月：「鷹乃祭鳥，……天地始肅」，是天降秋霜的肅殺季節，但仍不可逆時而動、盲目殺獵。《月令解》：「此記七月時候也。……鷹祭時，鳥猶生也，祭後始殺之，……今鷹夜擒小鳥以溫爪，曉則縱之，則鷹誠有不直殺之理。」

仲秋之月：寒風至，「殺氣浸盛」，可以捕獲禽獸。《禮記王制》：「鳩化為鷹，然後設罻羅」。孔疏：「『鳩化為鷹，然後設罻羅』者，謂八月時。但鳩化有漸，故〈月令〉季夏云『鷹乃學習』，孟秋云『鷹乃祭鳥』，其『鳩化為鷹』則八月時也。以〈月令〉二月時『鷹化為鳩』，則八月『鳩化為鷹』也。故《周禮司裘》云『中秋獻良裘』，鄭司農注云『中秋鳩化為鷹』，是也。」但中秋捕獲禽獸，必須按照祭祀的需要，其肥瘠、大小、長短等均「中度」，有司需為此而「循行」。

季秋之月：「豺乃祭獸戮禽」，「天子乃教於田獵，……天子乃厲飾，執弓挾矢以獵」。《禮記王制》：「豺祭獸，然後田獵」。孔疏：「〈月令〉九月『豺乃祭獸』，〈夏小正〉十月『豺祭獸』，則是九月末十月初，豺祭獸之後，百姓可以田獵。」九、十月之交開始的田獵，具有一定的軍事訓練性質。鄭注〈月令〉「『厲飾』，謂戎服尚威武也。今〈月令〉獵為射」。

孟冬之月：「命水虞、漁師收水泉池澤之賦」。《月令解》：「魚至冬而美，故取魚。以冬取魚則有賦，故水泉池澤之賦，命二官收之，亦其職也。先王之時，川有衡，澤有虞，為之厲禁，非為賦設也。後

世澤之葦蒲，舟鮫守之；海之鹽蜃，祈望守之」。水虞、漁師分別為
掌管水澤和捕魚的職官。因為冬季嚴寒，魚物長成且肥美，可以捕
獲，故放開禁忌，政府收稅，但也並非完全放任，胡作非為。從仲冬
之月的規定看，還是有所限制的：「仲冬之月，……山林藪澤，有能
取蔬食，田獵禽獸者，野虞教道之。其有相侵奪者，罪之不赦」。可
知田獵禽獸，是在野虞「教」而「導（道）」之下的有序行為，而對
「相侵奪」非法、無序之舉，有司則「罪之不赦」。所謂的「相侵
奪」行為，一方面為古之注家所云的侵佔他人財物即人與人的行為，
另一方面，按照筆者所理解，還有人類過度獵取禽獸即人對自然的
行為。

　　季冬之月：「命漁師始漁，天子親往，乃嘗魚，先薦寢、廟」。
《國語魯語上》里革曰：「古者大寒降，土蟄發，水虞於是乎講眾
罶，取名魚，登川禽，而嘗之廟。」韋昭注：「寒氣初下，謂季冬建
丑之月，大寒之後也。土蟄發，謂孟春建寅之月，蟄始震也。〈月
令〉孟春『蟄蟲始震，魚上冰，獺祭魚』」。《禮記》、《國語》所載時
間，均為季冬之月開始捕魚，因為「冬寒，魚不行乃性定而充肥」
（《月令解季冬之月》）。但根據《國語》及韋注，捕魚時間不惟限於
季冬，從季冬到孟春，其間俱可「講眾罶，取名魚，登川禽，而嘗之
寢廟」。孔穎達疏《詩經潛》「季冬薦魚，春獻鮪也」：「薦鮪在季春
也。不言季者，以季春鮪魚新來，正月未有鮪，言春則季可知。且文
承季冬之下，從而略之也」。據此，孫希旦以為「蓋自此月（季
冬——引者注）始漁，以至於季春，皆取魚之時也」，下限時間長於
《國語》里革所講的孟春。不過，「季春所薦唯鮪」，「所薦」魚類品
種受到相當的限制。

　　總之，從以上列述可以看出：《禮記》及其前時期，一年四季
中，正月一般不允許獵捕；二月則不可竭澤漉陂和焚燒山林，祭祀亦

不能用犧牲；三月，禁止使用任何捕獵動物的物具；四月雖可「驅獸
毋害五穀」，但不能「大田獵」。此間祭祀所用，皆為苑囿豢養之物。
普通百姓祭祖等所貢魚鱉之物，乃宿物，即他日所儲如「乾魚」等；
自六月至秋，可伐取蛟龜黿鼉等特殊水族；七月雖是天隕秋霜之肅殺
季節，然仍不可逆時而動，妄然殺獵；直到寒風頻來的八月，方能按
照祭祀的需要，在有司「循行」下，量其肥瘠、大小、長短等而獲
之；九、十月之交，與軍事訓練相結合，天子親自率教田獵，且裝著
威嚴；十至十二月，「天地不通，閉塞而成冬」，天冷地寒，獵物肥
美，在水虞、漁師、野虞等職官的監督、管理下，民眾可以有序地獵
取水陸動物。因此，按照「時禁」的原則，古代年內對動物的保護應
該說是比較完備的。不過，我們又必須指出：以時「禁」獵主要是針
對普通社會群體而言的，對於上層統治者來說，這一「時禁」之規恐
怕並非完全適用。因為從〈月令〉等文獻中我們知道，除孟夏有「毋
大田獵」明確限制外，一年其它三個季節，最高統治者狩獵都有諸如
「苗」、「蒐」、「狩」等相應名稱；而且這一夏季無狩獵專門稱謂的記
載，僅見於《公羊傳》；同時，「國之大事，在祀與戎」。對於權貴
者，祭祀祖先、天地山川諸神，比保護生物更為重要。由此，雖然在
〈月令〉等文獻中，正月、二月有明確禁殺動物的記載，但根據《詩
經潛》與孔疏，以及韋注《國語》等，權貴者為滿足祭祀等特殊需
要，完全可以突破有關禁限，如季春之月仍捕獲「新來」鮪魚，只是
獵獲物類較冬季所取為少和簡單罷了。另一方面，在「時禁」以外的
時間裏，有關捕獵只要符合時間規定，即可在不同地點設置工具捕殺
動物。如《詩經兔罝》：「肅肅兔罝，椓之丁丁。……施於中逵。……
施於中林」。毛傳云：「逵，九達之道」；「中林，林中」。捕獲兔子的
網具，廣布於林中和交通要道，有濫捕之嫌。

2 「數罟不入洿池」──捕獵工具的限制

首先，田獵工具的使用，具有季節性要求。如《周禮大司馬》：大司馬之職，中夏「苗田，……車弊，獻禽以享礿。中秋教治兵，……遂以獮田，如蒐田之法，羅弊，致禽以祀祊」。鄭注：

> 車弊，驅獸之車止也。夏田主用車，示所取物希，皆殺而車止。……秋田為獮。獮，殺也。羅弊，網止也。秋田主用網，中殺者多也，皆殺而網止。

由於夏、秋動物本身性狀和獵獲多寡之不同，兩季獵狩所憑的工具也有差異：夏日禁獵，但因祭祀急需，故取之甚少，所以，「夏田主用車，示所取物希」；秋季則不然，因可捕獵，且動物較肥美，「中殺者多也」，故而「秋田主用網」。

其次是田獵工具的具體要求與限制。第一，不同獵物，使用的工具不同。本文以上所列古代（主要為上古）捕獵工具，有數十種之多，其本身就說明捕獵不同的動物，在工具使用方面具有差異性。如「羅」以捕鳥、「罝」乃捕獸等等。第二，在工具要求方面，主要禁止使用與動物保護相違背的工具。如禁止捕獲幼小魚類，就明言細密之網不得入水。趙岐注《孟子梁惠王上》「數罟不入洿池」：「數罟，密網也，密細之網，所以捕小魚鱉也，故禁之不得用。」《詩經》有一首「美萬物盛多」詩──〈魚麗〉。關於「魚」之盛多的原因，毛亨的解釋是：「古者……庶人不數罟，罟必四寸，然後入澤梁」。孔疏亦云：「庶人不總罟，謂罟目不得總之，……使小魚不得過也。……罟目必四寸，然後始得入澤梁耳」。正因為如此，《詩經》時代的魚類眾多。另外，朱熹注《孟子梁惠王上》「數罟不入洿池」時也強調：

「古者網罟必用四寸之目，魚不滿尺，市不得粥，人不得食」。對古代有關禁限捕獵動物工具的做法，予以了積極的肯定。禁限相關捕獵器物的同時，儒家又提倡在捕獲動物時，使用對動物生長、繁殖有利的工具。例如捕魚，鉤釣與網捕相比，「釣則得魚少，網則得魚多」。儒家創始人孔子因「釣而不網」，深受其後儒者的頌揚。邢昺疏《論語述而》時即稱孔子具有「仁心」。朱熹《論語集注述而》引洪氏言亦云：「孔子少貧賤，為養與祭，或不得已而釣弋，如獵較是也。然盡物取之，出其不意，亦不為也。此可見仁人之本心矣。」

3 「取之節度」——捕獵方式或手段的限制

捕獵的方式或手段，根據捕獵的對象不同而有差異。如邢疏《爾雅釋鳥》「二足而羽謂之禽，四足而毛謂之獸」云：此「別禽獸之異也。……禽者，擒也，言鳥力小可擒捉而取之。獸者，守也，言其力多不見可擒，先須圍守，然後乃獲，故曰獸也」。宋人羅璧《識遺》引「孔穎達《禮記疏》曰：禽者，擒也，言力小可擒制也。獸者，守也，言力多不易擒，須圍守而獲也」（羅璧：《識遺》卷3，〈禽釋擒〉）。因此，捕獲體大力猛的獸類動物，通常需要圍獵。但古代對此又有一定的限制。如《禮記王制》即有「天子不合圍，諸侯不掩群」等記載。具體說，儒家典籍關於捕獵方式或手段的限制，主要有以下幾個方面：

（1）嚴禁竭澤而漁、焚林而獵、覆巢而禽。儒家反對竭澤而漁，如《禮記月令》就力主在魚之繁殖、生長的仲春時節「毋竭川澤，毋漉陂池」。不惟二月如此，即使是在允許捕魚的季節，通常也嚴禁竭澤而漁。此中之因，孔子「乾澤而漁，則蛟龍不游」之語或喻其一二。對於孔子之語，向宗魯《說苑校證權謀》注謂古已有之，孔子只是再予「述之」。而宋儒李樗等則進一步論云：

《中庸》曰:「惟聖人為能盡其性,能盡其性則能盡人之性,能盡人之性則能盡物之性。」蓋先王之治天下,至於使人民繁庶,戶口滋殖,不足為治功之盛,若鳥獸草木皆得其性,然後可以見治功之最盛也。……語曰:「焚林而獸,明年無獸。竭澤而漁,明年無魚。」魚之竭澤,可以為一時之富,不可以為常。惟其取之有時,用之有節,則可以為不傷。……則知取之多者則其所得者少,取之少者則其用為無窮,此治亂之所以異也。(李樗等:《毛詩集解魚麗》)

可見,儒家強調毋可竭澤而漁,一則出於履踐其「盡物之性」之責,二則為「不可勝用」的利用目的。因為「盡物之性」是儒家實現《中庸》「贊天地之化育」、與天地相「參」理想不可或缺的前提條件;而不擇手段地捕獵魚類資源,雖然「可以為一時之富」,但其後果必然是「明年無魚」。「乾澤而漁,則蛟龍不游」。為保證對魚類資源的可持續利用,儒家極力主張毋可竭澤而漁。

在上述動因的影響下,儒家還反對焚林而獵、覆巢而禽。焚林而獵即「焚林而田」。《春秋》載桓公七年(前705年)二月己亥「焚咸丘」。咸丘,魯國地名,當時在今曲阜西南約七十公里處[39],杜注《左傳》稱即西晉高平郡巨野縣南之咸亭。根據杜注、孔疏,焚乃「火田」,即焚林而獵。「以火焚地,明為田獵,故知焚是火田也」。既然是狩獵,且在春季,按《周禮》「春曰蒐」(《禮記王制》鄭玄注引)之說,七年咸丘狩獵之事,《春秋》應徑書「蒐狩」,而實則不然。《春秋》「不言蒐狩者」,原因有三:

一是失其時。田獵有常時,火田亦有時間的限定。《禮記王制》:

---

39 譚其驤:《中國歷史地圖集》(台州市:地圖出版社,1982年),第1冊,頁26-27。

「昆蟲未蟄，不以火田」。關於昆蟲之蟄伏，《禮記月令》：仲春「雷乃發聲，始電，蟄蟲咸動，啟戶始出」；季秋「霜始降」，「蟄蟲咸俯在內，皆墐其戶」，可知每年季秋至次年孟春間為昆蟲蟄伏時間，此間可以「火田」；但自仲春起，由於「蟄蟲咸動，啟戶始出」，則不可「火田」。故《禮記月令》仲春「毋焚山林」，《逸周書月令》「仲春之月，……無焚山林」。火禁直至季秋方解。桓公七年二月咸丘焚林而獵為非常之舉，違背了火田時限之禁，「為非時」（《春秋毛氏傳》卷7）。

二是違其地。「田獵……有常地。天子必於王畿，諸侯必於封內，擇山澤不毛之地、近國之際地而為之。傳稱鄭之原圃、秦之具囿，是其類矣。春秋二百四十二年，魯之蒐、苗、獮、狩必且甚多，苟非失時、違地，則為國之常禮，例皆不書。經之所書，止蒐狩數事而已，皆譏也。」（馬驌：《左傳事緯前集左氏辯例下》）所以，狩獵須於常時、常地進行。若違時、違地，經書《春秋》等則以之為異而載之、譏之。據孔疏《左傳》引《釋例》，魯地咸丘「非蒐狩常處」，而於其內火田，無疑悖於「國之常禮」。

三是失其法（道）。捕獵禽獸，可以火取之，「禽獸有須焚田萊而取之者」（李明復：《春秋集義》卷8），但有一定的方法，即「火田」法。《爾雅釋天》「火田為狩」。郭璞注：「放火燒草，獵亦為狩」。「《爾雅》『火田為狩』，則蒐狩之禮，原有火田一法，……則《爾雅》注放火張羅，但以燒草使禽得外犇」（《春秋毛氏傳》卷7）。「然則彼火田者，直焚其一叢一聚，羅守下風，非謂焚其一澤也」（《左傳》桓公七年，孔穎達疏）。桓公七年「春二月己亥，焚咸丘」，一則「諸禮概不之問，而第火田以為樂，此與觀魚、觀社何異」（《春秋毛氏傳》卷7）；二則古之「火田」，「非竭山林而焚之也」。此次焚咸丘之舉，是「盡焚其地，……舉咸丘皆焚之，……失先王田獵之道

矣。……夫子釣而不綱弋，不射宿，皆愛物之意也。推此心以及物至
於鳥獸若草木裕，無淫獵之過矣。書焚咸丘，所謂焚林而田也」（李
明復：《春秋集義》卷8）。「焚林而田，明年無田；竭澤而漁，明年無
漁。故《春秋》書焚咸丘，惡盡物也，夫求盡物於山澤，聖人且猶惡
之，況求盡利於民乎？」（黃仲炎：《春秋通說》卷2）所以，《春秋》
「或書其事，而禮見義亦見焉。若謂焚林而田，譏其盡物」（《春秋毛
氏傳》卷7）。

　　總之，由上三點可見，儒家對不分時間、地點和手段的「焚林而
田」式的「盡物」行為，持否定和批判的態度，並在墳籍中書其事而
「譏」之。

　　（2）禁用藥物捕殺動物。中國古代以藥獵捕動物的做法較為普
遍[40]。漢墓出土的成書於春秋戰國時期的本草性質著作《萬物》中，
就有「殺魚者以芒草」的記載[41]。而反對藥捕動物的主張出現的時間
也較早。《逸周書文傳》中就有「澤不行害」的內容（《太平御覽皇王
部九》引）。受此影響，儒家也極力反對這一捕獵手段，主張禁用藥
物捕殺動物。如《禮記月令》季春之月，命司空曰：「田獵……餧獸
之藥毋出九門」。鄭注「餧」為「喂」的異體字，「凡諸罟及毒藥，禁
其出九門，明其常有時，不得用耳」。亦即規定季春不能用帶毒的食
物誘獵動物。又《周禮雍氏》：掌溝瀆澮池之禁，「禁山之為苑、澤之
沉者」。鄭司農：「澤之沉者，謂毒魚及水蟲之屬」。鄭玄據此而說：
「為其就禽獸魚鱉自然之居而害之。」賈疏則進一步明確指出：「沉
者，謂毒魚及水蟲之屬者，謂別以藥沉於水中以殺魚及水蟲」。將不
得藥捕的對象縮小為魚類。至于禁止藥捕的原因，大概有三：

---

40 倪根金曾對古代植物藥魚的情況有所研究，可以參見〈中國古代植物藥魚考略〉，
　　《農業考古》1998年第3期（1998年）。
41 文化部古文獻研究室等：〈阜陽漢簡《萬物》〉，《文物》1988年第4期（1988年）。

　　首先是防止斬盡殺絕式的攫取。《荀子王制》：「黿鼉魚鱉鰍鱣孕別之時，網罟毒藥不入澤，不夭其生，不絕其長也」。《禮記月令》要求季春「餧獸之藥毋出九門」，《淮南子》也有記載。東漢高誘注《淮南子》說：「七物皆不得施用於外，以其逆生道也」；近人劉文典則明確指出：「餧獸之毒藥所不得出，尚生育也。」（《淮南鴻烈集解時則訓》）這一認識是否正確？楊倞注《荀子王制》「黿鼉魚鱉鰍鱣孕別之時，網罟毒藥不入澤」云：「別，謂生育與母分別也」。可知劉氏之訓是成立的。儒家主張禁用藥捕，主要還是出於保護字牝者和幼小動物的目的，避免竭澤而漁、斬盡殺絕式的獵取。

　　其次是有悖於儒家一貫提倡的「仁」論，是「不仁」之舉。如宋代儒者易祓說：「即魚之所聚而沉藥以毒之，雖足以得魚獸，而其不仁甚矣，故從而禁之。」（易祓：《周官總義》卷23）

　　最後為防止食者中毒。宋代王與之即曾針對這一情形而云：「魚鱉所生之澤，鱗者介者藏焉遊焉，詎可沉毒螫乎？……漁人取魚，固有餌矣，下毒於水，則是竭澤而漁。人之食，將有中其毒者矣。其設禁也宜哉！」（王與之：《周禮訂義秋官司寇下》）

　　（3）禁「合圍」與「掩群」。「合圍」，四面圍攻獵物；「掩」，本義為「遮蔽」。《說文手部》：「掩，斂也，小上曰掩」。此處為「掩群」即乘其不意捕捉獵物之意。《禮記曲禮》有「國君春田不圍澤，大夫不掩群，士不取麛卵」文，其《王制》又曰：「天子不合圍，諸侯不掩群」。孔穎達疏《曲禮》云：「春時，萬物產孕，不欲多傷殺，故不合圍繞取也。夏亦當然。大夫不掩群者，群謂禽獸共聚也，群聚則多，不可掩取之。……《史記》湯立三面網而天下歸仁，亦是不合圍也。」可見，《禮記》作者對「合圍」、「掩群」是持反對態度的。狩獵禁止「合圍」、「掩群」，是「取之有度」的表現，其結果是獵物蕃盛。《詩經魚麗》描寫的魚之豐美且「盛多」現象的出現，即與

「天子不合圍，諸侯不掩群」等「有節制」的狩獵活動有關。孔穎達說：「微物所以眾多，由取之以時、用之有道，不妄夭殺，使得生養，則物莫不多矣。……既言取之以時，又說取之節度，天子不合圍，言天子雖田獵不得圍之使匝，恐盡物也。……如是則鳥獸魚鱉各得其所，然也是微物眾多然者」。對於此類有節制地捕獵主張，後世學人予以了積極的評價。如有學者以《周易》「王用三驅」之「三驅」為例說，「三驅」捕獵手段的限制，形同《史記殷本紀》記載的商湯「網開三面」，認為它是「古人愛護生物，保護自然資源的一種共識，是在空間上節制索取自然資源的一種措施」[42]，肯定了這一主張在生物資源保護方面具有不可低估的價值和意義。

4 「常時固有禁也，皆所以遂生物之性也」——動物生境的保護

保護動物資源，首先需要保護好動物的生境。動物資源的豐富果否，與其生長於斯的生境之良窳可謂亦步亦趨。適宜的生境，對動物具有較大的吸引力，以致常有諸多的動物彙聚於此，《詩經南有嘉魚》「南有樛木，甘瓠累之。……翩翩者鵻，烝然來思」和《荀子勸學》「積水成淵，蛟龍生焉」等文句，反映的就是這種情況；而不利或趨劣的生境，則完全相反：「盈把之木，無合拱之枝；榮澤之水，無吞舟之魚；根淺則枝葉短，本絕則枝葉枯。……水淵深廣，則龍魚生之；山林茂盛，則禽獸歸之」（《韓詩外傳》卷5）。生境的破壞，勢必導致動物資源的匱絕。對此，孔子曾說：「丘聞之也，刳胎殺夭則麒麟不至郊，竭澤涸漁則蛟龍不合陰陽，覆巢毀卵則鳳皇不翔。」（《史記孔子世家》）因此，保護動物資源的基本前提，就是保護其生境，《禮記禮運》有「山者不使居川，不使渚者居中原，而弗敝也」之

---

42 楊文衡：《易學與生態環境》（北京市：中國書店，2003年），頁43。

說，鄭注曰：「山者，利其禽獸；渚者利其魚鹽，中原利其五穀，使各居其所安，不易其利勞敝之也。」保護動物的生境，具體言之，就是保護動物賴以生存的山林川澤，做到《禮記》等儒家典籍記載的「毋竭川澤，毋漉陂池，毋焚山林」。

三　結語

儒家合理利用、保護生態資源的主張，具有普遍性和全面性特徵，普遍性主要是從其主體而言的，具體表現為從上古時期的儒者如孔子等到中近古時代的朱熹等，無不有此類的言語和主張[43]；全面性是從利用和保護對象來說的，既包括山林、動物等「有生」、「有知」者，更包括如土地、水資源等「無生」者，要求加以保護的對象十分廣泛[44]。本書在有限的篇幅內，僅對儒家保護與合理利用山林、動物資源的主張作一簡單的梳理，但它已足顯儒家在此一方面的作為。

另外需要指出的是，儒家在提出其主張的同時，還從正反兩方面強調了其天壤之別的後果。指出，如果用之有度，「取之以時，用之有道，不妄夭殺，使得生養，則物莫不多矣。」（《詩經魚麗》孔穎達疏）相反，若過度利用，不時捕獲，輕則導致資源的枯竭，重則招致災害。《周易》在這一方面有較多的記載。如〈恒〉卦的卦義是「恒

---

43 如朱熹曾云：「昆蟲草木，未嘗不順其性。如取之以時，用之有節：當春生時『不夭夭，不覆巢，不殺胎；草木零落，然後入山林；獺祭魚，然後虞人入澤梁；豺祭獸，然後田獵』。所以能使萬物各得其所者，惟是先知得天地本來生生之意。」（《朱子語類・大學一》）。

44 關於土地資源、水資源的保護和利用主張，《禮記・月令》等文獻有所記載（見表3-1）。另外，張雲飛、許啟賢等研究成果，對此也有論述，可以參見張雲飛：《天人合一——儒學與生態環境》（成都市：四川人民出版社，1995年），頁83-96；許啟賢：〈中國古人的生態環境倫理意識〉，《中國人民大學學報》1999年第4期（1999年）。

久」、「長久」：「九四：田無禽。象曰：久非其位，安得禽也。」對此，王弼注曰：「恒於非位，雖勞無獲也。」孔穎達疏云：「田者，田獵也，以譬有事也。無禽者，田獵不獲，以喻有事無功也。恒於非位，故勞而無功也。有恆而失位，是久非其位，田獵而無所獲，是安得禽也。」該卦以捕獵為例，告誡人們，如果長期不當的狩獵，勢必造成動物資源減少直至無禽可獵的局面；《周易師》：「六五：田有禽，利執言，無咎。長子帥師，弟子輿屍，貞凶。」爻辭表現的是對於侵入田地的禽獸如何處置的問題。對此，程頤在《伊川易傳師》中說：

> 若禽獸入於田中，侵害稼穡，於義宜獵取則獵取之，如此而動，乃得無咎。若輕動以毒天下，其咎大矣。執言，奉辭也，明其罪而討之也。若秦皇漢武，皆窮山林以索禽獸者也，非田有禽也。……凶也。

從保護稼穡的角度而言，驅逐乃至捕獲侵禍農作物的禽獸，並無不妥，只要得當，均「無咎」。但若無所限制性地過分捕獵，「其咎大矣」，就會發生凶禍。長此以往，不僅對動物是一場劫難，而且於人類而言，也是一場大的災難。《周易》以鳥禽為例，說明了這種情況。其〈小過〉云：「飛鳥離之凶，是謂災眚」。孔穎達疏：「飛鳥飛而無託，必離繒繳，故曰飛鳥離之凶也。過亢離凶，是謂自災而致眚，……故曰是謂災眚也。」據筆者理解，這一「災眚」當是雙重的，既是對飛鳥而言的，更是對人類來說的。儒家在保護生態資源上的主張和立場，不僅在古代生態環境保護的實踐上產生了積極的影響，而且即使在今天看來，這些都是彌足珍貴的，深值總結、繼承，並付諸實踐，以促進當代環保事業的發展。

中華文化思想叢書 A0100016

儒家生態意識與中國古代環境保護研究　上冊

作　　　者	陳業新
責任編輯	蔡雅如
發 行 人	陳滿銘
總 經 理	梁錦興
總 編 輯	陳滿銘
副總編輯	張晏瑞
編 輯 所	萬卷樓圖書股份有限公司
排　　　版	林曉敏
印　　　刷	百通科技股份有限公司
封面設計	斐類設計工作室

出　　　版　昌明文化有限公司

桃園市龜山區中原街 32 號

電話　(02)23216565

發　　　行　萬卷樓圖書股份有限公司

臺北市羅斯福路二段 41 號 6 樓之 3

電話　(02)23216565

傳真　(02)23218698

電郵　SERVICE@WANJUAN.COM.TW

大陸經銷

廈門外圖臺灣書店有限公司

　電郵　JKB188@188.COM

ISBN 978-986-92898-6-3

2016 年 4 月初版

定價：新臺幣 340 元

如何購買本書：

1. 劃撥購書，請透過以下郵政劃撥帳號：

　帳號：15624015

　戶名：萬卷樓圖書股份有限公司

2. 轉帳購書，請透過以下帳戶

　合作金庫銀行　古亭分行

　戶名：萬卷樓圖書股份有限公司

　帳號：0877717092596

3. 網路購書，請透過萬卷樓網站

　網址　WWW.WANJUAN.COM.TW

大量購書，請直接聯繫我們，將有專人為您

服務。客服：(02)23216565　分機 10

如有缺頁、破損或裝訂錯誤，請寄回更換

版權所有‧翻印必究

Copyright©2016 by WanJuanLou Books CO., Ltd.

All Right Reserved　　　　　**Printed in Taiwan**

國家圖書館出版品預行編目資料

儒家生態意識與中國古代環境保護研究 / 陳

業新著.-- 初版.-- 桃園市：昌明文化出版；

臺北市：萬卷樓發行, 2016.04

　冊；　公分.-- (中華文化思想叢書)

ISBN 978-986-92898-6-3(上冊：平裝)

1.儒家　2.環境保護

121.2　　　　　　　　　　　105003151

本著作物經廈門墨客知識產權代理有限公司代理，由上海交通大學出版社有限公司授
權萬卷樓圖書股份有限公司出版、發行中文繁體字版版權。